TUTELA DE EVIDÊNCIA, TEORIA DA COGNIÇÃO E PROCESSUALIDADE DEMOCRÁTICA

FRANCISCO RABELO DOURADO DE ANDRADE

Rosemiro Pereira Leal
Prefácio

TUTELA DE EVIDÊNCIA, TEORIA DA COGNIÇÃO E PROCESSUALIDADE DEMOCRÁTICA

Belo Horizonte

2017

© 2017 Editora Fórum Ltda.

É proibida a reprodução total ou parcial desta obra, por qualquer meio eletrônico, inclusive por processos xerográficos, sem autorização expressa do Editor.

Conselho Editorial

Adilson Abreu Dallari
Alécia Paolucci Nogueira Bicalho
Alexandre Coutinho Pagliarini
André Ramos Tavares
Carlos Ayres Britto
Carlos Mário da Silva Velloso
Cármen Lúcia Antunes Rocha
Cesar Augusto Guimarães Pereira
Clovis Beznos
Cristiana Fortini
Dinorá Adelaide Musetti Grotti
Diogo de Figueiredo Moreira Neto
Egon Bockmann Moreira
Emerson Gabardo
Fabrício Motta
Fernando Rossi
Flávio Henrique Unes Pereira

Floriano de Azevedo Marques Neto
Gustavo Justino de Oliveira
Inês Virgínia Prado Soares
Jorge Ulisses Jacoby Fernandes
Juarez Freitas
Luciano Ferraz
Lúcio Delfino
Marcia Carla Pereira Ribeiro
Márcio Cammarosano
Marcos Ehrhardt Jr.
Maria Sylvia Zanella Di Pietro
Ney José de Freitas
Oswaldo Othon de Pontes Saraiva Filho
Paulo Modesto
Romeu Felipe Bacellar Filho
Sérgio Guerra
Walber de Moura Agra

Luís Cláudio Rodrigues Ferreira
Presidente e Editor

Coordenação editorial: Leonardo Eustáquio Siqueira Araújo

Av. Afonso Pena, 2770 – 15º andar – Savassi – CEP 30130-012
Belo Horizonte – Minas Gerais – Tel.: (31) 2121.4900 / 2121.4949
www.editoraforum.com.br – editoraforum@editoraforum.com.br

D739t   Dourado de Andrade, Francisco Rabelo
           Tutela de evidência, teoria da cognição e processualidade democrática / Francisco Rabelo Dourado de Andrade.– Belo Horizonte : Fórum, 2017.

           230 p.

           ISBN: 978-85-450-0222-2

           1. Direito processual civil. 2. Teoria geral do processo. 3. Direito constitucional. I. Título.

                                                                CDD 341.46
                                                                CDU 347.9

Informação bibliográfica deste livro, conforme a NBR 6023:2002 da Associação Brasileira de Normas Técnicas (ABNT):

DOURADO DE ANDRADE, Francisco Rabelo. *Tutela de evidência, teoria da cognição e processualidade democrática*. Belo Horizonte: Fórum, 2017. 230 p. ISBN 978-85-450-0222-2.

Aos meus pais, com todo amor, carinho e gratidão.

AGRADECIMENTOS

Sinto-me orgulhoso por ter feito parte do corpo discente do Programa de Pós-Graduação em Direito da PUC Minas, área de concentração em Direito Processual, não apenas por estar entre os principais programas do Brasil (nota 6 – CAPES), mas porque nele eu tive amplo espaço para conjecturar "O processo na construção do Estado Democrático de Direito" como linha de pesquisa conduzida por professores comprometidos com a teorização do processo em perspectiva distinta daquela secularmente praticada pela ciência dogmática do direito. Não seria demasiado dizer que estudei no melhor Programa em Direito Processual do país, o que aumenta ainda mais a minha responsabilidade com este trabalho. Quero aqui registrar a minha grande satisfação de ter sido aluno, orientando e estagiário docente do Professor Rosemiro Pereira Leal, um dos maiores juristas do Brasil, a quem manifesto sinceros agradecimentos pelas lições que sempre ultrapassaram os limites da sala de aula. E desta proveitosa convivência pude extrair as bases teóricas do criador daquela teoria que, ainda na graduação em Direito, já me inquietava absurdamente pela sua complexidade e pelo ácido enfrentamento do dogmatismo jurídico. Se por esta via eu encontrei a abertura para o estudo crítico do processo (e do próprio direito), por outro lado percebi que novos problemas eram encontrados. Daí o acerto de Popper ao afirmar que "a ciência começa e termina sempre por problemas", embora possamos alcançar com a objetividade do seu método crítico o aumento de esclarecimento do discurso formalizado. Agradeço também ao Professor Ronaldo Brêtas, figura de rara personalidade que foi fundamental para o desenvolvimento da minha pesquisa e da minha postura acadêmica, por quem tenho profundo apreço e admiração. Para mim é um orgulho muito grande ter contado com a coorientação daquele que atualmente é a referência nacional nos estudos do Processo Constitucional. Agradeço ao Professor Vicente de Paula Maciel Júnior pelas interlocuções e pelos diversos seminários que foram fundamentais para a mudança significativa das minhas concepções acerca do Processo Coletivo. Aos professores André Cordeiro Leal e Carlos Henrique Soares, cuja trajetória acadêmica é exemplar para os processualistas da geração em que me incluo, registro a minha admiração e o agradecimento pela valiosa amizade. Não menos importantes foram as pessoas que conheci nos últimos anos dedicados ao Mestrado, cuja convivência me proporcionou proveitosas interlocuções, aprendizado e grandes amizades. Por tal razão, quero destacar a minha estima e gratidão ao Júlio Lana, Vinícius Thibau, Joseli Magalhães, Camilla Paolinelli, Roberta Gresta,

Luciano Vieira, Gabriela Freitas, Filipe César, Fabrício Araújo, Carla Clark, Túlio Márcio Trindade, Sílvio de Sá, Lauro Mendonça, André Del Negri, Igor Soares, Guilherme Lage, Waldir Miguel, Flávia Penido, Lucas Cadete, Isabella Fonseca, Jéssica Galvão e Luís Henrique. De igual modo, vejo-me na obrigação de agradecer aos funcionários da biblioteca da PUC, local que por certo se tornou a minha segunda casa no ano de 2015. Agradeço à FAPEMIG – Fundação de Amparo à Pesquisa de Minas Gerais pelo fomento a esta pesquisa. Quero também agradecer à FASEH – Faculdade da Saúde e Ecologia Humana, na pessoa de sua coordenadora, Professora Patrícia Gusmão, pela oportunidade de lecionar e igualmente aprender o Direito Processual a cada dia com nossos queridos alunos. Aos amigos Gil Morato, Bruno Apolinário e Gustavo Figueiroa, o agradecimento pelas experiências compartilhadas que me fazem crescer a cada dia no exercício da docência. Aos alunos, expresso a gratidão por representarem a minha maior motivação para estar em sala de aula. Propositalmente, deixei para o final aqueles que sempre estiveram comigo desde o início, cada qual com sua importância singular em minha vida. Ao meu pai, Osvaldo, agradeço por ser meu melhor amigo, professor e interlocutor. Com você eu pude aprender tantas coisas que certamente não as encontraria em nenhum livro. À minha mãe, Marly, agradeço simplesmente por tudo. Você é para mim sinônimo de amor verdadeiro, simplicidade e carinho. Devo a vocês dois tudo o que sou e todas as minhas conquistas. Aos meus irmãos, Belisa e Mário, fica o agradecimento por estarem sempre presentes, ou melhor, carinhosamente presentes. Difícil explicar, talvez mais ainda retribuir, tamanha importância de vocês em minha vida. Ao Davi, minha luz, agradeço por me mostrar que a vida pode ser mais simples. Aprendi com você que, quando crescemos, complicamos as coisas... é pela sua pura alegria que gosto de cantar sobre "o menininho mais bonito, o amiguinho do Tikiko". À Luísa, eterna namorada de sorriso encantador e apaixonante, agradeço por fazer parte da minha história de uma forma diferente, por estar ao meu lado, por cada passo, pelo desejo de que nosso amor se faça sempre presente. Agradeço também pelo carinho e constante apoio da Vovó Rita, Tia Mirtes, Pedro, Thiago, Alan, Fernanda, Léo Figueiredo e Rogéria. Por fim, quero agradecer ao Heugem, grande amigo e sócio fundador do Dourado & Oliveira Advogados Associados, cujo apoio foi incondicional durante todo o Mestrado. Como professor, busco seguir o exemplo dos mestres que passaram por minha caminhada e hoje me presenteiam com sua amizade. Mas, antes de professor, considero-me sempre um aluno que traz consigo a busca constante por esclarecimento ou, em outras palavras, pela redução dos seus próprios níveis de ignorância. É o que tentei nos últimos anos de pesquisa a respeito da tutela de evidência na perspectiva da processualidade democrática e torno público o resultado por meio deste modesto livro.

Mostra-se inquietante o volume de litígios que tanto assusta um Judiciário hostil à tematização da modernidade. O crescimento incontido dos fossos de desigualdade social e a fúria beligerante pela sobrevivência explicam-se pelo reforço hermenêutico que o aplicador da lei empresta à realidade contraposta aos conteúdos dos direitos fundamentais desatendidos no plano executivo da constitucionalidade vigorante. Utiliza-se do processo como instrumento mórbido de uma jurisdição judicial de resolução de conflitos emersos da constitucionalidade não cumprida a serviço de uma paz sistêmica metajurídica sentencialmente provimentada em critérios jurisprudencializados por valores de uma eticidade estranha aos destinatários normativos a quem se nega o acesso processual à execução dos direitos fundamentais já acertados em cognição constituinte.

Rosemiro Pereira Leal

SUMÁRIO

PREFÁCIO
Rosemiro Pereira Leal 13

INTRODUÇÃO 19

CAPÍTULO 1
TUTELAS DE URGÊNCIA: PRESSUPOSTOS DOGMÁTICOS E SISTEMATIZAÇÃO LEGAL 25
1.1   Processo e tempo: a tensão histórica do procedimento ordinário 25
1.2   Instrumentalismo substancial e tutelas diferenciadas 33
1.3   A vedação da autotutela como critério legitimador do provimento imediato da tutela de urgência 41
1.4   As tutelas de urgência no direito brasileiro: breves antecedentes históricos 46
1.5   As tutelas provisórias no Código de Processo Civil de 2015: tutela de urgência e tutela de evidência 50

CAPÍTULO 2
TUTELA DE EVIDÊNCIA: DA AÇÃO CONCRETA À TUTELA IMEDIATA 55
2.1   Adolf Wach e o direito processual civil 55
2.1.1 Proposições sobre o processo civil e jurisdição 56
2.1.2 Ação como direito concreto a uma sentença favorável 63
2.1.3 A evidência como imperativo antecedente à procedência na lógica da teoria de Wach 68
2.2   Influxos da ação concreta no processualismo científico 72
2.3   Direito líquido e certo como direito evidente autorizativo da tutela interdital 83
2.4   Tutela de evidência como tutela imediata de direitos 88
2.4.1 Premissas para a tutela sumária de direitos evidentes com cognição exauriente e satisfativa 89
2.4.2 Tutela do direito líquido e certo em face do particular 94

CAPÍTULO 3
CONTORNOS DA EVIDÊNCIA 99
3.1   O modelo linguístico-filosófico da evidência 99
3.2   Evidência e dispensa de prova 103
3.3   Incursões pelo racionalismo crítico: colocando a evidência à prova 108

CAPÍTULO 4
A ORDINARIEDADE PROCEDIMENTAL NA PROCESSUALIDADE DEMOCRÁTICA 123
4.1 A teoria neoinstitucionalista do processo como teoria da processualização testificante 123
4.1.1 Cogitações perante o modelo discursivo (proceduralista) de Jürgen Habermas 125
4.1.2 Cogitações perante a teoria constitucionalista do processo 137
4.1.3 Uma perspectiva conjectural encaminhadora da processualidade democrática 144
4.2 Os princípios institutivos do processo na estruturação da ordinariedade procedimental 146
4.3 Devido processo e *cognitio*: bases para uma teoria da prova fora da lógica instrumentalista do processo 150
4.4 A crítica como atividade intelectiva estruturante da ordinariedade procedimental processualizada 159

CAPÍTULO 5
A TUTELA DE EVIDÊNCIA COMO INSTRUMENTO DE DESPROCESSUALIZAÇÃO 163
5.1 Premissas elementares para a tutela imediata na processualidade democrática 163
5.1.1 Tutela da lei e jurisdição 163
5.1.2 Liquidez e certeza dos direitos fundamentais 167
5.2 A tutela de urgência no Estado Democrático de Direito 173
5.3 Direito evidente, despotismo do intérprete e a recusa ao direito democrático 184
5.4 Tutela de evidência como técnica irracional 190
5.4.1 Exame das hipóteses legais autorizativas da tutela de evidência 200
5.5 O caráter interdital da tutela de evidência: jurisdição sem o *devido processo* 208

CONSIDERAÇÕES FINAIS 217

REFERÊNCIAS 223

PREFÁCIO

O convite que me fez o Professor Francisco Rabelo Dourado de Andrade para prefaciar a publicação de sua dissertação de mestrado – um trabalho de imenso significado para os estudiosos da ciência processual nesta confusa contemporaneidade jurídica que vivemos – foi deveras gratificante, também porque, em tendo a sua dissertação obtido nota máxima da ilustrada banca examinadora com distinção *magna cum laude*, o marco teórico utilizado para questionar o ensino de Adolf Wach foi a teoria processual que este modesto prefaciador vem desenvolvendo ao longo de sua vida de estudos e pesquisa. Claro que, por ter sido o orientador do seu singular e exaustivo trabalho dissertativo, jamais fiz de minha teoria neoinstitucionalista do processo um pedestal obrigatório para os meus dedicados orientandos. A mais alta e honrosa distinção que o Professor Francisco Dourado recebeu da insigne Banca que examinou o conteúdo do seu trabalho se deveu exclusivamente à densidade do texto que produziu e à dedicação com que houve o manejamento bibliográfico pertinente à complexidade temática que ocupou sua atenção acadêmica.

O Professor Francisco Dourado abre o seu trabalho, para dissertar sobre a dogmática do instituto interdital da tutela de urgência, com a relação *processo e tempo*, já sinalizando uma reflexão que adiante vai priorizar o adentramento de uma paradoxia deveras tormentosa de como foi possível ao legislador do CPC/2015 suprimir *processo* e *tempo* para, em nome da *urgência*, entregar ao decisor jurisdicional, em sua recôndita subjetividade, os juízos de *perigo de dano*, *evidência da probabilidade do direito* ou *risco ao resultado útil do processo*, sendo que, nessas hipóteses, a utilidade que se busca não é a do *processo*, porque este cede lugar à tutela da autoridade judicante. E o que é mais patético na linguagem do CPC/2015 é que a *tutela de urgência* suplica, à sua caracterização, a *evidência* da probabilidade do direito, o que também é dispensado caso a tutela seja de evidência, não mais de urgência. Finalmente o CPC/2015 é mero *simulacro*, bem schmittiano, para obviar à *auctoritas* juízos de livre convencimento com exclusão do *devido processo legal*. Aliás, o Professor Francisco Dourado faz nos capítulos 2 e 3 de sua obra uma longa incursão nas teses de Adolf Wach (professor de Chiovenda, o gigante italiano do processo civil no séc. XX), em que pontualmente analisa o modelo linguístico-filosófico da evidência, a dispensa de prova, mostrando, a cada passo, os influxos perversos da ação concreta no processualismo científico-dogmático, as distorções dos conceitos de liquidez e certeza do direito doutrinal a partir de uma *verdade* que se distancia do racionalismo crítico popperiano.

É no capítulo 4 que a dissertação ganha foros de uma arguição fecunda dos suportes interditais da figura linguageira da *tutela de evidência* trazida de modo garboso para o texto do CPC/2015 pelo trabalho acadêmico de seu relator, Ministro Fux, elaborado nos idos dos anos 90 sob título *Tutela de segurança e tutela de evidência* (São Paulo, Saraiva, 1996). Ora, as festejadas tutelas antecipadas, em suas múltiplas modalidades calamandreicas, sempre foram prestantes aos Estados Dogmáticos que, em tendo suas leis como meros simulacros (arremedos de legalismo), socorrem emergencialmente situações conflitivas geradas pelo próprio Estado como massa necessária de conflitos à sobrevivência vantajosa do liberal-republicanismo que pereniza o império da autoridade dominadora e paternalista. Ainda no capítulo 4 de sua dissertação, o autor ressalta, com base em vasta bibliografia nacional e estrangeira, o vínculo pragmático-linguístico da tutela de evidência com as doutrinas e ideologias (máxime a de Habermas e Gadamer) que não *cogitam* de uma *teoria da lei* para sustentarem a legitimidade de sua obediência e cumprimento. Apenas alimentam a crença em um direito construído pela vontade de pessoas "livres e iguais" e portadoras naturais de uma racionalidade já vocacionada ao entendimento, daí, como anota o dissertante, não há cogitação sobre a índole lógica dessa linguagem exitosamente comunicativa numa perspectiva procedimental processualizada.

Deriva-se o direito de uma moral que se firma no tempo histórico como fonte de condutas a balizar o justo e o injusto pela mente prodigiosa da autoridade. Coloca-se o direito em relação de complementaridade, ora de co-originariedade, com uma moral já transcendentalizada (purificada das cargas repressivas de sua concreção pela retórica da proclamação do princípio da legalidade), ora se destranscendentaliza a razão para apontar objetivamente uma rede histórica de signos capturantes de sentidos que universalizam pré-compreensões dos direitos positivados (Gadamer).

Em todas essas divagações, tão bem postas pelo Professor Francisco Dourado, a teoria da coinstitucionalização processualizada do direito não é suscitada a legitimar a base fundante do sistema jurídico como subjacência gestora de um bloco institucional de direitos corpóreos e incorpóreos instituintes de relações jurídicas de um mundo redutor do sofrimento humano. Com efeito, não se vislumbram traços democráticos na construção do CPC/2015, se analisado, conforme acentua o Professor Francisco Dourado, no marco da teoria neoinstitucionalista do processo. A dissertação cresce em relevância para estudos avançados da teoria geral do processo no capítulo 5, ao ser examinada a *tutela de evidência como técnica irracional* utilizada pelo intérprete despótico que se recusa a refletir sobre o paradigma jurídico de Estado em que se demarca o direito a que se propõe acolher e aplicar.

Nesse passo, o dissertante discorre sobre a hipótese da tutela de urgência no Estado Democrático de Direito (que é o brasileiro a partir da CF/88) que repugna o "critério teleológico do processo como instrumento de uma jurisdição salvacionista e corretiva da realidade social, política e econômica (escopos metajurídicos)" –sic p. 173, assimilando a "carga mítica de *fazer justiça* de forma *rápida* e *efetiva* ao atingimento da paz social" (idem). O estudo da *cognitio* em perspectivas neoinstitucionalistas pelos níveis instituinte e constituinte da lei constitucional trouxe novos fundamentos proibitivos da falácia tópico-retórica (dogmática) para a estabilização dos sentidos normativos, em critérios de certeza e liquidez, à aplicação de *liminares* como tutelas da lei, não tutelas como atos de salvaguarda discricionária de direitos egressos do talento, bom senso, clarividência e sensibilidade do decisor virtuoso e justiceiro.

Ao cuidar da *tutela de evidência* que, segundo bem anota o dissertante, sequer pode no CPC/2015 ser concebida como procedimento, porque é rito ordálico muito além da sobrenaturalidade do autocrático *rito sumaríssimo* do vetusto CPC/1973 (que foi em retalhos diluído no CPC/2015!), o Professor Francisco Dourado lembra que, no velho regime processual, a "urgência" estava associada a juízos de probabilidade ou verossimilhança pela *inequivocidade* da prova (juízos nebulosos) para o decisor cumprir o "papel tutelar da *administração da justiça*", trazendo a lume o ensino de Ovídio Baptista da Silva em obra de Marinoni, a fim de mostrar os aspectos de compreensão que tais autores sustentam sobre a "evidência", ligando esta à simples *transparência* que o juiz possa inferir do direito a ser protegido, porque, em face da *premência*, não haveria como "averiguar se o direito realmente existe". Só por esse trecho, exsurge que para os instrumentalistas o direito formalizado (escrito) há de ser mesmo abandonado em razão de sua aporia fatal de nada significar sem o socorro prestante dos juízos essencialistas que já se encontrariam entelequialmente entranhados na formação genética (predestinada) da autoridade judicante ou preconcebidos na rede sígnica (ôntico-pragmático-linguística) do intérprete prodigioso (Gadamer–Apel).

A grave elisão do direito coinstitucional do contraditório nas *tutelas antecipadas* do CPC/2015 é facilmente visível nos trechos em que o dissertante exibe a tardia citação do réu para comparecer à audiência de conciliação e, não havendo acordo entre partes, contestar, querendo, o pedido já adredemente deferido pelo juiz (art. 303 e seus itens), sendo que, mesmo assim, o réu é convocado a "apresentar sua defesa perante o juiz" e não "exercer a ampla defesa pela via do processo". Então, o CPC/2015, ao dispor que o juiz deva "zelar pelo efetivo contraditório", não só o suprime como também nega isonomia (paridade) entre as partes, a qual lhe é coextensiva. A par disso, como observa o dissertante, a garantia constitucional da "razoável duração do processo não autoriza a interdição da *cognitio*".

O dissertante, dando sequência ao brilho de sua pesquisa e singular dissertação, comenta que o art. 311, ao alinhar hipóteses de "evidência" de direitos, só "eleva a carga de autocracia interpretativa do juiz", somada às atuações *ex-officio* do juiz autorizadas pelo art. 297, que compõem as heranças arcaico-romanas dos pretores por um *poder cautelar genérico* a abrigar poderes jurisdicionais de polícia e medidas interditais (arts. 360, 493, 536 do CPC/2015). Instituiu-se pela nua vontade do legislador liberal-republicanista, bem distante do paradigma jurídico de Estado Democrático, a logomaquia de uma "evidência" só acessível à índole intuitiva da autoridade jurisdicional de tal sorte a excluir o exaurimento dos direitos fundamentais do *processo* que, se experimentados pelas partes como exercício de alegações de base constitucional, podem facilmente ser entendidos pelo juiz como "abuso de direito de defesa", o que, no atilado exame do dissertante, elege a desprocessualização do direito como eixo da jurisprudencialização do saber jurídico pelos tribunais excelsos (o que se vem chamando garbosamente de avançadas técnicas dos "precedentes").

Ao dissertar sobre o tema da "evidência", uma tormentosa complexidade jurídica, operosamente trabalhado, o Professor Francisco Dourado, fruindo lições do Programa de Pós-Graduação *Stricto Sensu* da Faculdade Mineira de Direito da PUC Minas pelas obras produzidas por uma docência-discência voltada à refundação das bases de um envelhecido sistema jurídico que se desmorona às nossas vistas a cada dia, lançando o Brasil e o mundo numa reta de autoextinção do homem que ainda não conseguiu criar seu próprio *humanismo*, adentrou o fecundo campo do embate das *lógicas*, buscando adequação enunciativa para uma leitura crítica da bibliografia manuseada no que pudesse aproveitar o projeto constitucional brasileiro de implementação gradual do Estado Democrático de Direito que, para muitos, já se encontra aí constitucionalmente pronto na realidade à disposição dos que, com hinos, cânticos, canções, alegorias, bandeiras, mobilizações agóricas, encontro culturais, legiões da boa vontade, e ainda apegados à ciência dogmática do direito, se candidatam a exaltá-lo, mediante a criminalização generalizada para expurgo dos delinquentes natos, marginais, indolentes, vadios, sem perceberem que somos todos vítimas da ignorância e do pavor de criar novos conhecimentos (teorias) para reinstitucionalizar o *devir* e tentar reduzir suas angustiosas incertezas.

Parabéns ao Professor Francisco Dourado pela excelente dissertação que deverá ser um ponto alto da ciência crítico-epistemológica do direito processual a impactar as demais áreas do ensino e a produção de novas matrizes jurídicas a orientarem a sistematização de um direito incessantemente aberto à fiscalidade processual pelos destinatários normativos desde o nível instituinte ao nível coinstituído. Recomendo a leitura da obra que, à continuidade dos estudos de minha teoria jurídica, é peça indescartável.

Belo Horizonte, maio de 2016.

Rosemiro Pereira Leal
Doutor em Direito Constitucional pela UFMG. Professor da UFMG e da Graduação e pós-Graduação *Stricto Sensu* em Direito Processual da Faculdade Mineira de Direito da PUC Minas. Professor convidado de Direito Processual da Universidade Nova de Lisboa (UNL). Fundador do Tribunal de Ética e Disciplina da OAB-MG. Ex-Conselheiro e Presidente da Comissão de Ensino Jurídico da OAB-MG. Membro efetivo do Instituto dos Advogados de Minas Gerais. Presidente-Fundador da Associação dos Advogados de Minas Gerais e do Instituto Popperiano de Estudos Jurídicos (INPEJ).

INTRODUÇÃO

Por mais que, na atualidade, esteja em voga nos debates acadêmicos, doutrinários e tribunalícios, a temática da *celeridade* e *efetividade* do processo é tão antiga quanto a própria história do direito processual, não sendo equivocado afirmar que em tais discussões ambas as expressões convergem para um *ideal de justiça* a ser alcançado pelo juiz por meio do processo, ainda considerado como *instrumento da jurisdição* pela maioria dos processualistas brasileiros.

Desde a guindagem do Estado à condição de detentor do monopólio da jurisdição e a consequente vedação da autotutela privada, prevalece até os dias atuais o entendimento da jurisdição como atividade estatal de dizer o direito cujo escopo fundamental é a *pacificação social* e a *realização da justiça* na solução de conflitos de forma imparcial e cogente. Esta *atividade tutelar* da jurisdição na realização dos direitos justificaria os amplos poderes conferidos ao juiz investido de autoridade judicante para o acertamento dos direitos não apenas a partir dos conteúdos da lei, mas também segundo juízos de conveniência, razoabilidade e proporcionalidade no preenchimento das lacunas da lei, o que também revela a sua função *criadora do direito* no caso concreto. Esta posição jurídica de preeminência com *poderes* para dizer e aplicar o direito em grau de definitividade, inclusive para satisfazê-lo pela via da executividade, aproxima a jurisdição a uma atividade protetiva, vigilante e garantista do Estado.

Diz-se ainda que os procedimentos que subjazem o processo o tornam moroso, inviável e desigual, prejudicando a pronta realização (efetivação) dos direitos pela *tutela jurisdicional* em razão do tempo que é gasto para a sua tramitação até a sentença e ulterior execução. Esta demora é atribuída à ordinariedade procedimental que passa a ser questionada pelos doutrinadores exatamente por sua estrutura linear e burocrática de atos concatenados que possibilitam o amplo debate e dilação probatória entre as partes direcionados à produção da sentença pelo juiz, valendo lembrar que a execução do julgado apenas seria iniciada após o trânsito em julgado da sentença, salvo nas hipóteses legais, motivo pelo qual todo este arcabouço procedimental importaria em demasiado custo de tempo e, dessa forma, redundaria em *denegação da justiça*.

O contexto acima é abordado pela dogmática jurídica brasileira há décadas e considerado como o maior problema a ser enfrentado pela jurisdição, sobretudo nas hipóteses em que a urgência demanda o manejo de expedientes que excetuam o procedimento ordinário para dar lugar a procedimentos céleres que tenham por objetivo o asseguramento do resultado útil do processo (cautelaridade) ou nos casos em que o receio de dano irreparável ou de difícil reparação justifica a antecipação dos efeitos futuros da sentença de mérito (satisfatividade). Cuida-se das chamadas *tutelas de urgência* até então delineadas no Código de Processo Civil de 1973, mais precisamente em seu art. 273, que disciplina o procedimento da *antecipação de tutela*, além dos arts. 796 a 889, que tratam do *processo cautelar* e das suas diversas medidas, afora os demais procedimentos especiais que, em alguns casos, estabelecem uma unidade procedimental entre cognição e execução a possibilitar a imediata tutela (*v.g.*, as ações possessórias). Semelhante modalidade de tutela também é encontrada na legislação extravagante, destacando-se a ação constitucional do mandado de segurança.

Esta temática recebeu nova roupagem com a instituição do Código de Processo Civil pela Lei nº 13.105, de 16.3.2015, conforme se pode notar no Livro V, intitulado "Da Tutela Provisória", segundo a qual, nos termos do art. 294, poderá fundamentar-se em *urgência* ou *evidência*, como sendo espécies de tutela provisória que poderão ser concedidas em caráter antecedente ou incidental.

Ainda nesta quadra, cabe destacar o art. 297 do mesmo Código, ao dispor que "o juiz poderá determinar as medidas que considerar adequadas para efetivação da tutela provisória", referindo-se, portanto, ao chamado *poder geral de cautela do juiz* antes estabelecido pelo art. 798 do CPC/1973, o qual supõe a concessão de ilimitados poderes ao juiz a serem conduzidos por critérios subjetivistas e definidos conforme as peculiaridades do caso posto em exame. Desta maneira, almeja-se alcançar maior *efetividade*, *celeridade* e *credibilidade* na prestação da atividade jurisdicional, objetivos que serviram de base para a criação do CPC/2015, conforme sua Exposição de Motivos, embora o sistema processual implantado esteja igualmente mantido sob o eixo da jurisdição, condição que a rigor não lhe traria a qualificação de "novo Código".

Além das tutelas de urgência, cujos requisitos para concessão foram unificados pelo art. 300, *caput*, do CPC/2015, eliminando-se as divergências até então encontradas no sistema processual anterior,[1] cabe ainda destacar a criação de instituto (unidade lógico-jurídica)[2] diverso na quadra das tutelas

---

[1] "Art. 300. A tutela de urgência será concedida quando houver elementos que evidenciem a probabilidade do direito e o perigo de dano ou risco ao resultado útil ao processo".

[2] Não há meras palavras na ciência jurídica, mas institutos componentes do sistema jurídico que assumem significados complexos e demandam esclarecimento, revisitação e continuada teorização. Segundo Rosemiro Pereira Leal, instituto é o "agrupamento de princípios que guardam unidade ou afinidades de conteúdos lógico-jurídicos no discurso legal" (LEAL, Rosemiro Pereira. *Teoria geral do processo*: primeiros estudos. 12. ed. Rio de Janeiro: Forense, 2014. p. 258).

provisórias que recebeu a denominação de *tutela da evidência*,[3] espécie de tutela provisória disciplinada pelo art. 311 do mesmo código.

Para os juristas responsáveis pela inclusão do referido artigo no CPC/2015, há muito se via a necessidade de tutelar os chamados *direitos evidentes*, que seriam aqueles direitos contra os quais o réu não seria capaz de apresentar *contestação séria*, o que tornaria inútil aguardar todo o transcurso procedimental para, somente ao final, proceder com a entrega da tutela jurisdicional ao autor daquilo que já se tinha *certeza* quando da propositura da ação. Em tais casos, o desnecessário decurso do tempo procedimental redundaria em angústia para aquele que postula em juízo determinada pretensão de natureza *evidente* e descrédito para a jurisdição pela demora e ineficiência de sua atividade, ocasionando o descumprimento do art. 5º, inc. XXXV, da Constituição de 1988, que dá suporte à garantia do *acesso à justiça* ou, em boa técnica, o *acesso à jurisdição*.

Não apenas pela criação desta modalidade de *tutela imediata* que, é de se dizer, explicita a radicalização da tutela antecipada pela sua concessão sem o requisito da urgência, mas também pela corrente instrumentalista que há décadas tem fundamentado as tendências de sumarização do processo mediante a eliminação de procedimentos e, cada vez mais, o estabelecimento de amplos poderes ao juiz para sua condução, avulta a necessidade de se arguir a linguagem jurídico-doutrinária que dá suporte ao tratamento legislativo e jurisprudencial para a tutela de evidência.

Portanto, resta saber se a ciência dogmática do direito fundante do discurso jurídico tendente à instalação da *jurisdição sem processo* (desprocessualização) tem alguma aderência com o Estado Democrático de Direito que, para ser construído, suplica a libertação do despotismo estatal, do personalismo hermenêutico, das autoridades interpretativas, da tirania dos sentidos e do discurso tópico-retórico (dialético), empreendimento apenas possível se conjecturado a partir de uma teoria do processo comprometida com a teorização do direito democrático pelo processo como paradigma metalinguístico de exercício compartilhado nos níveis instituinte, constituinte e constituído do direito.

Para tanto, buscar-se-á no capítulo 1 deste trabalho examinar as origens e tratamento legislativo das tutelas de urgência, com destaque para o panorama histórico do procedimento ordinário, sua relação com o tempo e a assunção das tutelas diferenciadas enquanto medidas jurisdicionais que

---

[3] Cabe desde já advertir que a expressão "tutela *da* evidência" não será adotada no presente trabalho, optando-se pela "tutela *de* evidência" como terminologia mais adequada para designar tal instituto. É que a expressão estabelecida pelo art. 311 do Código de Processo Civil conduz ao entendimento *da evidência* já pressuposta e concebida fora do *devido processo*, ao passo que a tutela *de evidência* supõe que a alegada evidência esteja no plano proposicional a ser conjecturada ou problematizada pelo (ou no) processo. Esta proposta de ressemantização encontra-se melhor abordada no capítulo 5 (infra: 5.4).

concorrem para a rápida satisfatividade (realizabilidade prática) de direitos materiais em situações de urgência ou de evidência do direito postulado. A teoria do processo como relação jurídica de Oskar von Bülow é apresentada para esclarecer a origem do embasamento doutrinário do *instrumentalismo substancial* cujo modelo de pensar não apenas considera o processo como mero instrumento da jurisdição (conotação puramente técnico-formal do processo), mas igualmente anuncia a adoção de amplas medidas para a realização dos direitos com a eliminação dos formalismos mediante a sumarização da atividade cognitiva e procedimental tendente a viabilizar a imediata tutela jurisdicional dos direitos materiais nos casos de urgência e evidência.

Já o capítulo 2 foi destinado a esclarecer ou pelo menos lançar as possíveis bases doutrinárias da tutela de evidência, considerando que tal instituto ainda não havia sido razoavelmente teorizado pelos processualistas, embora sejam encontrados apontamentos a este respeito na obra de Ovídio Baptista e, com mais profundidade, de Luiz Fux, que, embalado pelos ideais do instrumentalismo substancial abordado no início deste trabalho, cuidou de promover a inclusão da tutela dos direitos evidentes no CPC/2015.

Sem receio de investigar os prováveis pontos de partida de um problema jurídico, o que não é objeto de ocupação (ou *pré-ocupação*) dos adeptos da dogmática jurídica, pretendeu-se pesquisar as origens da tutela de evidência na fase inicial do processualismo científico (segunda metade do século XIX) e percorrer as principais teorias da ação concorrentes naquela época, mas com especial atenção à proposta de Wach, de cuja obra se pôde extrair a noção ainda elementar da evidência enquanto imperativo antecedente à procedência advinda de sua teoria da *ação como direito concreto à sentença favorável*, vale dizer, um direito já preconcebido a ser homologado pela sentença do juiz.

Não obstante as reminiscências da tutela de evidência encontradas em Wach, buscou-se adiante apresentar os seus principais seguidores, como Chiovenda, Calamandrei e Liebman, além dos desdobramentos doutrinários que se sucederam até chegar às posições de Luiz Fux, que motivaram a criação da tutela de evidência no Código de 2015.

Por sua vez, o capítulo 3 encaminha uma investigação epistemológica no sentido de expor os contornos da evidência, partindo-se do modelo linguístico-filosófico ofertado por Fernando Gil que, pela longa abordagem dedicada ao tema, talvez tenha sido o maior pesquisador da evidência na atualidade. Neste ponto, foram brevemente examinadas as noções de verdade, certeza, intuição, apodicticidade, experiência e prova, todas relacionadas com a evidência. Entretanto, considerando a alta complexidade destes temas cujo aprofundamento fugiria do objetivo deste trabalho, cuidou-se de exibir os elementos teórico-filosóficos que trazem aderência com o estudo da *tutela de evidência*, objetivando lançar reflexões que busquem demonstrar sua inadequação com o processo constitucional.

Ao final desse capítulo propõe-se uma incursão pelo racionalismo crítico de Karl Popper como perspectiva conjectural que oferece os parâmetros objetivos para o crescimento do conhecimento humano segundo uma metodologia epistemológica capaz de arguir a linguagem da evidência, da verdade e das demais questões acima mencionadas, as quais cogitam juízos intuitivos que, alojados na quadra da crença e das ideologias, posicionam-se no campo do dogmatismo.

Em seguimento às proposições popperianas, buscou-se com o capítulo 4 apresentar a teoria neoinstitucionalista do processo construída por Rosemiro Pereira Leal como teoria da processualização testificante do discurso dogmático-jurídico que trabalha uma linguagem jurídica obstativa do igual direito de interpretação para todos (hermenêutica isomênica) no âmbito de criação, atuação, modificação, fiscalização e extinção de direitos pelo *processo* (*locus* hermenêutico da democraticidade). É partindo dessas concepções que se torna possível teorizar sobre a ordinariedade procedimental na processualidade democrática, não sendo mais operada por discursos salvacionistas da jurisdição comuns aos modelos liberal e social de processo, mas em um espaço processualizado regido pelos princípios institutivos do contraditório, ampla defesa e isonomia.

No mesmo passo, foram propostas as bases para uma teoria da prova fora da lógica instrumentalista do processo na tentativa de ressemantizar os conteúdos arcaicos da *cognitio* a partir do referente lógico-jurídico do *devido processo*, cuja dimensão teórica é comprometida com o desenvolvimento e concretização do Estado Democrático de Direito.

Com a demarcação do referencial teórico pela teoria neoinstitucionalista do processo, obteve-se suporte epistemológico para interrogar a tutela de evidência no capítulo 5. Para tanto, tornou-se necessária a revisitação crítica das noções de tutela e jurisdição para, posteriormente, possibilitar o enquadramento da liquidez e certeza dos direitos fundamentais como possibilidade factível de tutela imediata na processualidade democrática. De igual modo, propôs-se a revisitação da tutela de urgência visando situá-la no Estado Democrático de Direito, inclusive com apontamentos críticos dos conteúdos legais contidos no CPC/2015 atinentes às modalidades de tutela provisória.

A exposição da tutela de evidência à testabilidade demandou a correlação do direito evidente com o despotismo do juiz que recebe o privilégio da interpretação pela própria lei para aplicar as hipóteses do art. 311, concebidas sem prévia pactuação dos sentidos normativos nos planos instituinte e constituinte do direito pelo código interpretante do *devido processo*. Por outro lado, intentou-se demonstrar que a tutela de evidência é concebida pelo Código de 2015 como instrumento de desprocessualização (jurisdição sem o *devido processo*), tratando-se de uma técnica irracional não procedimentalizada com suporte nas formas de dominação mantidas pela ciência dogmática do direito.

Ao final desse capítulo, embora já tivesse sido constatado o regime interdital imposto pela tutela de evidência sobre o *devido processo*, buscou-se examinar cada hipótese elencada no art. 311 com base no marco teórico eleito, as quais, por estarem embasadas pela ideologia da relação jurídica bülowiana, não resistiram ao método crítico que dá suporte à teorização do direito democrático.

A supressão da *cognitio* pela tutela de evidência é mais uma das amostras reformistas em que subjaz o "fetiche da Justiça rápida, cuja velocidade pode ser aumentada pela supressão do processo e, até mesmo, do procedimento, com a altaneira supremacia da jurisdição",[4] o que demonstra que essa nova modalidade de tutela decorre da manutenção ideológica (estratégica!) dos já ultrapassados modelos de Estado Social e Liberal, os quais não restaram recepcionados pela Constituição de 1988 que instituiu o Direito Democrático como princípio regente do Estado (art. 1º) a ser construído pelo paradigma metalinguístico do *processo*.

---

[4] LEAL, Rosemiro Pereira. A judiciarização do processo nas últimas reformas do CPC brasileiro. In: BRÊTAS, Ronaldo de Carvalho Dias; NEPOMUCENO, Luciana Diniz (Coords.). *Processo civil reformado*. 2. ed. Belo Horizonte: Del Rey, 2009. p. 536.

CAPÍTULO 1

TUTELAS DE URGÊNCIA: PRESSUPOSTOS DOGMÁTICOS E SISTEMATIZAÇÃO LEGAL

1.1 Processo e tempo: a tensão histórica do procedimento ordinário

A relação entre processo e tempo é objeto de discussão na dogmática jurídica há séculos. A cognição (*cognitio*), enquanto atividade intelectiva que se desenvolve no espaço-tempo procedimental, nem sempre foi acolhida como a via democrática encaminhadora da participação dos sujeitos do processo na construção do ato decisório judicacional.

Embora sob a vigência do Estado Democrático de Direito pareça óbvia a noção de que "o tempo é, no processo, suposição necessária à depuração do objeto litigioso",[5] não se pode dizer que o problema da relação entre processo e tempo foi superado pela doutrina, sobretudo no que concerne às chamadas tutelas (ou provimentos) de urgência.

Como tentativa de esclarecimento do tema, tem-se notícia de que os chamados provimentos de urgência surgiram de forma incipiente em Roma entre os séculos VIII a II a.C., com as *legis actiones*, mais especificamente com a *legis actio per pignoris capionem* (*pignoris capio*), que era uma das modalidades das ações da lei com caráter executivo e muito próxima da noção de autotutela.

Já no século III d.C. até aproximadamente o século VI d.C., assistiu-se em Roma ao período da *cognitio extra ordinem*, marcado pela acumulação

---

[5] VIEIRA, José Marcos Rodrigues. *Da ação cível*. Belo Horizonte: Del Rey, 2002. p. 164.

de todas as funções na figura do magistrado (pretor) e pelo rompimento com a figura do árbitro até então existente no período formular (séculos II a.C. a III d.C.) mediante a realização de procedimento deflagrado por um pedido escrito pela parte demandante. O réu era citado para apresentar defesa e, depois de produzidas as provas, o juiz estaria apto a sentenciar, facultando-se à parte perdedora a possibilidade de recorrer (*appellatio*).

Nesta época, o magistrado dispunha dos poderes de *imperium*, estando autorizado a determinar ou proibir a prática de certos atos, fixar multas e medidas executivas, bem como da *jurisdictio*, que estaria relacionada à declaração do direito ou ao deferimento da posse provisória do objeto litigioso em favor do demandante.[6]

Valendo-se do poder de *imperium*, o pretor tomava decisões pela técnica da *summaria cognitio*, no sentido de conferir maior celeridade em determinados casos nos quais a cognição não poderia se desenvolver ordinariamente. Ovídio Baptista da Silva ressalta que "para o direito romano, em verdade, a busca de prováveis decisões tomadas sob *summaria cognitio* nem teria sentido, pois a principal atividade do pretor, qual seja a de conceder ou negar a ação, era decisão tomada, em certo sentido, sob forma de cognição sumária", embora nas chamadas *stipulationes praetoriae* e nos processos interditais a cognição pudesse ser definida como sumária. Isto porque a cognição sumária era inerente ao ofício do pretor e, nos juízos interditais, pela *causae cognitio* (reserva para o magistrado de acolher ou recusar o pedido), estava autorizado a encerrar o procedimento mediante decisão definitiva, reservando-se para a *ordo iudiciorum privatorum* (juízo ordinário) as demais questões cujas alegações estariam vedadas no juízo interdital.[7]

No período medieval da história europeia (séculos V a XV), as tendências de sumarização foram acentuadas ante a necessidade de expurgar do processo os formalismos inúteis que o tornavam mais oneroso e prolongado. Esse movimento foi encampado pelos estudiosos do processo canônico no sentido de atender às necessidades da Igreja, já que o *solemnis ordo iudiciarius* não surtia os efeitos desejados, sobretudo em relação à busca da verdade com maior brevidade pelo tribunal. Entre as medidas adotadas, destacam-se a limitação das chamadas *apelações interlocutórias*, encurtamento dos prazos, atribuição de poderes ao juiz de direção, inclusive para limitar atos supérfluos de natureza probatória, supressão de formalidades escritas, valorizando-se o princípio da oralidade. Para Fairen Guillén, esta sumarização do processo representava uma vitória

---

[6] OLIVEIRA, Allan Helber de. *O réu na tutela antecipatória do código de processo civil*. Belo Horizonte: Mandamentos, 2001. p. 36-39.

[7] SILVA, Ovídio A. Baptista da. *Comentários ao Código de Processo Civil*. 2. ed. Porto Alegre: Lejur, 1986. p. 36-37.

da economia processual, considerando-se a necessidade de rapidez demandada pelo tráfico mercantil que até então se desenvolvia em torno do Mediterrâneo.[8]

Já nos primórdios da Idade Moderna, período no qual ainda eram encontrados resíduos do formalismo germânico em algumas cidades da Itália, mesmo diante da grande influência do processo romano-canônico, notava-se que tais resquícios maculavam o *processo comum*[9] por se apresentar longo, complicado e difícil. Buscou-se, com isto, regular e simplificar os atos judiciários, com reforço dos poderes do magistrado na condução da lide e no desenvolvimento de "processos sumários determinados ou executivos (no qual se entende a sumariedade como redução da cognição do juiz)", possibilitando em alguns casos a execução de procedimento prévio (*pactum executivum*) no caso de inadimplemento de contratos, a emissão de ordem de pagamento sem a prévia defesa do devedor pela via do procedimento monitório (ou injuncional) e o sequestro de bens ou arresto do devedor suspeito de fuga. A partir destas lições, Chiovenda afirma que, do século XVI ao final do século XVIII, muitas foram as obras de estudiosos do direito no sentido de esclarecer os processos ordinário e sumário sob influência da tradição romano-canônica, como também da praxe germânica.[10]

Pelo escorço histórico apresentado anteriormente, verifica-se que durante séculos houve uma convergência teórico-jurídica no sentido de reduzir ou até mesmo eliminar o formalismo procedimental que havia no processo ordinário. No entanto, pode-se dizer que a tendência da ordinariedade como procedimento padrão de tutela dos direitos, embora existente desde o direito romano, passou a se desenvolver no século XIX por influência das ideias liberais decorrentes da Revolução Francesa,[11]

---

[8] FAIREN GUILLÉN, Víctor. *El juicio ordinario y los plenarios rápidos*. Barcelona: Bosch, Casa Editorial, 1953. p. 41-42; 44-45.

[9] Para Chiovenda, tratava-se do processo misto, "porque se aplicava desde que não o derrogassem leis locais especiais, e no qual vigiam ainda numerosas formas e institutos do processo germânico e, principalmente, perdurava o seu espírito formalístico" (CHIOVENDA, Giuseppe. *Instituições de direito processual civil*. 2. ed. Tradução de Paolo Capitanio. Campinas: Bookseller, 2000. p. 137. v. I).

[10] CHIOVENDA, Giuseppe. *Instituições de direito processual civil*. 2. ed. Tradução de Paolo Capitanio. Campinas: Bookseller, 2000. p. 137-139. v. I.

[11] A Revolução Francesa (século XVIII) marcou a ruptura com o absolutismo e o abalo nos privilégios até então garantidos à alta nobreza, época em que importantes conquistas foram obtidas pelo povo no campo político, social, cultural e, notadamente, na própria forma de concepção do Estado e do Direito. Importante marco deste movimento foi a aprovação da Declaração dos Direitos do Homem e do Cidadão, em 1789, que consagrou os direitos fundamentais com sua expressão máxima, cuja importância passou a ser acolhida, gradativamente e ao longo dos anos, por outros Estados da Europa e da América em suas Constituições. A Revolução Francesa, portanto, representou um movimento sociopolítico que impôs consideráveis modificações não apenas na vida em sociedade, mas também no próprio constitucionalismo,

sobretudo com a difusão de novas concepções quanto ao direito de defesa e devido processo legal. Ademais, desenvolvia-se também em tal período a posição de neutralidade do juiz que, segundo Marinoni, "caracteriza o procedimento ordinário e que é derivada da indiferença da lei pelo que se passa no plano da realidade social, que impede a concepção de um procedimento capaz de distribuir racionalmente o tempo do litígio". O procedimento ordinário, com ampla dimensão de cognitividade, atendia aos interesses liberais primordiais dos patrimonializados.[12]

Desde o início do processualismo científico, que foi marcado com a publicação da obra *Teoria das exceções processuais e os pressupostos processuais* (no original: *Die lehre von den processeinreden und die processvoraussetzungen*) no ano de 1868, de autoria de Oskar von Bülow,[13] o procedimento ordinário foi concebido pelos doutrinadores como um *standard* do sistema processual,

---

sobretudo em relação ao estudo do Estado e do Direito (DEL NEGRI, André. *Teoria da constituição e do direito constitucional*. Belo Horizonte: Fórum, 2009. p. 49-53).

[12] MARINONI, Luiz Guilherme. *Tutela antecipatória e julgamento antecipado*: parte incontroversa da demanda. 5. ed. São Paulo: Revista dos Tribunais, 2002. p. 15-17. Ainda sobre o procedimento ordinário como instrumento de índole liberal: Cf. SILVA, Ovídio A. Baptista da. *Curso de processo civil*: processo de conhecimento. 6. ed. São Paulo: RT, 2002. p. 120. v. 1; MARINONI, Luiz Guilherme. *Efetividade do processo e tutela de urgência*. Porto Alegre: Sérgio Antônio Fabris Editor, 1994. p. 14.

[13] BÜLOW, Oskar. *La teoría de las excepciones procesales y los presupuestos procesales*. Buenos Aires: EJEA, 1964. Referida obra apresentou à comunidade científica a teoria do processo como relação jurídica, cuja relevância, para André Cordeiro Leal, elevou Bülow "à condição de fundador da ciência do processo" (LEAL, André Cordeiro. *Instrumentalidade do processo em crise*. Belo Horizonte: Mandamentos, 2008. p. 38). De acordo com esta perspectiva, ainda hoje majoritária na doutrina, a relação jurídica processual é autônoma e difere da relação jurídica de direito material, por possuir distintos pressupostos – objeto e sujeitos – cuja essência desdobra-se em um vínculo de exigibilidade entre os sujeitos ativo e passivo, por meio do qual o primeiro se vale de um poder de exigir do segundo determinada prestação, exigência de caráter impositivo e consoante sua vontade. Tais características reportam à visão tradicional do direito subjetivo que, segundo esta teoria, deu origem à percepção do processo como relação jurídica. Esta concepção, "ainda que diferenciada em seu aspecto subjetivo, não se desgarrou das ideias anteriores. Bülow ainda partia do pressuposto central de que o processo deveria ser visto como relação jurídica" entre as partes no processo, vinculadas mutuamente e ao tribunal. Não obstante, sua teoria foi importante para desvincular "o processo como consequência direta da relação litigiosa de Direito Privado debatida pelas partes perante os tribunais", demonstrando que o processo dispunha de regras específicas que lhe conferiam o caráter autônomo em relação ao direito material (LEAL, André Cordeiro. *O contraditório e a fundamentação das decisões*. Belo Horizonte: Mandamentos, 2002. p. 81-82). Para James Goldschmidt, Bülow foi o primeiro jurista que abriu caminho para a criação de uma ciência do processo (GOLDSCHMIDT, James. *Teoría general del proceso*. Barcelona: Labor, 1936. p. 14). A importância da teoria bülowiana para os estudos do direito processual é notada pela adesão de processualistas europeus que se dedicaram ao estudo e sistematização desta teoria, como Giuseppe Chiovenda, Piero Calamandrei, Francesco Carnelutti, Enrico Tullio Liebman, entre tantos outros. No Brasil, destacam-se Alfredo Buzaid, José Frederico Marques, José Carlos Barbosa Moreira, Cândido Rangel Dinamarco, Ada Pellegrini Grinover e Ovídio A. Baptista da Silva.

não obstante as filiações filosófico-políticas de cunho liberal e social até então existentes à época.[14] Com efeito, Bülow afirma que a relação jurídico-processual é de natureza pública e que se desenvolve progressivamente entre o tribunal e as partes, distinguindo-se das demais relações de direito privadas pelo fato de o processo revelar uma relação jurídica que avança gradualmente por atos preparatórios das partes que, vinculadas entre si, deverão cooperar com a atividade jurisdicional.[15] Aqui reside o caráter ordinário desta atividade realizada monopolisticamente pelo Estado.

A cognição do juiz, enquanto atividade intelectual "com o objetivo de se aparelhar para julgar se a demanda é fundada ou infundada, e, pois, para declarar existente ou não existente a vontade concreta da lei", acata a configuração de via da atuação jurisdicional plena e completa, o que não seria alcançado na forma de um procedimento sumário.[16] Chiovenda, nestas linhas, defende que os procedimentos materialmente sumários (satisfativos, distintos das cautelares) seriam inconciliáveis com os princípios e objetivos da civilização moderna, que demandaria "um processo teleologicamente voltado para a descoberta da verdade e, além disso, capaz de oferecer a indispensável segurança de que as relações jurídicas necessitariam para se desenvolver". Portanto, a segurança jurídica alcançada pelo procedimento de cognição plena e exauriente deveria se sobrepor à celeridade ofertada pelas tutelas sumárias do sistema processual.[17]

Esta é a noção elementar do procedimento ordinário que vai encampar integralmente "o conflito de interesses e que tem por fim a sua solução definitiva com base num denominado 'juízo de certeza', derivado daquilo que alguns processualistas costumam chamar de 'busca da verdade'".[18] É que por meio deste procedimento seria possível sepultar definitivamente o conflito das partes pela via judicial, oportunizando amplo espaço

---

[14] Demonstração disso é que Bülow estava alinhado à visão social do processo, enquanto instrumento da jurisdição como "atividade do juiz na criação do direito em nome do Estado" (LEAL, André Cordeiro. *Instrumentalidade do processo em crise*. Belo Horizonte: Mandamentos, 2008. p. 60), ao passo que seu contemporâneo Adolf Wach já se filiava à concepção liberal que acolhe o processo como instrumento das partes e disponível à solução dos seus conflitos (PÉREZ RAGONE, Álvaro. El revisionismo garantista en el proceso civil a través de las ideias de Franz Klein y Adolf Wach. Precisiones sobre eficiencia y derechos procesales. *Revista de Derecho de la Pontificia Universidad Católica de Valparaíso*, Valparaíso, n. XLII, p. 523-551, 1º sem. 2014. p. 524), sendo que ambos estruturam suas obras a partir do procedimento ordinário como a regra do sistema processual.

[15] BÜLOW, Oskar. *La teoría de las excepciones procesales y los presupuestos procesales*. Buenos Aires: EJEA, 1964. p. 2-3.

[16] CHIOVENDA, Giuseppe. *Instituições de direito processual civil*. 2. ed. Tradução de Paolo Capitanio. Campinas: Bookseller, 2000. p. 217-218. v. I.

[17] MARINONI, Luiz Guilherme. *Tutela antecipatória e julgamento antecipado*: parte incontroversa da demanda. 5. ed. São Paulo: Revista dos Tribunais, 2002. p. 13.

[18] MARINONI, Luiz Guilherme. *Efetividade do processo e tutela de urgência*. Porto Alegre: Sérgio Antônio Fabris Editor, 1994. p. 2.

para a atuação de suas pretensões, de meios de impugnação e de prova, respeitando-se uma série de formalismos, preclusões e atos jurisdicionais.[19] Neste passo, Ovídio Baptista da Silva acentua que a *universalização da ordinariedade*, com a exclusão das tutelas sumárias do sistema processual, não é exclusividade do direito moderno. É que esta

> tendência para a forma ordinária de procedimento – com seu natural corolário de *plenariedade* da cognição judicial – teve origem no direito romano tardio, com a absorção dos interditos pela *actio* que, como se sabe, servia-se precisamente do procedimento ordinário (*ordo judiciorum privatorum*), que é origem e fonte inspiradora de nosso processo de conhecimento.[20]

Mas a constante necessidade de suprir determinadas situações de urgência ou de tutela de direitos considerados evidentes, diante das quais o procedimento ordinário mostrar-se-ia inadequado justamente pela sua plenariedade e exposto ao risco da ineficácia da tutela pretendida, fez com que fossem desenvolvidas técnicas de sumarização aptas a corrigir o problema do tempo procedimental que, a seu turno, pudesse beneficiar apenas uma parte em detrimento de outra.

Para Luiz Guilherme Marinoni, "o tempo é a dimensão fundamental da vida humana" e, se o autor que tem razão quanto ao bem litigioso deve se submeter ao ônus do tempo processual, beneficiando, por outro lado, a figura do réu em um processo o qual se destina à busca da verdade, será certa a sua infelicidade, angústia, redução de expectativa de uma vida feliz, além de prejuízos econômicos.[21] Embasando-se nas lições de Italo Andolina, Marinoni sustenta ainda que a disputa pelo bem da vida, por demandar tempo, tende a beneficiar o réu (que não tem razão) e, consequentemente, prejudicar somente o autor. Ademais,

> se o processo retira da vida o seu próprio impulso, ele não pode – apenas porque se destina a "descobrir a verdade" – deixar de considerar as necessidades do autor, a menos que deseje celebrar, através de um procedimento fúnebre,

---

[19] FAIREN GUILLÉN, Víctor. *El juicio ordinario y los plenarios rápidos*. Barcelona: Bosch, Casa Editorial, 1953. p. 53.

[20] SILVA, Ovídio A. Baptista da. *Curso de processo civil*: processo cautelar (tutela de urgência). 3. ed. São Paulo: RT, 2000. p. 84. v. 3.

[21] MARINONI, Luiz Guilherme. *Tutela antecipatória e julgamento antecipado*: parte incontroversa da demanda. 5. ed. São Paulo: Revista dos Tribunais, 2002. p. 17. Para José Marcos Rodrigues Vieira, não é certo que "o ônus do tempo (necessário à tramitação do feito) seja suportado apenas pelo autor, em geral privado da satisfação de um direito, enquanto o réu nada sofra até o final". Contudo, adverte que a inversão do ônus do tempo na tutela antecipada acarretaria em inversão do ônus da prova e, consequentemente, em abrupta presunção favorável ao autor. Portanto, há que se estruturar a inversão do ônus do tempo (que é ônus processual) sem a inversão do ônus da prova, repartindo esse ônus no sentido de reservar ao réu a possibilidade de resposta (VIEIRA, José Marcos Rodrigues. *Da ação cível*. Belo Horizonte: Del Rey, 2002. p. 157-158).

não só o seu rompimento com a vida, mas também a sua completa falta de capacidade para realizar os escopos do Estado.[22]

Acrescente-se a tais concepções a ideia de impossibilidade da utilização de meios executivos dentro do próprio procedimento ordinário, permitindo a manutenção do conflito por indeterminado período de tempo, premissa que se justificaria a partir do princípio da *nulla executio sine titulo* ao supor que, enquanto não houvesse sentença transitada em julgado, impedido estaria o início da execução.[23] Com isso, a tutela célere de direitos estaria embasada pelas novas exigências de uma *sociedade urbana de massas* que não mais aceita a morosidade estabelecida pelo procedimento ordinário, sobretudo com a divisão teórica que o distingue do processo de execução, impondo-se, portanto, adequações no sistema processual às características dos *direitos substanciais* demandados casuisticamente.[24]

Luiz Fux, embora reconheça que a ordinariedade procedimental possa oferecer maiores possibilidades de cognição e de defesa para as partes, afirma que há um pleito social no sentido da sumarização da cognição e do procedimento em razão da "indesejável impossibilidade do provimento antecipado e *a fortiori* a sua incompatibilidade com as situações de urgência, hoje tão comuns na sociedade de massas". As tutelas de urgência, nesta ordem, não podem mais se submeter a um rito anacrônico e em descompasso com a efetividade do processo, levando-se em conta que o procedimento ordinário padece de defasagem sócio-científica por ainda

---

[22] MARINONI, Luiz Guilherme. *Tutela antecipatória e julgamento antecipado*: parte incontroversa da demanda. 5. ed. São Paulo: Revista dos Tribunais, 2002. p. 16-17.

[23] Giuseppe Chiovenda demonstra em sua obra a vinculação da execução ao trânsito em julgado quando afirma que, "ao encararmos a sentença condenatória em sua dupla função paralela de produção da certeza jurídica e de preparação da execução, partimos da suposição de que, no processo, se corporifica uma só decisão irretratável de um único juiz". Por outro lado, acolhe-se também a possibilidade de impugnação da sentença pela via recursal, de modo que somente haverá "coincidência de cognição definitiva e executoriedade quando a primeira sentença condenatória se torna definitiva". Por outro lado, o autor apresenta a possibilidade da ocorrência de sentença não definitiva com caráter executório, rompendo, portanto, a definitividade da cognição com a executoriedade da sentença, em determinados casos em grau de apelação. Finalmente, observa que há casos com a denominação genérica de *cognição sumária* em que a lei favorece a executoriedade sem uma sentença definitiva. São situações em que o juiz exerce cognição incompleta e diversa da ordinária, como nos casos em que se vislumbra a existência de prova certa do direito (prova escrita) ou em determinadas obrigações comerciais, nas quais o juiz estaria autorizado, com uma provisão especial, "declarar provisoriamente executória uma sentença sujeita a apelação ou oposição e a qual, por conseguinte, não seria, por lei, executória". As medidas de cognição incompleta, Chiovenda denominou de *declarações com predominante função executiva* (CHIOVENDA, Giuseppe. *Instituições de direito processual civil*. 2. ed. Tradução de Paolo Capitanio. Campinas: Bookseller, 2000. p. 287-291. v. I).

[24] MARINONI, Luiz Guilherme. *Efetividade do processo e tutela de urgência*. Porto Alegre: Sérgio Antônio Fabris Editor, 1994. p. 4; 8-9.

se manter vinculado às doutrinas liberais do século XIX que se baseiam na figura do juiz como mero aplicador da lei.[25]

Nestas linhas, o procedimento ordinário passa a ser questionado frente à *tensão* instalada entre a *cognição exauriente*, que supõe a observância das garantias processuais de defesa do réu, com a *tutela de urgência* ou a *tutela imediata*, situações nas quais não se poderia aguardar o acertamento em sentença de mérito diante da iminência de perigo ou nas hipóteses de direitos cuja evidência dispensaria *per se* a *cognitio*.

Segundo Marinoni, "o problema da equação rapidez-certeza, posta pela excessiva morosidade do processo, foi que inspirou o surgimento das liminares cautelares e antecipatórias e a execução provisória da sentença contra o *periculum in mora*" no atendimento de determinadas pretensões não remediadas pelo procedimento ordinário ante à sua ineficiência.[26] Por essas razões, considera ser inegável a influência do tempo não apenas nas relações jurídicas de um modo geral, mas também sobre o próprio processo como garantia constitucional do *acesso à justiça*, que reclama a realizabilidade prática, satisfatividade plena e celeridade, enquanto direitos coextensos à efetividade dos direitos. Na sequência, Luiz Fux destaca que "essa dissintonia entre o processo e as novas exigências revela uma 'crise', capaz de ser solucionada com 'novos instrumentos', diante desse fenômeno dos 'novos direitos' ou 'novos anseios'". Em suma, aduz-se que "hoje a aspiração social é a da 'justiça urgente' em confronto com a 'justiça ordinária e ritual'".[27]

Nota-se que estas linhas doutrinárias sustentam que o tempo é fator de denegação da tutela jurisdicional adequada e eficiente, tornando-se forçosa, a este pretexto, a atribuição de amplos poderes ao juiz para a rápida solução de conflitos, atendendo-se, portanto, aos reclamos sociais da efetividade e celeridade do processo.

---

[25] FUX, Luiz. *Tutela de segurança e tutela da evidência (fundamentos da tutela antecipada)*. São Paulo: Saraiva, 1996. p. 34.

[26] MARINONI, Luiz Guilherme. *Efetividade do processo e tutela de urgência*. Porto Alegre: Sérgio Antônio Fabris Editor, 1994. p. 66. Ainda nesse sentido, Fritz Baur ressalta a necessidade social de proteção, sobretudo da parte mais fraca na relação processual, a justificar uma decisão rápida. Por isso, argumenta que "uma causa a mais para a expansão da tutela jurídica provisória, por derradeiro, encontra-se nas deficiências do processo ordinário, especialmente na longa duração desses processos. As partes não podem ou não querem aguardar até que o tribunal, no processo ordinário, profira julgamento de seu litígio após anos de espera" (BAUR, Fritz. *Tutela jurídica mediante medidas cautelares*. Porto Alegre: Sérgio Antônio Fabris Editor, 1985. p. 17-18).

[27] FUX, Luiz. *Tutela de segurança e tutela da evidência (fundamentos da tutela antecipada)*. São Paulo: Saraiva, 1996. p. 50; 308.

1.2 Instrumentalismo substancial e tutelas diferenciadas

O avanço da teoria do processo como relação jurídica, perspectiva bülowiana que, conforme observado, estava atrelada aos ideais do modelo social de processo, influenciou o surgimento da chamada *Escola Instrumentalista* em terras brasileiras, tendo sido composta por juristas que partem da concepção do processo como mero instrumento pelo qual a jurisdição se opera, cuja finalidade precípua é a realização do exercício da função jurisdicional do Estado em perspectiva que visa dar utilidade ao processo e que seja dele obtido resultado que atenda aos seus escopos metajurídicos, quais sejam: social, político e jurídico. Para os adeptos dessa Escola, não há distinção significativa entre *processo* e *procedimento*, o qual tão somente representaria o elemento extrínseco e formal que se relaciona com os atos praticados no processo.[28] Para Cândido Rangel Dinamarco, um dos principais expoentes da Escola Instrumentalista, todo instrumento,

> como tal, é meio; e todo meio só é tal e se legitima, em função dos fins a que se destina. O raciocínio teleológico há de incluir então, necessariamente, a fixação dos escopos do processo, ou seja, dos propósitos norteadores da sua instituição e das condutas dos agentes estatais que o utilizam. Assim é que se poderá conferir um conteúdo substancial a essa usual assertiva da doutrina, mediante a investigação do escopo, ou escopos em razão dos quais toda ordem jurídica inclui um sistema processual.[29]

Nota-se aqui a perspectiva teleológica atribuída ao processo, enquanto meio ou método destinado à realização da *justiça* e da *pacificação social*, que refletem o "escopo magno da jurisdição e, por conseqüência, de todo o sistema processual (uma vez que todo ele pode ser definido como a disciplina jurídica da jurisdição e seu exercício)", vale dizer, trata-se de escopo de ordem social que terá salvaguarda no exercício da jurisdição, em busca da felicidade dos membros de uma sociedade.[30] Ademais, para a realização dos *diversos escopos da jurisdição*, no sentido de propiciar a *justiça nas decisões*, cabe ao juiz "postar-se como canal de comunicação entre a carga axiológica atual da sociedade em que vive e os textos, de modo que estes fiquem iluminados pelos valores reconhecidos e assim possa transparecer a realidade da norma que contém no momento presente".

---

[28] CINTRA, Antônio Carlos de Araújo; GRINOVER, Ada Pellegrini; DINAMARCO, Cândido Rangel. *Teoria geral do processo*. 20. ed. São Paulo: Malheiros, 2004. p. 277-278.

[29] DINAMARCO, Cândido Rangel. *A instrumentalidade do processo*. 5. ed. São Paulo: Malheiros, 1996. p. 206.

[30] CINTRA, Antônio Carlos de Araújo; GRINOVER, Ada Pellegrini; DINAMARCO, Cândido Rangel. *Teoria geral do processo*. 20. ed. São Paulo: Malheiros, 2004. p. 24.

Não agindo assim, o juiz estará à margem das exigências de justiça dos valores sociais.³¹

A tutela jurisdicional, com base nas premissas doutrinárias em exame, deve estar comprometida com a realização do direito substancial, o que impõe a sua adequação às diversas situações em que o procedimento ordinário mostrar-se-ia insuficiente para apresentação de uma resposta adequada e imediata. É a partir destas cogitações que os estudiosos do processo adeptos da perspectiva instrumentalista afirmam que a sumarização cognitiva e procedimental seria a via mais adequada para viabilizar a concepção de *tutelas diferenciadas*³² que possam servir ao atendimento dos ideais da realidade social.

A respeito dessa realização do chamado direito substancial ou material pelo processo, Piero Calamandrei já assinalava:

> se verdadeiramente o direito substancial e o direto processual operassem em compartimentos estanques (como poderia fazer crer o diverso ângulo visual em que se apresentam no processo), não se conseguiria explicar como o processo tenha a respeito do direito substancial aquele caráter instrumental de que antes já foi falado: deve haver, por conseguinte, alguma via de comunicação e de acordo através da qual o direito substancial possa ligar-se ao direito processual, de modo que este possa operar como instrumento para restabelecer a observância daquele.³³

Esta é a noção embrionária da *instrumentalidade substancial*, a qual busca superar o caráter meramente formal do processo e conduzir a sua compreensão para a realidade sociojuridica, servindo como instrumento de realização dos direitos.³⁴ Em outras palavras, o *direito substancial* não sobreviveria sem o instrumento do processo, devendo atuar de forma célere

---

[31] DINAMARCO, Cândido Rangel. *A instrumentalidade do processo*. 5. ed. São Paulo: Malheiros, 1996. p. 389; 421-422.

[32] Ovídio A. Baptista da Silva afirma que, no plano científico do processo civil, foram criadas com o passar dos anos "formas especiais de tutela jurisdicional indicadas pelos processualistas como espécies de 'tutela diferenciada', que outra coisa não é senão a redescoberta tardia de que a todo direito corresponde, ou deve corresponder, uma *ação* (adequada) que efetivamente o 'assegure', proclamando-se, mais uma vez, a função eminentemente 'instrumental' do processo" (SILVA, Ovídio A. Baptista da. *Curso de processo civil*: processo de conhecimento. 6. ed. São Paulo: RT, 2002. p. 116-117. v. 1).

[33] No original: "si verdaderamente el derecho substancial y el derecho procesal operasen en compartimientos estancos (como podría hacer creer el diverso ángulo visual en que se presentan en el proceso), no se conseguiria explicar como el proceso tenga respecto del derecho substancial aquel carácter instrumental de que antes de há hablado: debe haber, por consiguiente, alguna via de comuncatión y de acuerdo a través de la cual el derecho substancial pueda ligar se al derecho procesal, de modo que íste pueda operar como instrumento para restabelecer la observancia de aquél" (CALAMANDREI, Piero. *Derecho procesal civil*. Tradução de Santiago Sentis Melendo. Buenos Aires: Ediciones Jurídicas Europa-América, 1962. p. 369. v. I).

[34] WATANABE, Kazuo. *Da cognição no processo civil*. 2. ed. Campinas: Bookseller, 2000. p. 21.

e efetiva ao atendimento das demandas sociais, pois não haveria apenas "necessidade de tutela adequada ao plano do direito material, mas também de uma tutela diferenciada em razão das diferentes posições sociais". Com isto, a chamada *tutela jurisdicional dos direitos* se revela compromissada com este objetivo.³⁵

Importante pontuar que a ideia de instrumentalismo substancial decorre da tentativa de superação do caráter técnico-formal do processo, aproximando-o do direito material sem prejuízo à sua autonomia científica. Essa concepção, segundo José Roberto dos Santos Bedaque, acolhe uma nova visão do fenômeno processual enquanto

> instrumento cuja utilidade é medida em função dos benefícios que possa trazer para o titular de um interesse protegido pelo direito material. A conscientização de que o processo vale não tanto pelo que é, mas fundamentalmente pelos resultados que produz, tem levado estudiosos a reexaminar os institutos processuais, a fim de sintonizá-los com a nova perspectiva metodológica da ciência.³⁶

O processo, nesta perspectiva instrumental, deve responder aos reclamos sociais com *celeridade*, pois o tempo é "inimigo declarado e incansável do processo", e *efetividade*, que "significa a sua almejada aptidão a eliminar insatisfações, com justiça e fazendo cumprir o direito, além de valer como meio de educação geral para o exercício e respeito aos direitos".³⁷

O atendimento a tais desígnios impõe o desenvolvimento de tutelas diferenciadas que estejam em consonância com as peculiaridades da pretensão de direito material ou no sentido de resguardar a viabilidade de determinado procedimento, como é o caso das tutelas cautelares, eis que visam a garantir a utilidade prática dos processos de conhecimento ou de execução, resguardando as condições de fato e de direito que poderiam perecer ou sofrer alterações durante o curso do tempo. A instrumentalidade (servilidade) e a provisoriedade são características que marcam este *tertium*

---

[35] MARINONI, Luiz Guilherme. *Efetividade do processo e tutela de urgência*. Porto Alegre: Sérgio Antônio Fabris Editor, 1994. p. 1; 8.

[36] BEDAQUE, José Roberto dos Santos. *Direito e processo*: influência do direito material sobre o processo. 3. ed. São Paulo: Malheiros, 2003. p. 16. Ainda nessa perspectiva, Bedaque sustenta que "a excessiva autonomia do processo frente ao direito material, constitui um mal, pois desconsidera o objeto na construção do instrumento", concluindo que a lei processual não guarda uma finalidade em si mesma, pois subsistem em função e a serviço do direito material (BEDAQUE, José Roberto dos Santos. *Direito e processo*: influência do direito material sobre o processo. 3. ed. São Paulo: Malheiros, 2003. p. 19).

[37] DINAMARCO, Cândido Rangel. *A instrumentalidade do processo*. 5. ed. São Paulo: Malheiros, 1996. p. 386; 432. A celeridade da prestação da atividade jurisdicional, para Luiz Fux, é requisito "integrante da efetividade, tanto que só se considera uma justiça efetiva aquela que confere o provimento contemporaneamente à lesão ou ameaça de lesão ao direito" (FUX, Luiz. *Tutela de segurança e tutela da evidência (fundamentos da tutela antecipada)*. São Paulo: Saraiva, 1996. p. 138).

genus no enfrentamento de situações de urgência que possam frustrar o êxito da tutela principal, rompendo, portanto, com a esperada efetividade do processo, embora a provisoriedade esteja vinculada à revogabilidade. Por isto que "o provimento cautelar traz em si o germe de sua extinção, uma vez que a sua vocação é ser substituído pela solução definitiva".[38]

Para Fritz Baur, a tutela cautelar se expandiu por razões que podem assim ser sintetizadas: 1. Necessidade de tutela imediata em face das novas exigências da sociedade moderna; 2. A combinação de fatores psicológicos (falta de *common sense* e crença na autoridade); 3. Necessidade social de proteção ao indivíduo mais fraco; 4. As deficiências do procedimento ordinário.[39]

A instrumentalidade supõe o caráter subsidiário e acessório da tutela cautelar diante de um procedimento definitivo. É por esta razão que Piero Calamandrei atribuiu aos procedimentos cautelares o caráter de *instrumento do instrumento*, ao passo que, se os procedimentos jurisdicionais se prestam como instrumentos para a realização do direito substancial, as cautelares servem justamente como o meio para assegurar a eficácia da aplicação do direito pelo procedimento principal nas hipóteses em que restarem demonstradas a aparência do direito e o perigo de insatisfação no qual esse direito se encontra (*periculum in mora*). Logo, a prevenção de natureza urgente ofertada pela via cautelar deve contentar-se com a aparência do direito que resulta da *summaria cognitio*, vale dizer, uma cognição rápida e superficial que se assenta em juízo de probabilidade e de verossimilhança, cujo alcance não seria possível se houvesse tão somente a via ordinária, dada a sua incompatibilidade diante da urgência (perigo de dano) inerente ao direito que se pretende preservar. Isto se deve ao fato de que

> os procedimentos cautelares têm a sua razão de ser na celeridade com a qual podem evitar o perigo em caráter de urgência, precedendo a medida definitiva: se para emanar a medida cautelar fosse necessária uma cognição aprofundada e completa sobre a existência do direito, isto é, sobre o mesmo objeto sobre o qual se refere o procedimento principal, melhor valeria esperar este e não

---

[38] FUX, Luiz. *Tutela de segurança e tutela da evidência (fundamentos da tutela antecipada)*. São Paulo: Saraiva, 1996. p. 19-20; 46.

[39] BAUR, Fritz. *Tutela jurídica mediante medidas cautelares*. Porto Alegre: Sérgio Antônio Fabris Editor, 1985. p. 15-18. Refletindo sobre o tema, Calamandrei chegou a afirmar que, se "em um ordenamento processual puramente ideal, no qual o procedimento definitivo pudesse sempre ser instantâneo, de modo que, no mesmo momento no qual o que tem direito apresentasse o pedido, logo pudesse ser-lhe feita justiça de modo pleno e adequado ao caso, não existiria mais lugar para os procedimentos cautelares" (CALAMANDREI, Piero. *Introdução ao estudo sistemático dos procedimentos cautelares*. Tradução de Carla Roberta Andreasi Bassi. Campinas: Servanda, 2000. p. 40).

complicar o processo com uma duplicação de investigações, que não teria nem a vantagem da prontidão.[40]

Por outro lado, a provisoriedade afigura-se como o caráter distintivo das tutelas cautelares diante da limitação temporal "que transcorre entre os efeitos do procedimento antecedentes (cautelar) e aqueles do procedimento subsequente (definitivo), que assinalaria o início da cessação dos efeitos do primeiro". Mas esta característica, segundo Calamandrei, não é exclusiva dos procedimentos cautelares, sendo também encontrada naqueles procedimentos que Chiovenda denominou de *declarações com dominante função executiva*, como forma de amenizar os procedimentos sumários nos quais há o alcance do título executivo com maior celeridade a partir da limitação (ou eliminação) do contraditório do réu. Busca-se, com esta sumarização, obter o procedimento definitivo sem as delongas da ordinariedade procedimental.[41]

Nota-se que Calamandrei já sustentava em sua obra a possibilidade de o procedimento cautelar também assumir, no lugar de *tertium genus*, um procedimento passível de execução forçada (procedimento cautelar de execução), tomando como exemplo o sequestro conservativo, além da possibilidade de existirem procedimentos de urgência que não possuem natureza cautelar e que suplicam resposta imediata (ou sem atraso) da função jurisdicional com a abreviação do processo de conhecimento ou da própria execução, como seria, a seu ver, o caso das tutelas possessórias de manutenção e reintegração que esgotam em si a sua própria finalidade.[42]

A esse respeito, Fritz Baur, ao discorrer sobre a dependência da tutela provisória ao direito material, ressalta que a decisão expendida pelo juiz poderá, em determinadas situações jurídicas, guardar contornos de satisfatividade. Ainda que os fatos alegados e

> demonstrados plausivelmente resultem em determinada consequência jurídica prevista no direito material, *esta* consequência jurídica *não deve* – em regra rigorosa – ser ordenada como medida da tutela jurídica temporária, eis que ela não mais estaria servindo para assegurar o pedido do autor ou para

---

[40] CALAMANDREI, Piero. *Introdução ao estudo sistemático dos procedimentos cautelares*. Tradução de Carla Roberta Andreasi Bassi. Campinas: Servanda, 2000. p. 42; 98-99.

[41] CALAMANDREI, Piero. *Introdução ao estudo sistemático dos procedimentos cautelares*. Tradução de Carla Roberta Andreasi Bassi. Campinas: Servanda, 2000. p. 27-31. O mesmo autor observa ainda que, "entre o fazer depressa mas mal, e o fazer bem feito mas devagar, os procedimentos cautelares objetivam antes de tudo a celeridade, deixando que o problema do bem e do mal, isto é, da justiça intrínseca do procedimento, seja resolvido sucessivamente com a necessária ponderação nas repousadas formas do processo ordinário" (CALAMANDREI, Piero. *Introdução ao estudo sistemático dos procedimentos cautelares*. Tradução de Carla Roberta Andreasi Bassi. Campinas: Servanda, 2000. p. 39-40).

[42] CALAMANDREI, Piero. *Introdução ao estudo sistemático dos procedimentos cautelares*. Tradução de Carla Roberta Andreasi Bassi. Campinas: Servanda, 2000. p. 24; 36.

regular uma situação passageira, mas, sim, significaria uma plena satisfação do pedido postulado.[43]

A concepção da tutela cautelar como procedimento que alterava a lógica jurídico-temporal do processo possibilitou, por outro lado, o emprego de uma técnica primária de sumarização contra o procedimento ordinário e com contornos de satisfatividade imediata. Chegou-se a falar, inclusive, no "emprego abusivo da tutela cautelar" com o objetivo de superar o tempo procedimental em situações nas quais se buscava satisfazer a pretensão de forma antecipada, não havendo, portanto, nada a ser acautelado. Haveria que se distinguir, portanto, a tutela cautelar da tutela antecipatória, embora ambas as formas de tutela reclamassem urgencialidade e, *mutatis mutandis*, em sumarização formal (procedimental) e material (cognição superficial do objeto litigioso).[44]

A tutela de natureza antecipatória, que também é espécie de tutela diferenciada, não possui caráter instrumental e assessório inerente às cautelares e se destina, a rigor, à realização da pretensão afirmada em juízo via cognição sumária e satisfativa. Esta concepção decorre das seguintes premissas doutrinárias: 1. A antecipação de tutela afigura-se como técnica que viabiliza a distribuição racional do tempo; 2. O princípio da *nulla executio sine titulo* é um obstáculo à efetividade do processo, pois, se a execução depende de decisão transitada em julgado advinda da cognição plena e exauriente, afeta-se a possibilidade de realização imediata do juízo de cognição sumária; 3. A tempestividade da tutela jurisdicional é obstada ante o conflito que se instala com o direito de defesa, contraditório e duplo grau de jurisdição; 4. Não há razão que impeça o provimento sumário mediante antecipação da tutela, com imediata executividade, nos casos de direitos evidentes (quando demonstrados desde logo) ou de defesas infundadas (fragilidade ou ausência de seriedade da defesa do réu).[45]

A essas premissas, acrescem-se as situações de urgência que demandam tutela imediata, embora não se possa confundir tutela de urgência

---

[43] BAUR, Fritz. *Tutela jurídica mediante medidas cautelares*. Porto Alegre: Sérgio Antônio Fabris Editor, 1985. p. 32.

[44] MARINONI, Luiz Guilherme. *Efetividade do processo e tutela de urgência*. Porto Alegre: Sérgio Antônio Fabris Editor, 1994. p. 27-30. Luiz Fux também apresenta crítica ao "fenômeno da 'vulgarização do processo cautelar', denunciando-se a sua utilização promíscua no afã de suprir o retardamento causado pela 'ordinarização do procedimento'". Por outro lado, divergindo parcialmente de Marinoni, ressalta que a função deste *tertium genus* é meramente processual na medida em que se afigura como "instrumento de tutela do processo e não do direito da parte", logo, denota-se que a cognição do objeto litigioso seria perquirida somente no chamado processo principal e não pela via cautelar (FUX, Luiz. *Tutela de segurança e tutela da evidência (fundamentos da tutela antecipada)*. São Paulo: Saraiva, 1996. p. 53).

[45] MARINONI, Luiz Guilherme. *Tutela antecipatória e julgamento antecipado*: parte incontroversa da demanda. 5. ed. São Paulo: Revista dos Tribunais, 2002. p. 22-30.

com cognição sumária. A tutela de urgência supõe situações de perigo de ineficácia com a demora do provimento final ou de dano iminente que pode ser irreparável ou de difícil reparação. Mas nem toda tutela urgente terá natureza cautelar, assim como nem toda tutela antecipatória terá em seu bojo uma situação de urgência, como é o caso da tutela de evidência que será abordada nos capítulos seguintes.

Marinoni sustenta que a tutela urgente é concedida, como regra, com base em cognição sumária, mesmo que o direito não possa ser evidenciado *prima facie*, vale dizer, quando for desnecessária a instrução probatória. Estaria o juiz, nesta situação, autorizado a decidir pela aparência, pois "a situação de aparência, quando ligada a uma situação de perigo, portanto, é que legitima a tutela urgente de cognição sumária. A situação perigosa indica a necessidade de uma tutela urgente, mas é a aparência que conduz à tutela de cognição sumária", podendo esta ser cautelar ou satisfativa. No entanto, ressalta que pode haver também tutela urgente compatível com cognição exauriente, aplicando-se a sumarização do procedimento quando o direito é evidenciado de plano, possibilitando-se, portanto, o julgamento antecipado da lide.[46]

Colhe-se da doutrina que a restrição à cognição plenária (ordinária ou horizontal)[47] é decorrência da técnica romana de sumarização dos *interditos*, como é o caso das tutelas possessórias, cujo campo litigioso é sumarizado ao receber um "corte das defesas no sentido vertical", o que impede o juiz de perquirir certas questões que, embora façam parte da lide, não integram o pedido do interdito possessório. Logo, estaria o juiz limitado apenas às questões relativas à posse, deixando de lado alegações de defesa quanto ao direito de propriedade, por exemplo. Nesse sentido, a decisão de cunho interdital decorreria de cognição

> *superficial* e provisória, decidindo, *si et in quantum*, com os elementos probatórios que o autor unilateralmente lhe forneça e de forma que as questões assim decididas sejam objeto do contraditório processual que se segue, e possa finalmente o magistrado julgá-las com base em plena e exauriente cognição, por ocasião da sentença final de mérito.[48]

---

[46] MARINONI, Luiz Guilherme. *Tutela cautelar e tutela antecipatória*. São Paulo: Revista dos Tribunais, 1994. p. 83.

[47] A esse respeito, Marinoni afirma que "a técnica da cognição permite a construção de procedimentos ajustados às reais necessidades de tutela. A cognição pode ser analisada em duas direções: no sentido horizontal, quando a cognição pode ser plena ou parcial; e no sentido vertical, em que a cognição pode ser exauriente, sumária e superficial" (MARINONI, Luiz Guilherme. *Efetividade do processo e tutela de urgência*. Porto Alegre: Sérgio Antônio Fabris Editor, 1994. p. 150).

[48] SILVA, Ovídio A. Baptista da. *Curso de processo civil*: processo de conhecimento. 6. ed. São Paulo: RT, 2002. p. 127-128. v. 1.

Luiz Fux, ao desenvolver sua tese em relação à tutela de segurança, que é justamente a *tutela sumária de direitos*, observa que não se pode olvidar da própria origem histórica da tutela cautelar que, além da celeridade, guardava contornos de satisfatividade com a antecipação do *meritum causae*. O art. 798 do Código de Processo Civil de 1973, cujo texto autoriza o juiz a adotar as medidas provisórias que julgar adequadas, quando houver fundado receio de lesão ao direito da parte (o chamado *poder geral de cautela* nas cautelares inominadas), representaria exatamente a ideia de proteção do direito, o que difere da proteção do processo. Este mesmo jurista ressalta a resistência doutrinária à noção de satisfatividade nas cautelares, máxime em Calamandrei, que sustentava que toda antecipação era subjacente à cautelaridade e, como tal, provisória, dependendo invariavelmente da solução definitiva pelo juiz em sentença.[49] Para tanto, propõe a admissibilidade da "tutela imediata dos direitos subjetivos materiais", em cognição sumária e definitiva, como dever geral de segurança de que se vale o Estado nos casos de perigo do direito material pretendido.[50]

A *summaria cognitio*, enquanto atividade a ser exercida pelo juiz, decorreria do juízo de probabilidade exigido em tutelas de urgência, permitindo-o decidir com base na mera aparência do direito, mesmo diante de juízo não exauriente. Todavia, nem toda situação de urgência se refere a direito provável. Fux ressalta que, se o direito postulado for evidente, cuja tutela se mostra urgente, deverá o juiz prover em cognição sumária e com definitividade. O mandado de segurança, que é mais uma forma de tutela diferenciada, seria um exemplo em que se reclama direito evidente (mais do que o provável) ao atendimento do requisito de demonstração do "direito líquido e certo". O grau de convencimento do juiz dependeria, neste caso, da prova pré-constituída, conduzindo à conclusão de que a cognição, ainda que sumária, poderia conduzir a um juízo de certeza, pois "a intensidade da cognição patente nada tem a ver com a existência do direito, que pode ser patente para o autor mas provável para o juiz, que é o quanto basta para

---

[49] Ainda sobre o reparo a Calamandrei, Fux destaca que a posição do jurista italiano "em admitir a tutela urgente de direito material e considerá-la cautelar decorre do fato de não ter entrevisto um poder geral de cautela outorgado ao magistrado, daí categorizar essas medidas como dependentes de uma outra dita principal a confirmá-las ou revogá-las, sem considerar a questão sob o ângulo da irreversibilidade de alguns resultados e conseguintemente do interesse de agir. Houve preocupação excessiva com essa possibilidade de o juiz prover imediatamente e com definitividade, ângulo sob o qual a doutrina de Calamandrei foi escrita, tanto que a satisfatividade não foi tema central de suas especulações, voltando-se mais para o aspecto funcional da atividade jurisdicional do que para o resultado da concessão dos provimentos, falha apontada pela doutrina crítica do tema em face mesmo da pretensão da obra secular intitulada Introdução ao estudo sistemático das providências cautelares" (FUX, Luiz. *Tutela de segurança e tutela da evidência (fundamentos da tutela antecipada)*. São Paulo: Saraiva, 1996. p. 65-66).

[50] FUX, Luiz. *Tutela de segurança e tutela da evidência (fundamentos da tutela antecipada)*. São Paulo: Saraiva, 1996. p. 56-57.

a concessão da tutela", resguardando-se, por outro lado, a "possibilidade de definitividade diante de um juízo não exauriente. A eventual injustiça resolve-se em perdas e danos sob a iniciativa do demandado".[51]

Não bastaria, pois, acatar a existência de procedimento sumário diverso do ordinário apenas por sua forma, com limitação de atos dos sujeitos do processo e supressão de formalidades.[52] Com efeito, o grau de cognição também seria abreviado a partir de juízos de aparência ou de evidência emanados pela atividade intelectiva do juiz "substituindo a inteligência dos contendores na compreensão dos fins da lei".[53]

As tutelas de urgência, segundo as doutrinas apresentadas, demandam procedimentos diferenciados em relação à estruturação ordinária do processo, valendo-se da sumariedade procedimental (formal) e cognitiva (material) para a realização imediata, seja provisória ou definitiva, da pretensão levada a juízo.

1.3 A vedação da autotutela como critério legitimador do provimento imediato da tutela de urgência

Em tempos primórdios, a disputa por direitos conflitantes se resolvia pelo exercício arbitrário da força entre particulares, na qual a parte vencida era compelida a suportar a pretensão imposta pelo vencedor. Seria crível dizer, portanto, que a *autotutela*, enquanto tutela privada de autorrealização do próprio direito, figurou como modelo inicial de solução das situações conflituosas.

Colhe-se dos textos doutrinários que, até o final do século XIX, as formas de resolução de conflitos tinham contornos essencialmente privatísticos e, não obstante as formas encontradas em cada época da história, o processo, ainda com significado primitivo e sem esclarecimento, figurava como mecanismo controlado (em maior ou menor grau) pelos contendores.

Entretanto, a necessidade da presença de "terceiro imparcial" para dirimir os conflitos passou a ser conjecturada e ampliada com o curso da história. Os três principais modelos do processo civil romano já mencionados (*legis actiones*, período formular e *cognitio extra ordinem*) marcam a presença deste terceiro, seja na figura de um árbitro, seja na de pretor ou magistrado. Sobre a terceira fase,

---

[51] FUX, Luiz. *Tutela de segurança e tutela da evidência (fundamentos da tutela antecipada)*. São Paulo: Saraiva, 1996. p. 66-67.

[52] FAIREN GUILLÉN, Víctor. *El juicio ordinario y los plenarios rápidos*. Barcelona: Bosch, Casa Editorial, 1953. p. 55.

[53] FUX, Luiz. *Tutela de segurança e tutela da evidência (fundamentos da tutela antecipada)*. São Paulo: Saraiva, 1996. p. 7; 25.

como sendo o período de jurisdição extraordinária, provém da oposição, proposta pelos romanistas, entre a fase anterior, como sendo a do *ordo iudiciorum privatorum*, e o período subsequente em que não mais se procedia *per formulas*, quer dizer, através de ações típicas, que haveriam de ser propostas segundo uma *fórmula* previamente outorgada pelo *praetor*. Na verdade, em toda a evolução do processo civil romano observa-se uma orientação constante no sentido da superação da primitiva rigidez formal, imposta aos litigantes, em favor de uma cada vez mais acentuada liberdade de formas procedimentais.[54]

Em momento posterior às mencionadas fases históricas do processo romano, surgiu a primeira teoria do processo com Pothier (1800), denominada de *processo como contrato*, cujas raízes se assentaram na França entre os séculos XVIII e XIX, época em que os teóricos se pautavam nas lições iluministas de Jean-Jacques Rousseau, sobretudo no que tange às suas ideias sobre o contrato social. Deste modo, sob as bases da liberdade e da vontade individual, o processo era fruto de um pacto ou convenção entre as partes firmado perante o juiz – *litiscontestatio* – em virtude da qual a vontade de cada um se sobrepunha ao poder estatal que, a propósito, nada podia fazer senão atender aos pactos realizados entre particulares.

Teoria semelhante foi proposta naquela época por Savigny e Guényvau (1850), os quais insistiam na permanência do processo como ramo do direito privado, mesmo não sendo este um contrato, mas o *processo como quase contrato*, já que, ao ingressar em juízo, a parte deveria se submeter (consentir) à decisão do juiz, não obstante apresentar-se favorável ou não à sua pretensão. O processo perdia, portanto, o seu caráter contratual justamente pelo fato de o consentimento dos litigantes ter deixado de ser condição indispensável à sua existência.[55] Isto se deve ao fato de que

> a primitiva ideia do *jus dicere* como declaração *in jure* do Direito aplicável, se foi estendendo a toda à atividade do magistrado (ainda em um sistema de processo bipartido, no período *in jure*), o qual indica que se ia abrindo caminho à ideia da unidade de todo o processo, paralela ao incremento da intervenção estatal, por ver-se na atividade de julgar, não já uma simples regulação de atividades privadas, mas um interesse público. A *juris dictio* se transferiu assim paulatinamente a toda à *cognitio*, assim como a função de especializar o Direito se ia transferindo a outros órgãos, por razão de princípios constitucionais; a base e o princípio, radicando no poder de mando do Imperador.[56]

---

[54] SILVA, Ovídio A. Baptista da; GOMES, Fábio. *Teoria geral do processo civil*. 3. ed. São Paulo: RT, 2002. p. 14.

[55] DEL NEGRI, André. *Controle de constitucionalidade no processo legislativo*: teoria da legitimidade democrática. 2. ed. Belo Horizonte: Fórum, 2008. p. 92.

[56] No original: "la primitiva idea del *jus dicere* como declaración *in jure* del Derecho aplicable, se fue extendiendo a toda la actividad del magistrado (aun en un sistema de proceso bipartito, en período *in jure*), lo cual indica que se iba abriendo camino la idea de la unidad de todo el proceso, paralela al incremento de la intervención estatal, por verse en la actividad de juzgar,

Contudo, as concepções privatísticas do processo tornaram-se inadequadas e não mais acolhidas, sobretudo pelo fato de a *jurisdictio* ter passado a representar a manifestação do poder do Estado, ou seja, a solução dos conflitos deveria ocorrer de forma impositiva por um agente público julgador, independentemente de prévio consenso entre as partes do conflito. A assunção desta autoridade se justificava pela necessidade de se evitar a violação de direitos e as consequências violentas decorrentes da tutela privada.[57]

A concepção publicística do processo ganha relevo em substituição ao contratualismo com aumento de poderes do magistrado e da própria perspectiva conceitual da jurisdição, como sendo atividade do magistrado que, em substituição à defesa privada de direitos, vai intervir para solucionar os litígios. Pela lei, o magistrado é legitimado a aplicar impositivamente a própria lei, chegando-se ainda a conjecturar a jurisdição como *continuação da atividade legislativa* originada do ordenamento jurídico.[58]

Como consequência da proibição da autotutela, o Estado assumiu o papel de provedor dos meios de exercício dos chamados direitos subjetivos, tornando-se "devedor do meio através do qual o cidadão exercitará seu direito subjetivo real ou simplesmente afirmado. E este meio consistirá na prestação jurisdicional, que, antes de poder, constitui dever".[59] Acolhe, portanto, a jurisdição como o *locus* "substitutivo das condutas barbáricas de outrora", cujo acesso deve ser excepcional, partindo-se da suposição da existência de uma harmonia em sociedade que espera o cumprimento espontâneo da lei pela autocomposição.[60]

Tais ideias repercutem diretamente no estudo das tutelas de urgência e servem de fundamento basilar para as linhas doutrinárias que acolhem o instrumentalismo substancial (extremado) do processo. É o caso de Marinoni, quando afirma que a morosidade do processo "não pode prejudicar o autor e beneficiar o réu, já que o Estado, quando proibiu a justiça de mão própria, assumiu o compromisso de tratar os litigantes de

---

no ya una simple regulación de actividades privadas, sino un interés publico. La *juris dictio* se tranfirió así paulatinamente a toda la *cognitio*, así como lá función de especializar el Derecho se iba transferiendo a otros órganos, por razón de princípios constitucionales; la base y el princípio, radicando en el poder de mando del Emperador" (FAIREN GUILLÉN, Víctor. *Estudios de derecho procesal*. Madrid: Editorial de Derecho Privado, 1955. p. 38).

[57] LEAL, Rosemiro Pereira. *Teoria geral do processo*: primeiros estudos. 12. ed. Rio de Janeiro: Forense, 2014. p. 82.
[58] FAIREN GUILLÉN, Víctor. *Estudios de derecho procesal*. Madrid: Editorial de Derecho Privado, 1955. p. 39-43.
[59] SILVA, Ovídio A. Baptista da; GOMES, Fábio. *Teoria geral do processo civil*. 3. ed. São Paulo: RT, 2002. p. 34. Ainda nesse sentido, cf. CHIOVENDA, Giuseppe. *Instituições de direito processual civil*. 2. ed. Tradução de Paolo Capitanio. Campinas: Bookseller, 2000. p. 56-58. v. I.
[60] FUX, Luiz. *Tutela de segurança e tutela da evidência (fundamentos da tutela antecipada)*. São Paulo: Saraiva, 1996. p. 4.

forma isonômica e de tutelar de forma pronta e efetiva os direitos". Isto porque a chamada *morosidade* inibe o acesso à jurisdição, levando-a ao descrédito quanto à sua função de pacificação social, razão pela qual passa a ser "tarefa da dogmática – preocupada com a construção do processo justo e isonômico – pensar em técnicas que justifiquem, racionalmente, a distribuição do tempo do processo".[61] Observa-se que o autor mencionado associa a isonomia com a distribuição do tempo procedimental e, sobretudo, com o julgamento e execução imediata das pretensões urgentes que não podem ser resolvidas *manu propria* pelo titular da pretensão. Fritz Baur, a seu turno, fala em "necessidade social de proteção" diante das deficiências do processo ordinário mediante uma compensação transitória que o provimento provisório jurisdicional poderia oferecer ao indivíduo mais fraco em face do mais forte.[62]

Surgem, a partir dessas premissas, as bases doutrinárias para fundamentar o chamado *princípio da inafastabilidade* encampado pelo art. 5º, inc. XXXV, da Constituição de 1988, o qual impõe não apenas o direito a uma "resposta jurisdicional, mas a tutela que seja capaz de realizar, efetivamente, o direito afirmado pelo autor", pois, se há privação da ação privada (autotutela), a resposta do Estado deve apresentar-se de forma equivalente ao resultado caso fosse obtido com o cumprimento espontâneo da lei. Alinha-se ao referido princípio as noções do direito de "tutela adequada à realidade de direito material e à realidade social".[63]

Ao mesmo tempo em que o Estado assume o monopólio do "poder" de julgar, recebe por outro lado um "dever" de tutelar, atributo que lhe toma o compromisso de apresentar imediata resposta às situações urgentes ou de direito evidente. Luiz Fux ressalta ainda que este "poder-dever jurisdicional não pode escusar-se de enfrentar uma situação de periclitação do direito da parte a pretexto de inexistir texto expresso que autorize essa cognição satisfativa sumária e urgente".[64] Há aqui, portanto, uma correlação lógica entre a inafastabilidade do controle jurisdicional e a vedação do *non-liquet* (proibição do não julgamento sob alegação de lacuna ou obscuridade do ordenamento jurídico).[65]

---

[61] MARINONI, Luiz Guilherme. *Tutela antecipatória e julgamento antecipado*: parte incontroversa da demanda. 5. ed. São Paulo: Revista dos Tribunais, 2002. p. 27-28.

[62] BAUR, Fritz. *Tutela jurídica mediante medidas cautelares*. Porto Alegre: Sérgio Antônio Fabris Editor, 1985. p. 17.

[63] MARINONI, Luiz Guilherme. *Efetividade do processo e tutela de urgência*. Porto Alegre: Sérgio Antônio Fabris Editor, 1994. p. 57; 67.

[64] FUX, Luiz. *Tutela de segurança e tutela da evidência (fundamentos da tutela antecipada)*. São Paulo: Saraiva, 1996. p. 49.

[65] A vedação do *non-liquet*, além de positivada no art. 4º do Decreto-Lei nº 4.657, de 4.9.1942, alterado pela Lei nº 12.376, de 30.12.2010 (Lei de Introdução às Normas do Direito Brasileiro), também restou expressamente definida pelo Código de Processo Civil de 2015, em seu art. 140, ao dispor que "o juiz não se exime de decidir sob a alegação de lacuna ou obscuridade

Nota-se em tais concepções a ausência de qualquer estudo sob a ótica da defesa ou da própria figura do réu. Acredita-se que a justificativa para essa afirmação se deve ao fato de que

> o direito à defesa – se concebido na forma plena como pretende parte da doutrina –, ao mesmo tempo em que tutela o direito do réu à cognição definitiva, pode privar o autor de muita coisa. Imaginar – em uma concepção narcísica e romântica de devido processo legal – que as garantias nada retiram de alguém é desprezar o "lado oculto e feio" do processo, o lado que não pode ser visto (ou não quer ser visto) pelo processualista que tem "olhos" apenas para o plano normativo ou para o plano das abstrações dogmáticas.[66]

Ainda nesse sentido, Luiz Fux afirma que, tanto as tutelas antecipadas como as tutelas de evidência reclamam imediata providência da jurisdição justamente pela proibição da autotutela, cabendo ao réu a possiblidade (técnica) de pleitear a reversão do *statu quo* ou em perdas e danos, o que, para referido jurista, encontra-se em atendimento à *garantia processual* do contraditório, porquanto o *escopo* do processo seja dar razão a quem tem, estando o juiz investido de poderes para buscar

> a verdade sem preocupar-se com a supressão das regras do ônus da prova, que, como se sabe, só entram em cena em caso de malogro dos elementos de convicção para imputar-se a responsabilidade judicial pelo resultado favorável ou desfavorável da causa. O ativismo judicial é imenso num processo onde assume relevo a necessidade de prover urgente e eficazmente, para que não se torne inútil o acesso à justiça e não se lesione, de forma irreparável, o direito da parte que não pode socorrer-se incontinenti e por suas "próprias mãos".[67]

Logo, os procedimentos de natureza cautelar ou antecipada, que são espécies do gênero tutela de urgência, não obstante se preventivos ou satisfativos que reclamem sumariedade formal ou material, bem como a

---

do ordenamento jurídico". Digno de nota que a inserção do termo *ordenamento jurídico* no referido dispositivo legal decorreu de sugestão apresentada por Ronaldo Brêtas de Carvalho Dias em audiência pública realizada em 15.9.2010 na sede do Tribunal de Justiça de Minas Gerais, ocasião em que foi entregue ao relator da Comissão Especial de Reforma do Código de Processo Civil no Senado documento produzido pelos professores e alunos do Programa de Pós-Graduação em Direito da PUC Minas, área de concentração em direito processual, por meio do qual foram expostas críticas e sugestões para o aprimoramento do Código, entre elas a correção do art. 108 do Projeto que contemplava erroneamente a expressão *lei* em seu texto, descurando-se da "distinção técnica entre *lei* (texto legislativo) e *ordenamento jurídico* (conjunto de normas jurídicas constitucionais e infraconstitucionais, abrangendo regras e princípios)" (BRÊTAS, Ronaldo de Carvalho Dias. *Processo constitucional e Estado Democrático de Direito*. 3. ed. Belo Horizonte: Del Rey, 2015. p. 141-142).

[66] MARINONI, Luiz Guilherme. *Tutela antecipatória e julgamento antecipado*: parte incontroversa da demanda. 5. ed. São Paulo: Revista dos Tribunais, 2002. p. 15-16.

[67] FUX, Luiz. *Tutela de segurança e tutela da evidência (fundamentos da tutela antecipada)*. São Paulo: Saraiva, 1996. p. 321-322.

própria tutela de evidência, conforme visto anteriormente, seriam os instrumentos adequados à *tutela jurisdicional* do Estado, "razão pela qual o tempo despendido para a cognição da lide não pode impedir a efetividade da tutela dos direitos".[68]

1.4 As tutelas de urgência no direito brasileiro: breves antecedentes históricos

Desde os tempos de colonização, em que o Brasil sofria os influxos das Ordenações Portuguesas (Afonsinas, Manuelinas e Filipinas), já era possível notar a existência de medidas específicas de natureza cautelar, como é o caso da prestação de caução ou fiança pelo réu em juízo em determinadas situações, assim como do arresto e sequestro. Com a independência do Brasil, mesmo ainda subordinado à regência do regime das normas processuais das Ordenações Filipinas,[69] instituiu-se a primeira norma processual de notável relevância, qual seja o Regulamento nº 737 de 1850, em cujo texto se observava o regramento específico com o título "processos preparatórios, preventivos e incidentes", subdividido em capítulos que tratam dos procedimentos de embargo ou arresto, detenção pessoal, exibição, vendas judiciais, protestos, depósito, habilitação incidente nas causas comerciais e embargo pendente à lide, conforme disposto nos arts. 321 a 410.[70]

Por sua vez, o Código de Processo Civil de 1939, então advindo da competência privativa que a União recebeu da Constituição de 1934 para legislar sobre matéria de direito processual (art. 5º, inc. XIX, alínea "a"),[71] passou a disciplinar as chamadas *medidas preventivas* que, segundo o art. 676, poderiam consistir no arresto de bens do devedor; no sequestro de coisa móvel ou imóvel; na busca e apreensão, inclusive de mercadorias em trânsito; na prestação de cauções; na exibição de livro, coisa ou documento; em vistorias, arbitramentos e inquirições *ad perpetuam memoriam*; em obras de conservação em coisa litigiosa; na prestação de alimentos provisionais,

---

[68] MARINONI, Luiz Guilherme. *Efetividade do processo e tutela de urgência*. Porto Alegre: Sérgio Antônio Fabris Editor, 1994. p. 30-31.
[69] FUX, Luiz. *Tutela de segurança e tutela da evidência (fundamentos da tutela antecipada)*. São Paulo: Saraiva, 1996. p. 180.
[70] MARINONI, Luiz Guilherme. *Tutela cautelar e tutela antecipatória*. São Paulo: Revista dos Tribunais, 1994. p. 44-45.
[71] Antes dessa atribuição exclusiva à União, vale lembrar que a Constituição de 1891, com o estabelecimento da forma federativa passou a autorizar os estados a legislar de modo independente sobre a matéria processual. Alguns códigos estaduais chegaram a ser instituídos (*e.g.* Minas Gerais, São Paulo e Bahia), entretanto, anos mais tarde essa autonomia dos estados foi afastada pela Constituição de 1934 que, ao promover uma reforma no sistema legislativo brasileiro, estabeleceu a exclusiva competência da União para legislar sobre matéria processual.

no caso em que o devedor fosse suspenso ou destituído do pátrio poder, e nos casos de destituição de tutores ou curadores, e de desquite, nulidade ou anulação de casamento; no arrolamento e descrição de bens do casal e dos próprios de cada cônjuge, para servir de base a ulterior inventário; na entrega de objetos ou bens de uso pessoal da mulher e dos filhos; na separação de corpos e no depósito dos filhos.

O Código de 1939 também apresentou disposições a respeito da possibilidade de o juiz ordenar o afastamento temporário de um dos cônjuges da residência do casal, definir a assistência e a guarda e educação dos filhos (art. 678), bem como de determinar depósito judicial em situações envolvendo menores ou incapazes (art. 679).

Não obstante o surgimento das chamadas *medidas cautelares nominadas*, que são aquelas expressamente definidas em lei, deve-se destacar que o Código de Processo Civil de 1939 deflagrou no direito brasileiro o chamado *poder geral de cautela* do juiz em seu art. 675, o qual dispunha que, além das medidas cautelares nominadas, poderia o juiz determinar providências que fossem necessárias para acautelar o interesse das partes quando (1) do estado de fato da lide surgirem fundados receios de rixa ou violência entre os litigantes; (2) antes da decisão, for provável a ocorrência de atas capazes de causar lesões, de difícil e incerta reparação, no direito de uma das partes; e, (3) no processo, a uma das partes for impossível produzir prova, por não se achar na posse de determinada coisa.

O Código de Processo Civil de 1973, por sua vez, buscou avançar no tema ao conferir tratamento mais amplo e sistematizado em relação às tutelas preparatórias ou provisórias de urgência, reservando o Livro III exclusivamente para tratar do procedimento cautelar. Pela Parte Geral (arts. 796 a 812), importa destacar o reforço dos poderes do juiz em relação ao Código de 1939 no que concerne ao *poder geral de cautela*, conforme dispõe o art. 798, por meio do qual "poderá o juiz determinar as medidas provisórias que julgar adequadas, quando houver fundado receio de que uma parte, antes do julgamento da lide, cause ao direito da outra lesão grave e de difícil reparação", inclusive "para evitar o dano, autorizar ou vedar a prática de determinados atos, ordenar a guarda judicial de pessoas e depósito de bens e impor a prestação de caução" (art. 799). Referidos dispositivos legais tratavam das chamadas medidas cautelares *atípicas* ou *inominadas*,[72] distintas dos procedimentos cautelares *específicos*, ou *nominados*, que dispunham de regramento específico, como foi o caso do arresto (arts. 813 a 821), sequestro (arts. 822 a 825), caução (arts. 826 a 838), busca e apreensão (arts. 839 a 843), exibição (arts. 844 a 845), produção antecipada de provas (arts. 846 a 851), alimentos provisionais (arts. 852

---

[72] SILVA, Ovídio A. Baptista da. *Do processo cautelar*. 3. ed. Rio de Janeiro: Forense, 2001. p. 125.

a 854), arrolamento de bens (arts. 855 a 860), justificação (arts. 861 a 866), protestos, notificações e interpelações (arts. 867 a 873), homologação do penhor legal (arts. 874 a 876), posse em nome de nascituro (arts. 877 a 878), atentado (arts. 879 a 881), protesto e apreensão de títulos (arts. 882 a 887), além de outras medidas provisionais (arts. 888 a 889).

No entanto, com o passar dos anos da vigência do referido Código, se acentuaram as cogitações doutrinárias a respeito da utilização dos procedimentos cautelares de forma diversa da sua finalidade estabelecida pela lei, sobretudo como técnica de sumarização para fins antecipatórios da pretensão deduzida em juízo, conforme já abordado nos tópicos anteriores deste capítulo. Com isto, o Código de 1973 passou por reformas significativas por meio da Lei nº 8.952/94, ao implantar definitivamente o procedimento da tutela antecipada de mérito no processo de conhecimento que, ao lado da tutela cautelar, foi acolhida como espécie do gênero provimento de urgência. Pela redação dada ao art. 273, incs. I e II, foi estabelecido que o juiz poderia "antecipar, total ou parcialmente, os efeitos da tutela pretendida no pedido inicial, desde que, existindo prova inequívoca, se convença da verossimilhança da alegação" nas hipóteses em que houver "fundado receio de dano irreparável ou de difícil reparação ou fique caracterizado o abuso de direito de defesa ou o manifesto propósito protelatório do réu". Contudo, seria equivocado afirmar que foi por meio da Lei nº 8.952/94 que se instituiu a antecipação de tutela no Brasil, levando-se em conta o "considerável rol de 'liminares satisfativas' em ações cautelares típicas, no mandado de segurança, na ação popular, nas ações possessórias, na ação de nunciação de obra nova e nos embargos de terceiro".[73]

Não obstante a assunção da tutela antecipatória no sistema legislativo brasileiro, destaca-se de igual modo a implementação da *tutela específica* como outra modalidade que implica sumarização da ordinariedade procedimental nas ações em cujo objeto se pretender o cumprimento de

---

[73] OLIVEIRA, Allan Helber de. *O réu na tutela antecipatória do código de processo civil*. Belo Horizonte: Mandamentos, 2001. p. 41-42. Ao estabelecer uma classificação sistemática dos procedimentos cautelares, Calamandrei propõe a sua subdivisão em quatro categorias (ou *grupos*), a saber: 1º. Procedimentos instrutórios antecipados; 2º. Procedimentos dirigidos a assegurar a execução forçada; 3º. Antecipação dos procedimentos decisórios; 4º. Cauções processuais. Interessa observar que, neste terceiro grupo, já se destacava que o procedimento cautelar poderia consistir "em uma decisão antecipada e provisória de mérito, destinada a durar até que a esse regulamento provisório da relação controversa não se sobreponha o regulamento estável obtido através do mais lento processo ordinário". Embora Calamandrei tenha firmado posicionamento no sentido de que, mesmo havendo a possibilidade de antecipação do mérito que oferta "uma solução provisória que presumivelmente mais se aproxima daquela que será a decisão definitiva", há que se esperar o procedimento principal que culminará nessa decisão definitiva, assume que há uma proximidade conceitual entre essa antecipação com as *declarações com dominante função executiva* proposta por Chiovenda (CALAMANDREI, Piero. *Introdução ao estudo sistemático dos procedimentos cautelares*. Tradução de Carla Roberta Andreasi Bassi. Campinas: Servanda, 2000. p. 65-68).

obrigação de fazer ou não fazer, estando o juiz autorizado, em "sendo relevante o fundamento da demanda e havendo justificado receio de ineficácia do provimento final" (art. 461, §3º), a conceder liminarmente a tutela ou mediante justificação prévia. Ademais, para o cumprimento dessa tutela há ainda a possibilidade de fixação de "multa diária ao réu, independentemente de pedido do autor, se for suficiente ou compatível com a obrigação, fixando-lhe prazo razoável para o cumprimento do preceito" (art. 461, §4º), estando ainda o juiz autorizado, "de ofício ou a requerimento, determinar as medidas necessárias, tais como a imposição de multa por tempo de atraso, busca e apreensão, remoção de pessoas e coisas, desfazimento de obras e impedimento de atividade nociva, se necessário com requisição de força policial" (art. 461, §5º). Deve-se destacar que o mesmo regramento dos parágrafos do art. 461 do Código de Processo Civil foi conferido à tutela específica para entrega de coisa, conforme dispõe o art. 461-A, §3º, inserido posteriormente pela Lei nº 10.444/02 que, de igual modo, assegurou à tutela antecipada, no que couber, a aplicação das normas dos arts. 461, §§4º e 5º e 461-A, para viabilizar a sua efetivação (art. 273, §3º).

Ainda na quadra das tutelas imediatas ou de urgência, visualiza-se no Código de Processo Civil os procedimentos especiais das "Ações Possessórias" (arts. 920 a 933), "Ação de Nunciação de Obra Nova" (arts. 934 a 940) e "Ação Monitória" (arts. 1.102-A a 1.102-C), como medidas que acolhem a possibilidade de sumarização da *cognitio* em situações nas quais se demanda provimento liminar ou interdital.

Mas interessa ao presente estudo, sobretudo para o encaminhamento teórico dos próximos capítulos, os fundamentos teóricos que embasam a "Ação do Mandado de Segurança" (Lei nº 12.016/09), também considerada forma de tutela diferenciada em face da *deficiência do processo comum*,[74] que reduz o campo probatório por se enquadrar no rol dos *processos sumários documentais*,[75] em cuja estrutura, como técnica de sumarização, se reserva apenas à apresentação de prova documental e seu esgotamento[76] na petição inicial a embasar o direito líquido e certo afirmado pelo impetrante contra ato de autoridade. Cabe ainda destacar que a Constituição de 1988 confere proteção ao direito líquido e certo pela via do mandado de segurança em seu art. 5º, inc. LXIX.

---

[74] BARBI, Celso Agrícola. *Do mandado de segurança*. 8. ed. Rio de Janeiro: Forense, 1998. p. 31.
[75] SILVA, Ovídio A. Baptista da. *Curso de processo civil*: processo de conhecimento. 6. ed. São Paulo: RT, 2002. p. 128. v. 1.
[76] Salvo se o documento necessário à prova do alegado estiver arquivado em repartição ou estabelecimento público ou em poder de autoridade que se recuse a fornecê-lo por certidão ou de terceiro, ocasião em que "o juiz ordenará, preliminarmente, por ofício, a exibição desse documento em original ou em cópia autêntica e marcará, para o cumprimento da ordem, o prazo de 10 (dez) dias. O escrivão extrairá cópias do documento para juntá-las à segunda via da petição", conforme dispõe o §1º do art. 6º da Lei nº 12.016/09.

Por se enquadrar no rol das tutelas de urgência, no mandado de segurança é cabível a suspensão liminar do ato impugnado, conforme dispõe o art. 7º, inc. III, da Lei nº 12.016/09, desde que, além da demonstração do direito líquido e certo, haja fundamento relevante e, do ato impugnado, possa resultar a ineficácia da medida, caso seja finalmente deferida, salvo na hipótese em que a medida liminar "tenha por objeto a compensação de créditos tributários, a entrega de mercadorias e bens provenientes do exterior, a reclassificação ou equiparação de servidores públicos e a concessão de aumento ou a extensão de vantagens ou pagamento de qualquer natureza", conforme determina o parágrafo segundo do referido dispositivo legal.

Não obstante as especificidades atinentes ao *mandamus*, a noção do direito líquido e certo é que suplica melhor esclarecimento numa perspectiva epistemológica, sobretudo a partir da concepção doutrinária[77] acerca do *direito provável* (mera aparência ou *fumus boni iuris*) que autoriza a tutela provisória por meio de cognição sumária e de *direito evidente* (direito mais que provável), cuja demonstração dispensaria de plano a cognição exauriente, porque incompatível com a urgência, mediante tutela satisfativa. Tal empreendimento será objeto de exame crítico nos capítulos subsequentes.

1.5 As tutelas provisórias no Código de Processo Civil de 2015: tutela de urgência e tutela de evidência

Em 16.3.2015, foi sancionada pela Presidente da República a Lei nº 13.015, que institui o Código de Processo Civil, tendo sido concebida, segundo a sua *Exposição de Motivos*, com o objetivo de proporcionar à sociedade o reconhecimento e realização dos direitos de forma efetiva e célere, harmonizando-se às garantias constitucionais do Estado Democrático de Direito.

No tocante às chamadas tutelas de urgência que, no sistema processual do Código de 1973, se assentam nos procedimentos cautelares e de antecipação de tutela, o Código de 2015 visa sistematizar referidos institutos no sentido de alcançar maior *efetividade, celeridade* e *credibilidade* na prestação da atividade jurisdicional, objetivos que servem de base para justificar a criação de um "novo" Código do Processo Civil brasileiro. É o que se vê no discurso dos parlamentares que apreciaram o projeto, como também dos próprios juristas que integraram a Comissão Temporária encarregada de sua elaboração.

---

[77] FUX, Luiz. *Tutela de segurança e tutela da evidência (fundamentos da tutela antecipada)*. São Paulo: Saraiva, 1996. p. 66.

Pelo Livro V do CPC/2015, intitulado "Da Tutela Provisória", nota-se em suas disposições gerais que a tutela provisória (gênero) fundamentar-se-á em *urgência* ou *evidência* (espécies), conforme art. 294, sendo que a tutela provisória de urgência, de natureza cautelar ou antecipada, poderá ser concedida em caráter antecedente ou incidental. Juntamente com o mencionado artigo, que integra as "Disposições Gerais", Título I do Livro V, pode-se também destacar o art. 297, o qual dispõe que "o juiz poderá determinar as medidas que considerar adequadas para efetivação da tutela provisória", referindo-se, portanto, ao chamado *poder geral de cautela do juiz*, cujo conteúdo se equipara ao art. 798 do Código de 1973.

Os conteúdos legais definidos no Título II do Livro V que estabelecem as "Disposições Gerais" (Capítulo I), o "Procedimento da Tutela Antecipada Requerida em Caráter Antecedente" (Capítulo II) e o "Procedimento da Tutela Cautelar Requerida em Caráter Antecedente" (Capítulo III), demonstram o intento reformista de integrar o procedimento de urgência da antecipação de tutela com aqueles de natureza cautelar, sobretudo no que tange aos requisitos para sua concessão. É o que se observa no art. 300: "A tutela de urgência será concedida quando houver elementos que evidenciem a probabilidade do direito e o perigo de dano ou risco ao resultado útil ao processo". À exceção dos procedimentos concebidos pelo Capítulo II, as demais disposições atinentes às tutelas de urgência se assemelham com o CPC/1973.

Nota-se, entretanto, a criação de novo instituto na quadra das chamadas *tutelas provisórias*. Trata-se da *tutela de evidência*, assim disciplinada no Título III e em apenas um artigo:

> Art. 311. A tutela da evidência será concedida, independentemente da demonstração de perigo ou de risco ao resultado útil do processo, quando:
>
> I - ficar caracterizado o abuso do direito de defesa ou o manifesto propósito protelatório da parte;
>
> II - as alegações de fato puderem ser comprovadas apenas documentalmente e houver tese firmada em julgamento de casos repetitivos ou em súmula vinculante;
>
> III - se tratar de pedido reipersecutório fundado em prova documental adequada do contrato de depósito, caso em será decretada a ordem de entrega do objeto custodiado, sob cominação de multa;
>
> IV - a petição inicial for instruída com prova documental suficiente dos fatos constitutivos do direito do autor, a que o réu não oponha prova capaz de gerar dúvida razoável.

Parágrafo único. Nas hipóteses dos incisos II e III, o juiz poderá decidir liminarmente.

Não obstante boa parte dos conteúdos atinentes às *tutelas de urgência* do Código de 2015 refletirem basicamente aquilo que já estava dimensionado no Código de 1973, não representando ganho teórico algum mesmo diante de vigorosos estudos a esse respeito,[78] pode-se afirmar, por outro lado, que a novel modalidade da *tutela de evidência* provoca a radicalização das tendências de sumarização ou, melhor dizendo, a eliminação do procedimento processualizado.

A tutela de evidência foi inserida no CPC de 2015 por influência de Luiz Fux, ministro do Supremo Tribunal Federal e presidente da Comissão de Juristas encarregada da elaboração do seu anteprojeto, destacando-se pela defesa de um "processo verdadeiramente sumário" no direito brasileiro, através do qual a parte, diante de situação de evidência do seu direito, pode valer-se de procedimento para fins satisfativos, submetendo a sua pretensão "a uma sumária *cognitio sui generis*, finda a qual a decisão judicial há de prevalecer com força do caso julgado tal como as demais sentenças de conhecimento, exatamente por encerrar a última palavra do Judiciário acerca do litígio". Com isto, busca-se com a sumariedade da tutela de evidência "subsumir ao poder-dever do juiz a solução sob medida da causa posta em juízo, com tamanha amplitude de atuação [...], conferindo a solução adequada ao litígio sem se preocupar com o fator iniciativa", como modo de se louvar o princípio da efetividade, alcançar o prestígio do Judiciário e, nas próprias palavras de Fux, demonstrar "a preocupação de um homem em melhor servir à sua pátria, vislumbrando, nesse sentido, novos instrumentos para aqueles que exercem, como nós, o nobre sacerdócio da magistratura".[79]

Considerando elevada carga de obscuridade dessa novidade legislativa, não apenas perante o conteúdo normativo do art. 311, como também pela ausência de pesquisa a respeito da tutela de evidência sob uma perspectiva *crítico-científica*, torna-se necessário examinar este *problema*[80] sob os influxos da teoria processual comprometida com uma linguagem que

---

[78] LEAL, Rosemiro Pereira. *Relativização inconstitucional da coisa julgada*: temática processual e reflexões jurídicas. Belo Horizonte: Del Rey, 2005. p. 57-77.

[79] FUX, Luiz. *Tutela de segurança e tutela da evidência (fundamentos da tutela antecipada)*. São Paulo: Saraiva, 1996. p. XI-XII.

[80] Para Karl Popper, "o trabalho do cientista não começa com a recolha de dados, mas com a escolha apurada de um problema prometedor – um problema que seja significativo na actual situação problemática, que, por sua vez, está inteiramente dominada pelas nossas teorias. Em minha opinião, os métodos, tanto das ciências naturais como das sociais, podem compreender--se melhor se admitirmos que a ciência começa e termina sempre por problemas. O progresso da ciência reside essencialmente na evolução dos seus problemas. E pode ser avaliado pela crescente sofisticação, riqueza, fertilidade e profundidade dos problemas" (POPPER, Karl

melhor se amolde ao eixo teórico da democracia. Para tanto, tentar-se-á, no capítulo seguinte, esclarecer as bases que fundamentam tal modalidade de tutela, para, posteriormente, submetê-la à concorrencialidade teórica e testificação a partir do Estado Democrático de Direito.

Raimund. *O mito do contexto*: em defesa da ciência e da racionalidade. Tradução de Paula Taipas. Lisboa: Edições 70, 2009. p. 249-250).

CAPÍTULO 2

TUTELA DE EVIDÊNCIA: DA AÇÃO CONCRETA À TUTELA IMEDIATA

2.1 Adolf Wach e o direito processual civil

Antes de adentrar no legado doutrinário deixado por Adolf Wach que interessa ao presente trabalho, cumpre de antemão situá-lo no momento histórico em que alcançou destaque na quadra do processualismo científico alemão, tendo sua obra contribuído significativamente para o desenvolvimento dos estudos do processo, jurisdição e ação.

Nascido na primeira metade do século XIX em Kulm, Alemanha, Adolf Wach (1843-1926) era de família protestante e de orientação liberal, tendo cursado direito na Universidade Livre de Berlim e, posteriormente, em Heidelberg, época em que conviveu com importantes pensadores, como Max Weber. Passou também pelas universidades de Göttingen e Königsberg, sendo que nesta última obteve o título de doutor em 1865, alcançando mais tarde, no ano de 1868, a habilitação em Direito Canônico e em Direito Processual destacada pelos estudos da história do processo alemão e italiano, com ênfase nos procedimentos sumário e executivo. Foi professor da Universidade de Rostock (1869-1871), assim como nas universidades de Tübingen (1871-1872), Bonn (1872-1875) e, por um período maior, na Universidade de Leipzig (1875-1920), onde se aposentou.

No contexto da história do direito processual, cabe destacar que Wach foi contemporâneo de Bethmann-Hollweg (1795-1877) na Universidade de Bonn, com quem estabeleceu importante interlocução sobre o perfil histórico do processo civil, bem como de Oskar von Bülow (1837-1907), com quem integrou o rol dos principais nomes dos estudiosos do processo civil na segunda metade do século XIX e início do século XX.[81] Assim como Wach, Bülow também foi professor nas universidades de Tübingen (1872-1885) e de Leipzig (1885-1892), o que demonstra que ambos tiveram uma proximidade acadêmica durante anos. Curiosamente, referidos juristas nasceram em igual dia (11 de setembro), mas em anos distintos (Bülow em 1837 e Wach em 1843).[82]

No entanto, as coincidências param por aí. Enquanto Bülow adotava a visão socializadora do processo,[83] Wach era declaradamente liberal e suas concepções filosófico-políticas a este respeito por certo repercutiram no estudo do processo que buscou desenvolver.

2.1.1 Proposições sobre o processo civil e jurisdição

De início, deve-se notar que Wach compreende o processo como atividade desenvolvida pelo Estado, mas sua condução fica a cargo das partes, por serem as únicas interessadas no litígio, desconsiderando-se, portanto, a figura do juiz:

> O processo é uma criação da inteligência, uma maquinaria feita com sutileza e construída segundo as leis severas da lógica, cuja essência resulta da determinação de seu fim material. O fim do processo é outorgamento da proteção jurídica do Estado, concedido com justiça e conforme a natureza do litígio. [...] A causa civil determina a relação material e formal entre duas partes, a

---

[81] Em estudo preliminar de apresentação da obra *Manual de derecho procesal civil*, Niceto Alcalá-Zamora y Castilho, destaca que Adolf Wach fez parte da época mais brilhante do processualismo germânico. Se o ponto de partida dessa "idade de ouro" começou com Windscheid-Muther e a polêmica da *actio* (1857) ou com Bülow em 1868, ano da publicação de sua obra *Teoria das exceções e dos pressupostos processuais*, certo é que Wach pertence a ela e talvez tenha sido o mais longevo e influente jurista alemão do último século, segundo afirmava Chiovenda. Sobre esse período, Alcalá-Zamora y Castilho destaca ainda juristas como Josef Kohler (1849-1919), Federico Stein (1859-1923), Konrad Hellwig (1856-1913), Wilhelm Kisch (1874-1952), Francesco Klein (1854-1926), James Goldschmidt (1874-1940) e Leo Rosemberg (1879-1963), cujas obras também alcançaram relevo no estudo do direito processual (WACH, Adolf. *Manual de derecho procesal civil*. Buenos Aires: EJEA, 1977. p. XII-XV. v. I). Sem embargo, Ovídio Baptista da Silva e Fábio Gomes afirmam que "tão profundas foram as raízes lançadas por Wach, que a árvore genealógica de seus discípulos é hoje, sem dúvida alguma, a mais frondosa. O espectro dos ensinamentos da sua escola foi tão amplo que se propagou não só pela Alemanha, onde poucos processualistas não restaram seus seguidores, mas, também, pela Europa Continental inteira e América Latina" (SILVA, Ovídio A. Baptista da; GOMES, Fábio. *Teoria geral do processo civil*. 3. ed. São Paulo: RT, 2002. p. 103).

[82] PÉREZ RAGONE, Álvaro. El revisionismo garantista en el proceso civil a través de las ideias de Franz Klein y Adolf Wach. Precisiones sobre eficiencia y derechos procesales. *Revista de Derecho de la Pontificia Universidad Católica de Valparaíso*, Valparaíso, n. XLII, p. 523-551, 1º sem. 2014. p. 533.

[83] Sobre o tema: cf. LEAL, André Cordeiro. *Instrumentalidade do processo em crise*. Belo Horizonte: Mandamentos, 2008. p. 59-68; NUNES, Dierle José Coelho. *Processo jurisdicional democrático*. 1. ed. 4. reimpr. Curitiba: Juruá, 2012. p. 98-105.

falta de interesse do Estado e de seu órgão, do juiz, no litígio, a exclusão da máxima oficial, o domínio dos litigantes sobre o objeto do pleito, sobre o começo, a continuação, o término do procedimento, sobre seu conteúdo, a matéria litigiosa.[84]

Essas primeiras linhas sobre a obra de Adolf Wach são expostas em suas *Conferências* (1879) sobre a *Zivilprozessordnung*, o Código de Processo Civil alemão de 1877, que também ficou conhecido como "ZPO", cuja elaboração seguiu as influências da ideologia liberal francesa segundo a qual as partes dispunham de liberdade no processo e domínio sobre qualquer impulso ou intromissão por parte do Estado, cujos representantes (os juízes) apenas deveriam se manifestar na solução de conflitos por meio do processo civil.[85]

Referido código se destacava pela valorização do *princípio da oralidade*, consistente na predominância do debate oral em juízo sobre a matéria litigiosa, ao passo que a formalização escrita serviria tão somente para fazer documentar e recordar o que foi dito pelas partes, assim como do *princípio dispositivo*, que supõe a passividade do juiz na esfera probatória, ficando esta sob o domínio das partes. Embora a independência e imparcialidade estivessem resguardadas à jurisdição, sua atividade deveria limitar-se à busca da verdade formal, já que a verdade material (ou real) não era o fim do processo civil, malgrado devesse ser desejado pelas partes.[86]

À primeira vista, pode-se concluir que Wach recepcionava a noção do processo como relação jurídica pública entre o Estado e as partes anteriormente sustentada por Bülow,[87] apesar de não o ter citado expressamente

---

[84] No original: "El proceso es una creación de la inteligencia, una maquinaria hecha con sutileza y construída según las leyes severas de la lógica, cuya esencia resulta de la determinación de su fin material. El fin del proceso es el otorgamiento de la protección jurídica del Estado, concedido con justicia y conforme la naturaleza del litigio. [...] La causa civil determina la relación material y formal entre dos partes, la falta de interés del Estado y de su órgano, del juez, en el litigio, la exclusión de la máxima oficial, el dominio de los litigantes sobre el objeto del pleito, sobre el comienzo, la continuación, la terminación del procedimiento, sobre su contenido, la materia litigiosa" (WACH, Adolf. *Conferencias sobre la ordenanza procesal civil alemana*. Buenos Aires: EJEA, 1958. p. 2-3).

[85] PÉREZ RAGONE, Álvaro. El revisionismo garantista en el proceso civil a través de las ideias de Franz Klein y Adolf Wach. Precisiones sobre eficiencia y derechos procesales. *Revista de Derecho de la Pontificia Universidad Católica de Valparaíso*, Valparaíso, n. XLII, p. 523-551, 1º sem. 2014. p. 535.

[86] WACH, Adolf. *Conferencias sobre la ordenanza procesal civil alemana*. Buenos Aires: EJEA, 1958. p. 2; 238.

[87] BÜLOW, Oskar. *La teoría de las excepciones procesales y los presupuestos procesales*. Buenos Aires: EJEA, 1964. p. 1-5. Cabe salientar que Bülow, para construir sua *teoria do processo como relação jurídica*, "valeu-se da máxima de Búlgaro (jurista italiano do século XII), que dizia: *judicium est actum trium personarum: judicis, actoris et rei* (o processo é ato de três personagens: do juiz, do autor e do réu)" (LEAL, Rosemiro Pereira. *Teoria geral do processo*: primeiros estudos. 12. ed. Rio de Janeiro: Forense, 2014. p. 83). Ainda nesse sentido, ver: LEAL, André Cordeiro. *Instrumentalidade do processo em crise*. Belo Horizonte: Mandamentos, 2008. p. 37-45.

em suas obras a este respeito. Todavia, tal constatação deve ser analisada sob a ótica liberal de Wach, para quem o processo civil apresentava-se como a administração estatal de justiça que confere proteção às pretensões de direito privado.[88] Se de um lado há o interesse privado das partes em litígio, de outro há o juiz como figura imparcial que vai limitar-se ao amparo do interesse que o Estado tem na realização do direito privado, devendo o juiz se restringir ao devido julgamento da matéria litigiosa e na sua execução. Neste sentido, o processo para Wach seria uma *relação jurídico-pública* entre o juiz e as partes que buscam *tutela jurídica*, mas o objeto do litígio decorreria puramente de uma *relação jurídico-privada* que envolve somente as partes e seus interesses.

Na reflexão sobre a relação jurídica processual, Wach ficou conhecido por situar graficamente os *sujeitos* do processo, quais sejam autor, réu e tribunal (o Estado-jurisdição), numa relação triangular, mas que supõe igualmente os vínculos de subordinação preconizados por Bülow.[89] Sobre o tema, Rosemiro Pereira Leal lembra que Hellwig e Köhler também incursionaram na tentativa de esclarecer a relação jurídico-processual em perspectiva angular ou linear, respectivamente, o que, a seu ver, em nada contribui para a análise do perfil lógico desta relação, que, "historicamente carregada pelas teorias voluntaristas do direito subjetivo, "vincula autor e réu em polos de subordinação (ativo e passivo), como se o autor pudesse, à margem da lei, por um impulso íntimo de um direito idiossincrático e aprioristico, exigir do réu uma obrigação".[90]

Ao afirmar que "a persecução e a refutação da pretensão é coisa das partes", Wach deixa bem claro que a lógica da máxima dispositiva deve imperar tanto na propositura como no desenvolvimento do processo (procedimento).[91] Nota-se por estas linhas o processo como modo de solução de conflitos pelo Estado no exercício da jurisdição, mas com a ressalva

---

[88] WACH, Adolf. *Manual de derecho procesal civil*. Buenos Aires: EJEA, 1977. p. 22. v. I.
[89] WACH, Adolf. *Manual de derecho procesal civil*. Buenos Aires: EJEA, 1977. p. 70; 173; 265. v. I.
[90] LEAL, Rosemiro Pereira. *Teoria geral do processo*: primeiros estudos. 12. ed. Rio de Janeiro: Forense, 2014. p. 84. Ademais, colhe-se da doutrina de Wach que a relação jurídica não decorre de um direito abstrato, mas de uma relação jurídica *concreta* resultante do domínio da norma sobre determinada configuração de fatos (WACH, Adolf. *La pretensión de declaración*. Buenos Aires: EJEA, 1962. p. 95). Desta relação jurídica é que serão encaminhadas suas conjecturas sobre a teoria da ação concreta, cuja abordagem será feita mais adiante.
[91] É de se destacar que Adolf Wach não cuida especificamente de distinguir processo de procedimento, embora tenha se apropriado de ambas as expressões para encaminhar seus estudos do processo civil. Mas é curioso que o jurista alemão estava atento à ideia do *procedimento* como estrutura legal de atos coordenados assegurados no *processo escrito* conduzido pela direção do juiz (WACH, Adolf. *Conferencias sobre la ordenanza procesal civil alemana*. Buenos Aires: EJEA, 1958. p. 78). O processo, nesta ordem, "é o procedimento para fazer valer ou declarar, para realizar direitos privados, direitos privados lesionados, pretensões de direito privado. Não custa muito advertir a raiz romana desta conceituação". No original: "es el procedimiento para hacer valer o declarar, para realizar derechos privados, derechos privados lesionados, pretensiones

de que a direção pelo juiz seja formal e não se faça em dissonância com a vontade das partes. Sobre a direção do processo (formal) pelo juiz conferida pela ZPO, Wach surpreende ao enaltecer a "presença do Estado" na solução do litígio de direito privado, quando afirma "espero que nossos juízes façam uso do poder lhes oferecido, de modo sábio e enérgico, pelo bem da Justiça e para evitar a injustiça!"[92] Desse modo, não obstante sua inclinação ao liberalismo processual, Wach acolhia de igual modo o enquadramento do processo como mero elemento instrumental disponível ao exercício da atividade jurisdicional, embora tenha notabilizado o procedimento ordinário como estrutura legal que oportuniza à parte demandada a apresentação de defesa em face da pretensão deduzida pelo demandante, devendo-lhe garantir uma contestação detalhada, nela incluindo-se o direito à prova, diferentemente do antigo *processo sumário* aplicado pelo tribunal do Reich.[93] Considerando-se a existência de dois interesses em contraposição, quais sejam o interesse pela tutela afirmada pelo demandante e o interesse do demandado em se defender, o processo teria por finalidade o ataque (afirmação do direito) e a defesa (negação do direito), o que supõe "a natureza contraditória do processo, que é baseado na antítese da petição do autor e a petição de rejeição".[94] O contraditório, portanto, já era de algum modo conjecturado na obra de Wach, o que foi bem observado por Ronaldo Brêtas, pois,

> ao destacar o caráter dialético do processo, observando que sua finalidade atendia a dois interesses em colisão, o interesse da tutela jurídica afirmada pelo autor e o interesse contraposto sustentado pelo réu. Partindo dessas premissas, considerava que o processo se prestava tanto para o ataque como para a defesa, isto é, para afirmar um direito e para negá-lo. No entendimento de Wach, tudo isto indicava a natureza eminentemente contraditória do processo, centrada na antítese gerada pela petição do auto demandante, que o iniciava, podendo entrever, nas afirmações mencionadas, o germe da ideia de contraditório.[95]

---

de derecho privado. No cuesta mucho advertir la raíz romana de esta conceptuación" (WACH, Adolf. *Manual de derecho procesal civil*. Buenos Aires: EJEA, 1977. p. 22-23. v. I).

[92] No original: "la persecusión y la refutación de la pretensíon es cosa de las partes" [...] "!ojalá que nuestros jueces hagan uso del poder que se les ofrece, de modo sabio y enérgico, en bien de la Justicia y para evitar la injusticia!" (WACH, Adolf. *Conferencias sobre la ordenanza procesal civil alemana*. Buenos Aires: EJEA, 1958. p. 59-62).

[93] WACH, Adolf. *Conferencias sobre la ordenanza procesal civil alemana*. Buenos Aires: EJEA, 1958. p. 23.

[94] No original: "la naturaleza contradictoria del proceso, que se basa en la antítesis de la petición actora y la petición de rechazamiento" (WACH, Adolf. *Manual de derecho procesal civil*. Buenos Aires: EJEA, 1977. p. 23. v. I).

[95] BRÊTAS, Ronaldo de Carvalho Dias. *Processo constitucional e Estado Democrático de Direito*. 3. ed. Belo Horizonte: Del Rey, 2015. p. 123.

Partindo do pressuposto da falibilidade humana, debilidade ou risco de arbitrariedade, assim como da natural desconfiança existente entre juízes e as partes, o procedimento ordinário (ou *proceso común* para Wach) trouxe segurança à escritura processual, regulou o sistema de provas, estabeleceu o princípio dispositivo e a máxima da eventualidade, além de dividir o processo em etapas bem dimensionadas. Esta liberdade das partes, segundo Wach, vai exigir severa disciplina dos juízes e advogados na aplicação da lei.[96]

Mesmo tendo a ZPO conferido ao juiz a direção formal do processo, como manifestação do interesse oficial do Estado na aplicação do direito, Wach destaca que o *poder de disposição* das partes representava o cerne do processo alemão, desde a sua instauração até sua conclusão. Naturalmente, esta visão repercutia diretamente na atividade cognitiva formadora das razões do convencimento do juiz, já que às partes deveriam ser disponibilizados todos os meios de prova hábeis a demonstrar suas alegações de ataque ou defesa. Tanto que caberia ao juiz tão somente receber a matéria litigiosa e permitir às partes a condução da fase probatória, sendo-lhe defeso completar os fatos, quanto menos determinar a produção de provas *ex officio*. Para Wach, o juiz deve julgar *secundum allegata et probata partium* e não *secundum suam conscientiam*, haja vista que somente aquilo que for objeto de discussão entre as partes demandará a produção de provas, exceto no caso de fatos notórios ou que já tenha sido provado pela parte. O que não for discutido no processo deve ser indubitável para o juiz. A *cognitio*, portanto, consiste no exame e julgamento da matéria litigiosa exposta em juízo, ficando a cargo do juiz a sua direção formal e garantia da ordem do procedimento, inclusive para impedir atos impertinentes das partes.[97]

Sobre o sistema de provas, Wach relembra o posicionamento da ciência processual de sua época, em que muitos dos seus contemporâneos sustentavam que o processo civil, assim como o processo penal, deveria ser regido pelo *princípio da verdade material*, com a adoção da livre investigação do juiz. Logo, dever-se-ia desvencilhar da máxima dispositiva (o juiz deve julgar a causa baseado nos fatos e provas apresentados pelas partes) pela suposição de que o conhecimento da verdade, que é uma só, seria conduzido pelo juiz de forma ativa para fundamentar corretamente sua sentença. O juiz, nesta percepção, não poderia considerar como verdadeiro aquilo que efetivamente não o fosse.

O reparo a essas concepções é feito com base na leitura que Wach faz da própria ZPO, segundo quem a livre investigação não pode ser

---

[96] WACH, Adolf. *Conferencias sobre la ordenanza procesal civil alemana*. Buenos Aires: EJEA, 1958. p. 55.
[97] WACH, Adolf. *Conferencias sobre la ordenanza procesal civil alemana*. Buenos Aires: EJEA, 1958. p. 72-73.

considerada como um dever do juiz, ainda que tal atribuição lhe fosse conferida em comum acordo pelas partes, destacando que a demonstração da verdade não é finalidade do processo, mas um resultado contingente que decorre da atividade das partes. Aliás, ressalta que a livre investigação até poderia ser aceita, mas desde que limitada às hipóteses em que o objeto do processo fosse de interesse público, diferentemente do objeto litigioso de natureza privada, pois, no processo civil, a prova é das partes e são elas as responsáveis pelo fornecimento do material probatório atinente aos temas e alegações expostas na lide, estando a prova, portanto, sujeita à máxima dispositiva. Com isto, a verdadeira comprovação do estado de fatos, o que diverge da noção de *verdade material*, seria alcançada a partir de uma distribuição da carga da prova consoante suas peculiaridades.[98]

A atividade probatória deve ser desenvolvida pelas partes segundo os meios definidos pela ZPO, cabendo ao juiz tomar como certas as afirmações que elas assim o considerarem ou admitirem, não lhe sendo permitido fazer uso das suas convicções privadas no pronunciamento da sentença. Este é o parâmetro de imparcialidade que, para Wach, se exige no exercício da atividade jurisdicional. No entanto, Wach reconhece que a ZPO promoveu uma ampliação quantitativa da *liberdade judicial* no campo probatório, podendo-se, inclusive, falar em livre apreciação da prova desde que esta atividade se realize com *moderação* e *correto manejamento*.[99] Ao que parece, Wach tenta conciliar o exaltado controle das partes sobre o processo com a livre convicção do juiz. Assim, a finalidade do processo

> só pode ser o juízo justo com respeito ao material do processo apresentado pelas partes. E isto, por sua vez, só é possível ao permitir às partes o livre uso de todas as fontes de conhecimento capazes de fornecer ao juiz fundamentos de convicção; dito de outro modo: ao eliminar as regras gerais e negativas de prova, prejudiciais para o direito das partes e ao conceder ao juiz a liberdade de deduzir do material de debate e de prova todos os fundamentos de convicção que esse material realmente contém. Para ele ajuda o juiz a imediação

---

[98] A respeito da distribuição da carga da prova, Wach não esclarece de modo preciso o seu procedimento, mas deixa claro não se tratar de um encargo do juiz, supondo-se aqui que deva decorrer da forma que melhor convier às partes. Esclarece, ainda, que esta distribuição se apresenta como uma regra de oportunidade a ser conduzida de modo razoável, considerando-se que, se às partes deve ser resguardado o igual direito de se pronunciar para o ataque ou defesa, não se afigura equitativo impor toda a carga da prova sobre uma delas (WACH, Adolf. *Conferencias sobre la ordenanza procesal civil alemana*. Buenos Aires: EJEA, 1958. p. 223-229; 234). Para uma análise aprofundada do tema, ver: PAOLINELLI, Camilla Mattos. *O ônus da prova no processo democrático*. Rio de Janeiro: Lumen Juris, 2014.

[99] WACH, Adolf. *Conferencias sobre la ordenanza procesal civil alemana*. Buenos Aires: EJEA, 1958. p. 231; 238.

do trato com as partes, a qual lhe põe em condições de fazer uso do direito de perguntar e a percepção imediata dos meios de prova.[100]

A partir dessas digressões doutrinárias, a sentença deveria decorrer das alegações e provas encaminhadas pelas partes. Sem embargo, importa consignar que, apesar de ser possível extrair o caráter *liberal* do processo em Wach, infere-se que referido jurista situava o processo no eixo da jurisdição ao sustentar que os atos do juiz eram exarados e executados sob a autoridade do poder estatal, seguramente porque a lei fala pela sua boca, de modo imperativo, representando a sentença, com força de coisa julgada, o decreto do Estado para o caso particular.[101]

Logo, a participação ativa das partes em suposto ambiente de contraditório (atividade *dialética*) era tópico-retórica, justamente por esconder a figura do juiz durante o *iter* procedimental, cuja autoridade se manifestava de forma suprema nos pronunciamentos decisórios ao assegurar os atributos da coerção e da execução dos atos jurisdicionais em substituição à autotutela das partes na realização dos seus interesses privados. Esta noção fica explícita quando Wach aponta que a função do ordenamento jurídico-processual é secundária e se presta à atividade tutelar (jurisdicional) do Estado para tornar efetivo o direito privado, pois é pelo processo que o Estado, coercitivamente, faz valer o direito nas hipóteses do seu descumprimento mediante declaração judicial expressada em sentença, com autoridade legal para realizá-lo mediante a execução.[102]

Por esta afirmação, colhe-se que em Wach o juiz é a *boca da lei*[103] e, mesmo não sendo *sujeito interessado* no direito em disputa, aparece como a figura central da *assistência estatal para os interesses privados*, vale dizer, da atividade tutelar da jurisdição. Com isto, a noção de processo em Wach é

---

[100] No original: "sólo puede ser el juicio justo con respecto al material del proceso traído por las partes. Y esto, a su vez, sólo es posible al permitir a las partes el libre uso de todas las fuentes de conocimiento, capaces de suministrar al juez fundamentos de convicción; dicho de otro modo: al eliminar las reglas generales y negativas de prueba, perjudiciales para el derecho de las partes, y al conceder al juez la libertad de deducir del material de debate y de prueba todos los fundamentos de convicción que ese material realmente contiene. Para ello le ayuda al juez la inmediación del trato con las partes, la cual le pone en condiciones de hacer uso del derecho de preguntar, y la percepción imediata de los medios de prueba" (WACH, Adolf. *Conferencias sobre la ordenanza procesal civil alemana*. Buenos Aires: EJEA, 1958. p. 264).

[101] WACH, Adolf. *Conferencias sobre la ordenanza procesal civil alemana*. Buenos Aires: EJEA, 1958. p. 113-114; 226.

[102] WACH, Adolf. *Manual de derecho procesal civil*. Buenos Aires: EJEA, 1977. p. 22. v. I.

[103] Diferentemente de Bülow, que exaltava a "importância da magistratura na criação do direito" (LEAL, André Cordeiro. *Instrumentalidade do processo em crise*. Belo Horizonte: Mandamentos, 2008. p. 59), Wach aduziu que o processo não tem por finalidade criar direitos, mas tutelar o direito objetivo. Com isto, a sentença não é lei, mas a aplicação da lei, o que justificaria sua posição quanto ao juiz como "boca de la ley e no una *'boquilla'* para filtrarla" (WACH, Adolf. *Manual de derecho procesal civil*. Buenos Aires: EJEA, 1977. p. 24-27; 29. v. I).

indissociável da jurisdição, pois é pelo processo que se opera tal atuação do Estado.

2.1.2 Ação como direito concreto a uma sentença favorável

No rol das principais escolas que buscaram teorizar sobre a *ação*,[104] destacam-se de início as conjecturas que foram expostas de Savigny em meados de 1840, com sua *teoria imanentista* ou *civilista*, para quem, embasado pelas lições romanas do período das *legis actiones*, a ação nada mais era que pedir em juízo o que fosse devido. Savigny entendia que a ação era o direito material em movimento, visto que havia uma imanência deste direito à respectiva ação, cuja ameaça ou violação gerava uma relação que, a seu turno, chamava-se de *ação* ou *direito de ação*. Em boa síntese, esta teoria aduz que "não há ação sem direito; não há direito sem ação; a ação segue a natureza do direito".[105]

Mas acredita-se que, não obstante tudo quanto já havia sido escrito sobre a ação, foi com a publicação do livro *Die Actio des römischen Zivilrechts vom Standpunkte des heutigen Rechts (A actio do direito civil romano do ponto de vista do direito moderno)* de Bernhard Windscheid, em 1856, que os debates acadêmicos se intensificaram na segunda metade do século XIX[106] e

---

[104] Tamanha foi a abordagem dedicada ao estudo da ação nos últimos séculos que, até os dias atuais, não há consenso sobre sua teorização (FAIREN GUILLÉN, Víctor. *Doctrina general del derecho procesal (hacia una teoria y ley procesal generales)*. Barcelona: Bosch, 1990. p. 77-78).

[105] SILVA, Ovídio A. Baptista da; GOMES, Fábio. *Teoria geral do processo civil*. 3. ed. São Paulo: RT, 2002. p. 94-95; LEAL, Rosemiro Pereira. *Teoria geral do processo*: primeiros estudos. 12. ed. Rio de Janeiro: Forense, 2014. p. 134.

[106] Segundo Giovanni Pugliese, "a monografia de Windscheid agitou as águas paradas. Ao discutir de forma vivaz, seja o paralelismo entre a *actio* romana e a ação moderna (Klagerecht), seja a coordenação da *actio* com um direito subjetivo substancial cuja tutela a lhe assegurar, esta monografia abriu um debate cujas fases foram muitas, mas que nem sequer hoje pode considerar encerrado. [...] E se os velhos autores mantiveram firmes suas tradicionais definições, tratando apenas de corroborá-las com argumentos mais válidos (são exemplos as edições ulteriores das Instituições de Puchta e das Pandectas de Arndts), nos jovens as dúvidas insinuadas pelas proposições de Windscheid ou também a ânsia de reagir contra elas foram estímulo para buscar, em uma revisão integral da matéria, conhecimentos mais seguros e enunciados mais exatos. O que mostra precisamente que a problemática moderna relativa tanto à *actio* como à ação (Klagerecht) tem sua certidão de nascimento na publicação de Windscheid". No original: "la monografía de Windscheid agitó las aguas estancadas. Al discutir en forma vivaz, ya sea el paralelismo entre la actio romana y la acción moderna (Klagerecht), ya la coordinación de la actio con un derecho subjetivo sustancial cuya tutela ella asegurase, esa monografía abrió un debate cuyas fases fueron muchas, pero que ni siquiera hoy se puede considerar cerrado. [...] Y si los viejos autores mantuvieron firmes sus tradicionales definiciones, tratando sólo de corroborarlas con argumentos más válidos (son ejemplos al respecto las ulteriores ediciones de las Instituciones de Puchta y de las Pandectas de Arndts), en los jóvenes las dudas insinuadas por las proposiciones de Windscheid o también el ansia de reaccionar contra ellas fueron estímulo para buscar, en una revisión integral de la materia, conocimientos más seguros y enunciados más exactos. Lo que muestra precisamente que la problemática moderna relativa

se estenderam no século seguinte. Muito embora se tratasse de um livro de direito civil,[107] os escritos de Windscheid provocaram a resposta de Theodor Muther no ano seguinte com sua obra *Zur Lehre von römischen Actio, dem heutigen Klagerecht, der Litisconstestation und der Singularsuccession in Obligationen – Eine Kritik des Windscheid'schen Buches* (*Sobre a doutrina da actio romana, do direito de acionar atual, da litiscontestação e da sucessão singular nas obrigações – Crítica ao livro de Windscheid*). Tamanho foi o debate sobre o tema que, no mesmo ano da resposta de Muther, Windscheid ofereceu réplica às colocações de seu opositor.[108] Deste debate, mais conhecido como a *polêmica da actio*, em que os contornos da ação (*klage*) e pretensão (*anspruch*) foram examinados sob a ótica do direito civil,[109] extrai-se a noção da ação como *direito subjetivo, público e autônomo*, eis que concebida como *direito à jurisdição* distinto do *direito material* violado. Assim, "a tutela jurisdicional, na concepção desses dois pensadores, passa a significar um direito público e autônomo que não mais dependia da existência ou inexistência judicialmente declaradas ou não de um direito de natureza material".[110]

Foi nesse estudo da ação que Adolf Wach se notabilizou e comumente é lembrado pela sua *teoria da ação como direito concreto*. Pode-se dizer que Wach foi o primeiro jurista a analisar e construir uma teoria da ação com *olhos de processualista*,[111] já que os teóricos de sua época, contemporâneos e antecessores, teceram suas considerações situando-a estritamente na órbita civilista do direito.

Em contraposição às concepções de Degenkolb e Plósz, os quais buscaram encaminhar a *teoria do direito abstrato de agir*,[112] Wach sustentou

---

tanto a la actio como a la acción (Klagerecht) tiene su acta de nacimiento en la publicación de Windscheid" (notas introdutórias extraídas da obra: WINDSCHEID, Bernhard; MUTHER, Theodor. *Polémica sobre la "actio"*. Buenos Aires: EJEA, 1974. p. XII-XIII).

[107] Cabe lembrar que a autonomia científica do direito processual veio com Bülow em 1868, conforme já explanado anteriormente.

[108] SILVA, Ovídio A. Baptista da; GOMES, Fábio. *Teoria geral do processo civil*. 3. ed. São Paulo: RT, 2002. p. 96-99.

[109] Cabe salientar que há aqui apenas uma notícia histórica da polêmica de Windscheid e Muther, não sendo objeto desta pesquisa a sua análise. Para mais, ver: WINDSCHEID, Bernhard; MUTHER, Theodor. *Polémica sobre la "actio"*. Buenos Aires: EJEA, 1974. Mais ainda: Cf. MACIEL JÚNIOR, Vicente de Paula. *Teoria das ações coletivas*: as ações coletivas como ações temáticas. São Paulo: LTr, 2006. p. 83-84.

[110] LEAL, Rosemiro Pereira. *Teoria geral do processo*: primeiros estudos. 12. ed. Rio de Janeiro: Forense, 2014. p. 134.

[111] HENNING, Fernando Alberto Corrêa. *Ação concreta*: relendo Wach e Chiovenda. Porto Alegre: Sérgio Antônio Fabris Editor, 2000. p. 25.

[112] O húngaro Plósz e o alemão Degenkolb lançaram suas obras nos anos de 1876 e 1877, respectivamente, cuja abordagem seguiu o mesmo fundamento para a ação, qual seja a sua desvinculação de qualquer direito anterior, conferindo o direito *abstrato* de deduzir "proteção jurisdicional, independentemente de serem ou não os mesmos titulares dos direitos alegados em juízo" (SILVA, Ovídio A. Baptista da. *Curso de processo civil*: processo de conhecimento. 6. ed. São Paulo: RT, 2002. p. 98. v. 1). Embora acolha a autonomia do processo como relação

em sua obra uma *teoria da ação como direito concreto* que, anos mais tarde, repercutiu intensamente em Chiovenda, teorizador da *teoria da ação como direito postestativo*, e, posteriormente, em Liebman, que buscou desenvolver a *teoria eclética* então consagrada pelo Código de Processo Civil brasileiro de 1973, as quais serão examinadas em tópico seguinte.

Se da polêmica Windscheid-Muther pôde-se extrair que no estudo da *actio* admite-se a existência de direitos diversos, sendo um dirigido contra o Estado (direito de agir) e outro contra o particular (direito subjetivo material),[113] Wach seguiu este entendimento, ao afirmar que a pretensão de proteção do direito tem natureza pública, pois é dirigida contra o Estado, enquanto administrador da justiça que outorga a proteção do direito privado, mas também se dirige contra a parte contrária, a qual deverá tolerar referida proteção.[114] Mas tal conclusão decorre não da existência de *direitos distintos*, mas de *relações jurídicas distintas* (processual e material) que envolvem o processo e se diferem quanto ao sujeito (Estado e adversário), conforme aduzido anteriormente.[115] Deste modo,

> a pretensão de proteção do direito constitui o ato de amparo judicial que forma o objetivo do processo. Ela dirige-se contra o Estado, o qual deve outorgar tal amparo; e se dirige contra a parte contrária, frente a qual deve ser outorgada dita proteção. É de natureza de direito público, e não é a emanação ou expressão do direito privado subjetivo. Mas ela tampouco é aquela faculdade, do direito público, de demandar, que compete a qualquer um que, dentro das

---

jurídica, esta teoria acabou por se afastar de Bülow no tocante à sua ideia de vinculação do direito de ação a uma *sentença justa*. Para Degenkolb, quando Bülow estabeleceu condições ao desenvolvimento do processo, acabou conectando a ação com o direito postulado pelo autor (SILVA, Ovídio A. Baptista da; GOMES, Fábio. *Teoria geral do processo civil*. 3. ed. São Paulo: RT, 2002. p. 108). A teoria de Degenkolb e Plósz preconiza, portanto, a ação como um direito público, subjetivo, autônomo e abstrato, concebida como "o direito incondicionado de movimentar a jurisdição, pouco importando o reconhecimento do direito material alegado". A partir dessas linhas, Rosemiro Pereira Leal destaca o ganho alcançado com Couture, que guindou o direito de ação como direito constitucional de petição, sem vinculá-lo com o conteúdo da pretensão a ser encaminhado pela petição (LEAL, Rosemiro Pereira. *Teoria geral do processo*: primeiros estudos. 12. ed. Rio de Janeiro: Forense, 2014. p. 135). Ainda nesse sentido: cf. COUTURE, Eduardo J. *Introducción al estudio del proceso civil*. Buenos Aires: Depalma, 1949. p. 18-19.

[113] SILVA, Ovídio A. Baptista da; GOMES, Fábio. *Teoria geral do processo civil*. 3. ed. São Paulo: RT, 2002. p. 99.

[114] WACH, Adolf. *La pretensión de declaración*. Buenos Aires: EJEA, 1962. p. 56. Tais ideias também decorrem da vedação da autotutela abordada anteriormente, pois, segundo Wach, "sólo el Estado, el juez, puede satisfacer la pretensión de tutela; el adversario no puede hacerlo, sino unicamente quitarle su objeto. El adversario tiene que tolerar la tutela jurídica (*condemnari oportere*), no concederla" (WACH, Adolf. *Manual de derecho procesal civil*. Buenos Aires: EJEA, 1977. p. 45. v. I). Para mais: cf. GOLDSCHMIDT, James; GOLDSCHMIDT, Roberto. *Derecho justicial material y derecho justicial material civil*. Buenos Aires: EJEA, 1959. p. 26-31.

[115] WACH, Adolf. *Manual de derecho procesal civil*. Buenos Aires: EJEA, 1977. p. 67-68. v. I.

formas estabelecidas e com fundamento jurídico, sustente uma pretensão de proteção do direito.[116]

Observa-se com essa afirmação que o direito de ação já não mais se confundia com a *facultas agendi*. Wach recepcionava o posicionamento que confere autonomia ao direito de ação (pretensão de proteção do direito), não se confundindo com o direito subjetivo, nem com a pretensão (*Anspruch*) de direito civil. Daí a crítica que apresenta contra a ideia de imanência do direito de ação ante o direito subjetivo, pois, a seu ver, parece que o direito somente carrega consigo o direito de ação, como se estivesse autorizado a dispensar a esfera processual e ignorar que a ação é dirigida ao Estado. Ao contrário, Wach entende que a pretensão que demanda realização é a mesma que necessita de proteção pela jurisdição, proteção que advém de um sistema que estabelece meios de tutela para a pretensão, cujo objeto será a *decisão judicial*, obtida pela via do procedimento ordinário ou sumário (processo documental ou cambiário); a *execução*, quando se tratar de título executivo; ou as medidas provisórias de segurança (*aseguramiento*), que, para Wach, se prestam nos casos em que houver causa suficiente para embargo preventivo ou medida de precaução (acautelatória).[117] Nota-se

---

[116] No original: "la pretensión de protección del derecho constituye el acto de amparo judicial que forma el objetivo del proceso. Ella va dirigida al Estado, el cual debe otorgar tal amparo; y se dirige contra la parte contraria, frente a la cual debe ser otorgada dicha protección. Es de naturaleza de derecho público, y no es la emanación o expresión del derecho privado subjetivo. Pero ella tampoco es aquella facultad, del derecho público, de demandar, que compete a cualquiera que, dentro de las formas establecidas y con fundamento jurídico, sostenga una pretensión de protección del derecho" (WACH, Adolf. *La pretensión de declaración*. Buenos Aires: EJEA, 1962. p. 39).

[117] WACH, Adolf. *La pretensión de declaración*. Buenos Aires: EJEA, 1962. p. 41-42. Cabe destacar que, para demonstrar o equívoco da tese que sustenta a imanência do direito de ação ao direito subjetivo privado, Wach afirma que há direitos de ação independentemente dos direitos subjetivos privados que necessitam de proteção, como se pode observar na *ação de declaração negativa*, cuja pretensão de declaração não se embasa em direito próprio, ao contrário da pretensão positiva, em que se demanda a comprovação do direito existente e a violação de tal direito (WACH, Adolf. *La pretensión de declaración*. Buenos Aires: EJEA, 1962. p. 51-52). Interessante notar que esta lição de Wach teve repercussão tamanha que, no caso do direito brasileiro, encontra-se positivada no art. 4º do Código de Processo Civil de 1973, que assim dispõe: "Art. 4º O interesse do autor pode limitar-se à declaração: I - da existência ou da inexistência de relação jurídica; II - da autenticidade ou falsidade de documento. Parágrafo único. É admissível a ação declaratória, ainda que tenha ocorrido a violação do direito". Semelhante conteúdo pode ser encontrado no Código de Processo Civil de 2015: "Art. 19. O interesse do autor pode limitar-se à declaração: I - da existência, da inexistência ou do modo de ser de uma relação jurídica; II - da autenticidade ou da falsidade de documento. Art. 20. É admissível a ação meramente declaratória, ainda que tenha ocorrido a violação do direito". Com isso, "se alguém pode exigir a tutela jurisdicional do Estado, agindo e fazendo-o agir para ver declarado que não mantém determinada relação jurídica com outrem, evidente que ação independe do direito subjetivo material. Busca-se, com a ação declaratória negativa, justamente a declaração da inexistência de determinado direito subjetivo material!" (SILVA, Ovídio A. Baptista da; GOMES, Fábio. *Teoria geral do processo civil*. 3. ed. São Paulo: RT, 2002. p. 96).

que a pretensão de tutela significa o poder de exigir do Estado a concessão de auxílio jurídico, pois, diante do titular desta pretensão,

o Estado funciona como alguém obrigado a realizar uma determinada conduta, que é a concessão do auxílio. Normalmente, a prestação materializa-se numa sentença favorável, mas também se pode concretizar em atos executivos ou naquela espécie de provimento a que chamamos hoje de medidas cautelares. Ter pretensão de tutela é ser titular de um direito subjetivo exigível, contra o Estado, que tem por objeto ao ato jurisdicional favorável.[118]

Embora tenha sustentado a autonomia do direito de ação, Wach afirma que a pretensão de tutela jurídica só deve ser resguardada ao titular de um interesse real, não imaginário e que o expõe no processo.[119] Isto porque a pretensão guarda em suas raízes exatamente o interesse de realização, imposição do direito, asseguramento ou conservação, conforme o sistema de proteção acima aduzido. Logo, a pretensão de tutela, a ser satisfeita pela atividade tutelar do Estado, está diretamente relacionada a um *direito concreto* hábil a conduzir a uma *sentença favorável*, pois "quando o Estado concede a sentença favorável àquele que tem razão, nada mais faz que cumprir o seu dever; a sentença favorável é o adimplemento de uma obrigação estatal perante o titular da pretensão de tutela".[120]

Aqui reside o ponto central da oposição de Wach ao direito de acionar *abstrato* sustentado por Degenkolb e Plósz, pois, no seu entendimento, o direito público e abstrato de acionar não passaria de uma *res merae facultatis*, razão pela qual está fora do ordenamento jurídico concreto (materializado em fatos-tipo determinados), sendo, portanto, tão somente uma *formulação subjetivada da norma jurídica abstrata*.[121] Nestas linhas, o direito de ação abstrato e publicista não configuraria o direito a uma sentença favorável como resultado real e efetivo de uma ação.[122]

---

[118] HENNING, Fernando Alberto Corrêa. *Ação concreta*: relendo Wach e Chiovenda. Porto Alegre: Sérgio Antônio Fabris Editor, 2000. p. 42.
[119] Ainda sobre a pretensão, Wach apresenta uma distinção entre *pretensão de prestação* (em sentido mais amplo, como fazer, tolerar e omitir), e a *pretensão de declaração*. O seu conteúdo é o que definirá o limite objetivo da coisa julgada, conforme a natureza de cada pretensão (WACH, Adolf. *Conferencias sobre la ordenanza procesal civil alemana*. Buenos Aires: EJEA, 1958. p. 159). Sobre o tema, Wach cuidou de aprofundar em sua obra *La pretensión de declaración* (Buenos Aires: EJEA, 1962).
[120] HENNING, Fernando Alberto Corrêa. *Ação concreta*: relendo Wach e Chiovenda. Porto Alegre: Sérgio Antônio Fabris Editor, 2000. p. 46.
[121] WACH, Adolf. *Manual de derecho procesal civil*. Buenos Aires: EJEA, 1977. p. 45-46. v. I. Em sentido contrário: GOLDSCHMIDT, James; GOLDSCHMIDT, Roberto. *Derecho justicial material y derecho justicial material civil*. Buenos Aires: EJEA, 1959. p. 32-41.
[122] WACH, Adolf. *La pretensión de declaración*. Buenos Aires: EJEA, 1962. p. 27; 34.

A rigor, não seria crível afirmar que Wach deixou "inexplicável o fenômeno da ação improcedente".[123] Deve-se levar em conta que a possibilidade de sentença *desfavorável* era reconhecida pelo jurista alemão, no entanto, tal sentença teria apenas o condão de demonstrar que ao postulante não guardava a verdadeira necessidade de tutela jurídica ou, melhor dizendo, em "sendo o direito de ação o direito à sentença favorável, não haveria *direito de ação* ante a improcedência".[124] Tratar-se-ia aqui de mero direito à sentença. Portanto, a pretensão de tutela jurídica "é o direito a uma sentença que conceda essa tutela. Desse direito, e não do direito à sentença em si, deriva a sentença favorável, bem que só de acordo com e em função do fato-tipo processual".[125] As bases teóricas oferecidas por Wach no estudo do direito de ação (pretensão de tutela jurídica) interferem diretamente no objeto do processo, para quem se refere à relação jurídica que tem por conteúdo a obtenção de sentença favorável ou execução pretendida. Em Wach, a parte autora nunca reclama em juízo a mera resolução, mas a *resolução favorável* por meio da sentença. Disso decorre a ideia de que ao juiz, em sua atividade tutelar de direitos, cabe tomar conhecimento da *situação jurídica concreta* e fazê-la cumprir com base no direito objetivo.

2.1.3 A evidência como imperativo antecedente à procedência na lógica da teoria de Wach

A pretensão, conforme visto na teoria da ação concreta, é entendida como um direito subjetivo que requer satisfação e, como tal, será sempre objeto da ação de declaração positiva, mas nunca como conteúdo da ação de declaração negativa, cuja sentença não afirma o direito subjetivo privado, mas apenas reconhece a declaração do interesse legítimo de tutela mesmo que não seja uma pretensão de prestação. Se para Wach a pretensão de tutela jurídica representa o meio para atingir a finalidade do direito material, o processo não é mais que o meio para se alcançar a *tutela jurídica justa*, vale dizer, para satisfazer o *interesse legítimo* (o substrato do direito existente) em face do demandado, que deverá tolerar o ato da tutela do Estado.[126]

---

[123] SILVA, Ovídio A. Baptista da; GOMES, Fábio. *Teoria geral do processo civil*. 3. ed. São Paulo: RT, 2002. p. 105.
[124] VIEIRA, José Marcos Rodrigues. *Da ação cível*. Belo Horizonte: Del Rey, 2002. p. 59.
[125] No original: "es el derecho a una sentencia que conceda esa tutela. De ese derecho, y no del derecho a la sentencia en si, deriva la sentencia favorable, bien que sólo de conformidad con y sobre la base del hecho-tipo procesal" (WACH, Adolf. *Manual de derecho procesal civil*. Buenos Aires: EJEA, 1977. p. 24-25; 47-49. v. I).
[126] WACH, Adolf. *Manual de derecho procesal civil*. Buenos Aires: EJEA, 1977. p. 36-38; 42. v. I. Para mais: cf. CHIOVENDA, Giuseppe. *A ação no sistema dos direitos*. Tradução de Hiltomar Martins Oliveira. Belo Horizonte: Líder, 2003. p. 16-18.

O interesse legítimo na proteção de um direito é a condição prévia de qualquer pretensão e se afigura como a necessidade da tutela jurisdicional reconhecida pela lei, cuja finalidade será a comprovação do direito existente e o afastamento da sua violação.[127] E assim como os pressupostos

> da pretensão de tutela jurídica e do direito material coincidem só no caso de um direito já existente que requer em si satisfação e tutela (a pretensão), e o direito pode existir sem a pretensão, não há tampouco coincidência quanto ao conteúdo. A pretensão de tutela é satisfeita pelo ato tutelar, especialmente pela sentença favorável (por exemplo, na ação declaratória), e ao ser satisfeita se extingue, enquanto que o direito material cobra com a sentença novas forças e é confirmado. A pretensão se extingue ao ser satisfeita, embora não tenha satisfeito o direito material pelo esgotamento ou insuficiência dos meios tutelares.[128]

Pela teoria da ação concreta de Wach, vê-se que a pretensão de tutela jurisdicional se relaciona diretamente a um *direito concreto* que vai encaminhar uma *sentença favorável* para o seu titular. Ao que parece, esta teoria acolhe um direito subjetivo já garantido (pressuposto e diverso do direito de ação), cujo reconhecimento seria apenas confirmado pelo juiz em sua atividade tutelar do *direito existente*. Há aqui uma relação em que, havendo norma preexistente e sua consequente lesão, bem como a pressuposição da vedação da autotutela, caberia ao Estado conhecer da lesão e aplicar o direito coercitivamente.

Ademais, tomando-se em conta que a ameaça ou violação do direito pode apresentar-se de diversas maneiras, sobretudo quando possa significar perigo à conservação do direito existente, deve-se protegê-lo não pela via da ação de declaração, mas pelos procedimentos de embargos preventivos, medidas judiciais cautelares ou medidas para assegurar a prova.[129]

Observa-se na obra de Wach que a expressão "direito existente" é comumente utilizada e, pelo que dela se pode extrair, este direito está diretamente relacionado ao *direito concreto* que encaminha a sua teoria da

---

[127] WACH, Adolf. *La pretensión de declaración*. Buenos Aires: EJEA, 1962. p. 51-52.

[128] No original: "de la pretensión de tutela jurídica y del derecho material coinciden sólo en el caso de un derecho ya existente que requiere en sí satisfacción y tutela (la pretensión), y el derecho puede existir sin la pretensión, no hay tampoco coincidencia en cuanto al contenido. La pretensión de tutela es satisfecha por el acto tutelar, especialmente por la sentencia favorable (por ejemplo, en la acción declarativa), y al ser satisfecha se extingue, mientras que el derecho material cobra con la sentencia nuevas fuerzas y es confirmado. La pretensión se extingue al ser satisfecha, aunque no se haya satisfecho el derecho material por agotamiento o insuficiencia de los médios tutelares" (WACH, Adolf. *Manual de derecho procesal civil*. Buenos Aires: EJEA, 1977. p. 44-45. v. I).

[129] No original: "no crea derecho sino que halla el derecho existente; no lleva a la existencia el derecho o el deber jurídico especial que declara sino que lo hace evidente. Pero lo hace como órgano del poder estatal. La ley habla por su boca" (WACH, Adolf. *La pretensión de declaración*. Buenos Aires: EJEA, 1962. p. 111).

ação. O juiz não cria direitos ao sentenciar no processo, conforme observado anteriormente, mas diz o direito (como "boca da lei") em uma atividade na qual o julgamento advém da dedução da lei aplicável a partir do *estado especial das coisas* levadas a seu conhecimento. Com isto, o juiz "não cria direito, mas fala o direito existente; não leva à existência do direito o dever jurídico especial que declara, mas o que o faz evidente. Mas o faz como órgão do poder estatal. A lei fala por sua boca". Daí a autoridade do juiz no exercício da atividade tutelar do Estado.[130]

A face liberal de Wach é constatada na afirmação de que o juiz não cria o direito, mas aplica o direito existente já instituído pela sociedade civil. A declaração do *direito existente* em sentença acaba sendo um engodo que resulta da homologação do *direito evidente* (pressupostamente reconhecido) pela jurisdição.

Sobre a tese da exigência de proteção jurídica mediante uma decisão favorável, James Goldschmidt acrescenta que, não obstante as inúmeras críticas que foram direcionadas à teoria de Wach, as mais severas objeções partiram de Bülow, para quem não era possível se exigir uma sentença favorável antes e fora do processo, o que somente seria juridicamente aceitável ao seu final, sendo, portanto, incabível cogitar o prévio direito a uma sentença favorável em favor do demandante. Em resposta à crítica de Bülow, Wach respondeu que seu opositor estava confundindo *existência* com *evidência* de um direito, pois "a exigência de proteção jurídica já existe antes do processo, embora não se evidencie até o fim do mesmo".[131]

---

[130] WACH, Adolf. *Conferencias sobre la ordenanza procesal civil alemana*. Buenos Aires: EJEA, 1958. p. 114. Em outra passagem, Wach apresenta o axioma segundo o qual entende que o jurista deve partir a respeito do sistema jurídico: "Tudo o que persegue a lei civil, o ordenamento jurídico da convivência social dos indivíduos entre si, deve ser realizável porque a lei o quer e tal como a lei quer. Os direitos subjetivos devem ser suscetíveis de realização e comprovação no seu conteúdo e a efetividade que lhe foi atribuída. Se tenho o direito de poder pretender, essa pretensão deverá ser compulsoriamente realizável". No original: "Todo lo que persigue la ley civil, el ordenamiento legal de la convivencia social de los individuos entre sí, debe ser realizable porque la ley lo quiere y tal como la ley quiere. Los derechos subjetivos deben ser susceptibles de realización y comprobación en cuanto a su contenido y a la efectividad que les ha sido atribuida. Si tengo el derecho de poder pretender, esta pretensión deberá ser compulsivamente realizable" (WACH, Adolf. *La pretensión de declaración*. Buenos Aires: EJEA, 1962. p. 46).

[131] No original: "la exigencia de protección jurídica existe ya antes del proceso aunque no se evidencia hasta el fin del mismo" (GOLDSCHMIDT, James. *Teoría general del proceso*. Barcelona: Labor, 1936. p. 25). Ainda sobre essas críticas, Bülow chegou a afirmar que o processo em Wach estaria demasiadamente subordinado ao direito privado, sendo também equivocada sua compreensão quanto ao direito à tutela jurídica, posto que conferido apenas a uma das partes (direito unilateral), razão pela qual sustentava, a partir de uma perspectiva que confere uma efetiva autonomia do processo, o direito a uma *sentença justa* e não o direito a uma *sentença favorável* de Wach (CHIOVENDA, Giuseppe. *A ação no sistema dos direitos*. Tradução de Hiltomar Martins Oliveira. Belo Horizonte: Líder, 2003. p. 18). Para mais: cf. GOLDSCHMIDT, James; GOLDSCHMIDT, Roberto. *Derecho justicial material y derecho justicial material civil*. Buenos Aires: EJEA, 1959. p. 28.

Na percepção de Goldschmidt, o reparo de Wach a Bülow tinha fundamento, pois o nascimento de um direito (ou de uma obrigação) estaria ligado à existência de um fato que, a este pretexto, formaria o "tipo legal", enquanto que a evidência se configuraria pela prova do fato em juízo, fazendo-lhe supor que os direitos ou cargas processuais dependeriam da evidência. A seu ver, ambos incorreram em equívoco no debate travado por terem partido de concepções distintas, pois, enquanto Wach tomava a perspectiva material como base de sua teoria, cuja relação jurídica (concreta) é considerada como consequência juridicamente necessária de fatos pressupostos já realizados, Bülow partiu de um enfoque processual que condiciona à intensidade e extensão da produção probatória o resultado da sentença futura, ficando, portanto, a definição das expectativas alojadas na relação jurídica apenas no ato jurisdicional final. No entanto, colhe-se que Wach definiu, como *exigência de proteção jurídica*, a evidência de seus pressupostos que, deste modo, acaba sendo uma condição processual para seu exercício, o que, no entender de Goldschmidt, pertence ao campo do "derecho justicial material". Desta forma, sustenta que o alcance da *evidência* de um fato dependeria de um *ato processual*, sendo que este *ato* vai necessitar da *existência* de um meio de prova para que tenha êxito.[132]

Não obstante a discussão travada sobre o tema, Rosemiro Pereira Leal leciona que Wach, ao acolher o direito concreto como o direito a uma sentença favorável, sustentava a *evidência do direito* antes mesmo da sua *procedência*, enquanto resultado contido no dispositivo da sentença (ato provimental final) advindo de um procedimento processualizado.[133] Isto significa que a visão concretista acolhe previamente o *direito de quem tem razão*, de modo que a sentença favorável seria nada mais que o resultado lógico do exercício do direito de ação (pretensão de proteção do direito em Wach).

Assim como André Cordeiro Leal chegou à conclusão do *paradoxo de Bülow* em distinta pesquisa sobre a crise do instrumentalismo processual,[134]

---

[132] GOLDSCHMIDT, James. *Teoría general del proceso*. Barcelona: Labor, 1936. p. 53-54. Importante destacar que Goldschmidt limitou-se a diferenciar evidência de existência no plano estritamente fático, não cuidando de esclarecer se realmente haveria diferença entre o "direito existente" e "evidência" em Wach.

[133] LEAL, Rosemiro Pereira. *Teoria geral do processo*: primeiros estudos. 12. ed. Rio de Janeiro: Forense, 2014. p. 274.

[134] A proposta de Bülow partia do enaltecimento da atividade criadora do direito pelo juiz em nome do Estado, cuja importância justificaria o reforço do poder da magistratura. A relação jurídica de direito público por ele proposta, como superação dos modelos processuais anteriores (processo contrato e quase-contrato), gerava este vínculo de subordinação das partes perante o Estado-jurisdição e, por esta razão, a atividade processual, da sua formação ao encerramento, restaria *controlada* pelo juiz. Todavia, não ficou esclarecido na obra de Bülow como se daria o *controle dessa atividade judicial* criadora e sensível, resultando daí o seguinte *paradoxo*: Como controlar quem detém o controle? Desta compreensão, resulta o processo não como meio de controle, mas como instrumento da jurisdição (atividade do juiz) para o livre manejo

não seria demasiado conjecturar o *paradoxo de Wach*, quando se extrai das obras examinadas nesta pesquisa a defesa da ordinariedade, com a participação ativa das partes no campo probatório (embora nelas não estejam traçados os contornos do direito de defesa), e, ao mesmo tempo, cogita-se o direito concreto do autor a uma sentença favorável (*evidência* como imperativo lógico e antecedente à *procedência*).

Trata-se de uma contradição que decorre da superada lógica liberal[135] que trabalha a *dialeticidade* do processo ordinário como suposta garantia do contraditório entre as partes que, por sua gênese, é tópico-retórica. A ação concreta, *per se*, suprime a figura do réu na ordinariedade, se analisada sob a perspectiva da garantia da ampla defesa e, por outro lado, busca esconder a figura do juiz no procedimento, fazendo-o exsurgir ao final, como agente homologador do direito subjetivo previamente (e civilmente) resguardado a quem oferece o "ataque" e não pode, pelas próprias mãos, realizá-lo. Busca-se, com isto, obter do Estado a *declaração* do direito com força de coisa julgada e, seguidamente, sua execução coercitivamente.

Embora Wach e Bülow tivessem sido, a rigor, diametralmente opostos pela adoção de distintas concepções filosófico-políticas, não restam dúvidas que ambos sustentavam a posição central da jurisdição no sistema jurídico, pois, diante da vedação da autotutela, a autoridade intrínseca do juiz lhe conferiria a legitimidade para dizer o direito, seja como atividade criadora, seja como atividade meramente declaratória, conferindo às decisões o atributo da definitividade (*res iudicata*) e conseguinte executividade.

2.2 Influxos da ação concreta no processualismo científico

A contribuição de Wach foi reconhecida amplamente pela doutrina, tanto pela sistematização do estudo do direito processual que empreendeu em seu *Manual*, como também pela peculiar abordagem acerca da teoria da ação em perspectiva concretista. Aquele que talvez tenha sido o seu maior discípulo foi Giuseppe Chiovenda (1872-1937), jurista que também marcou a história do direito processual, tendo sido considerado o "fundador da ciência processual italiana moderna".[136]

---

das conjecturas alinhadas ao Estado Social. Para André Leal, "toda tentativa no sentido de elevar o processo impregnado da herança bülowiana à condição de garantidor de direitos fundamentais falha exatamente em razão do fato de que não poderia ser esse processo, ao mesmo tempo, instrumento do poder (de criação e do dizer o direito pelo juiz) e sua limitação eficaz – eis o paradoxo" (LEAL, André Cordeiro. *Instrumentalidade do processo em crise*. Belo Horizonte: Mandamentos, 2008. p. 61-65).

[135] Que não foi ultrapassada pelo Estado Social em razão da troca de uma ideologia por outra, mas pela instituição do Estado Democrático de Direito pela Constituição de 1988, temática que será abordada nos capítulos seguintes.

[136] ALCALÁ-ZAMORA Y CASTILHO, Niceto. *Estudios de teoría general e historia del proceso (1945-1972)*. 1. ed. 2. reimpr. México: Universidad Nacional Autónoma de México, 1992. p. 549. t. II.

Sobre a *Escola de Wach*, Niceto Alcalá-Zamora y Castillo afirma que, em maior ou menor medida, foram poucos os estudiosos do processo que escaparam das lições do jurista alemão, mencionando em sua abordagem histórica inúmeros processualistas, inclusive com detalhes de sua nacionalidade e as respectivas obras. Deste interessante estudo, como mostra da expansão da referida escola, referido jurista sugere o seguinte quadro-resumo.[137]

QUADRO 1
A Escola de Wach e seus principais desdobramentos

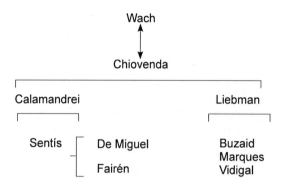

Antes de apresentar o seu estudo sobre a ação, deve-se inicialmente consignar que, assim como Wach, Chiovenda reconhece que há no processo uma relação jurídica substancial (entre as partes) e uma relação jurídica processual (de direito público). Contudo, discorda de seu mestre no ponto em que este situa o Estado como devedor perante a ação e a tutela jurisdicional como a prestação devida, conceituando a ação, portanto, como "o direito daquele a quem se deve a tutela jurídica (*Rechtsschutzanspruch*)". Daí porque falar-se em pretensão deduzida *contra* o Estado, concepção esta que não merece acolhimento exatamente pelo fato de a relação jurídica processual, na qual envolve o Estado, não ser "mais que um meio de

---

[137] WACH, Adolf. *Manual de derecho procesal civil*. Buenos Aires: EJEA, 1977. p. XXI-XXV. v. I. Não obstante o quadro apresentado, cabe destacar também a figura de Francesco Carnelutti que, juntamente com Chiovenda, fundou e dirigiu a *Rivista di Diritto Processuale Civile* (*Revista de Direito Processual Civil*) em 1924 na Itália. Embora contemporâneos, Alcalá-Zamora y Castillo considera Carnelutti um "discípulo eminentíssimo de Chiovenda", juntamente com Calamandrei e Redenti. A vasta produção bibliográfica de Carnelutti o notabilizou como um dos principais estudiosos da história do direito processual civil, tendo se destacado também nos estudos do processo penal (ALCALÁ-ZAMORA Y CASTILHO, Niceto. *Estudios de teoría general e historia del proceso (1945-1972)*. 1. ed. 2. reimpr. México: Universidad Nacional Autónoma de México, 1992. p. 530-541. t. II).

obter certos efeitos *contra* o adversário".[138] Portanto, seria equívoco afirmar que o elemento que impulsiona o processo seria o direito à tutela perante o Estado, como queria Wach, pois a ação constitui no *poder* de produzir contra o adversário os efeitos jurídicos da atuação da lei, a respeito dos quais este deverá se sujeitar. Daí a dimensão instrumental do processo em Chiovenda.[139]

No que concerne à relação entre a lei e o direito, Chiovenda sustenta que o direito objetivo (lei em sentido amplo) representa a vontade coletiva que vai disciplinar a atividade dos cidadãos e dos órgãos públicos, enquanto que o direito subjetivo supõe a *expectativa* que o sujeito guarda em face da consecução ou conservação de um bem da vida resguardado em lei, cuja realização pode se dar, inclusive, pela coação. O direito subjetivo, nestas linhas, resolve-se numa *vontade concreta da lei*, que "tende a realizar-se, em primeiro lugar, mediante a prestação a que uma pessoa é obrigada em relação a outra, de modo que, nesses casos, ao direito de uma parte corresponde à obrigação de outra". Com isto, o malogro da vontade concreta da lei, nas hipóteses em que seu cumprimento far-se-ia devido mediante o cumprimento da obrigação, demandaria o *processo*, cuja servidão está relacionada não "a tornar concreta a vontade da lei, pois essa vontade já se formou anteriormente ao processo, mas a certificar qual seja a vontade concreta da lei afirmada pelo autor". Ainda segundo Chiovenda, a vontade concreta da lei é a aquilo que o juiz afirma ser (como a "boca da lei" em Wach) e, uma vez existente, ocorre sua efetivação com o *recebimento* da demanda, ao passo que, em caso contrário, resulta-se na sua *recusa*.[140]

Essas linhas interferem sobre o tema da ação que Chiovenda busca empreender em sua obra, o qual está diretamente relacionado com a *lesão dos direitos* (falta de correspondência entre o direito a uma prestação e o estado de fato)[141] em se considerando a ação como direito advindo da lesão de um direito a demandar respectiva realização pela via do processo. Partindo deste ponto, Chiovenda apresenta a sua *teoria da ação como direito potestativo* cujas bases foram extraídas da ação concreta proposta por

---

[138] CHIOVENDA, Giuseppe. *Instituições de direito processual civil*. 2. ed. Tradução de Paolo Capitanio. Campinas: Bookseller, 2000. p. 40. v. I.

[139] CHIOVENDA, Giuseppe. *A ação no sistema dos direitos*. Tradução de Hiltomar Martins Oliveira. Belo Horizonte: Líder, 2003. p. 20-21. Ainda segundo Chiovenda, o processo é um "instrumento de justiça nas mãos do Estado", não servindo "a uma ou outra parte: serve à parte que, segundo o juiz, está com a razão" (CHIOVENDA, Giuseppe. *Instituições de direito processual civil*. 2. ed. Tradução de Paolo Capitanio. Campinas: Bookseller, 2000. p. 57; 65. v. I).

[140] CHIOVENDA, Giuseppe. *Instituições de direito processual civil*. 2. ed. Tradução de Paolo Capitanio. Campinas: Bookseller, 2000. p. 17-19; 64; 78. v. I.

[141] Nesse sentido: "Ao aludirmos à lesão dos direitos, tivemos presentes exclusivamente os direitos a uma prestação; e isso porque só estes podem ser *lesados*. Os direitos potestativos, por sua própria natureza, já que não se dirigem contra uma obrigação, mas se exaurem no poder jurídico de produzir um efeito jurídico, e se exercitam com uma simples declaração de vontade, com ou sem o concurso da sentença judicial, não podem ser *lesados* por ninguém" (CHIOVENDA, Giuseppe. *Instituições de direito processual civil*. 2. ed. Tradução de Paolo Capitanio. Campinas: Bookseller, 2000. p. 36. v. I).

Wach, em expressa contraposição ao *direito abstrato de agir* propugnado por Degenkolb:

> Quanto a mim, que comecei a ocupar-me desses problemas quando a categoria dos direitos potestativos estava já largamente estudada na doutrina, não tive dificuldade, com o subsídio de semelhantes estudos, em ser o primeiro a inscrever a ação naquela categoria: recolhendo a parte substancial da teoria de Wach, defini a ação como um "direito potestativo". Observei que, se em verdade a coação é inerente à ideia do direito (não no sentido de que, para se ter direito, se deve poder efetivamente atuá-lo, e sim no de que tende a atuar com todas as forças que estão *de fato* à sua disposição); se em verdade a vontade concreta da lei, quando o devedor deixa de satisfazê-la com sua prestação, tende à sua atuação por outra via, e que, mesmo, em numerosíssimas casos (*sic*), há vontades concretas de lei cuja atuação só se concebe por obra dos órgãos públicos no processo; todavia, normalmente, esses órgãos *só a pedido* de uma parte podem prover à atuação (*nemo iudex sine actore*), de modo que, normalmente, a atuação da lei depende de uma *condição*, a saber, da manifestação de vontade de um indivíduo; e diz-se que esse indivíduo tem *ação*, querendo dizer-se que tem o poder jurídico de provocar, com seu pedido, a atuação da vontade da lei.[142]

Chiovenda situa os direitos potestativos como sendo uma das categorias de direitos (a outra categoria se refere aos *direitos a uma prestação*, que se subdividem em *direitos absolutos e relativos* e *direitos reais e pessoais*), podendo ser caracterizados como aqueles direitos que não guardam relação com a obrigação de prestação, mas tendentes à modificação do estado jurídico existente por parte de alguém que tem o "poder de influir, com sua manifestação de vontade, sobre a condição jurídica de outro, sem o concurso da vontade deste". Nota-se que, se de um lado há este ideal de *poder* gestado pela lei, exercitado e atuado mediante simples declaração de vontade pelo sujeito que o detém, de outro é encontrada a *sujeição* compreendida como "um estado jurídico que dispensa o concurso da vontade do sujeito, ou qualquer atitude dele".[143]

A ação, nesse sentido, é um *poder jurídico* que encaminha a atuação da vontade concreta da lei ou, em linhas mais precisas,

---

[142] CHIOVENDA, Giuseppe. *Instituições de direito processual civil*. 2. ed. Tradução de Paolo Capitanio. Campinas: Bookseller, 2000. p. 41-42. v. I. Ainda sobre a crítica de Chiovenda à teoria da ação como direito abstrato: cf. LAGES, Cíntia Garabini. "Ação no sistema dos direitos": releitura da preleção de Bolonha, de Giuseppe Chiovenda. *Revista da Faculdade Mineira de Direito*, Belo Horizonte, v. 5, n. 9-10, p. 35-48, 2002. p. 40; MAGALHÃES, Joseli Lima. Ação, jurisdição e processo em Giuseppe Chiovenda. In: MAGALHÃES, Joseli Lima (Coord.). *Temas de direito processual democrático*. Teresina: Editora da EDUFPI, 2012. p. 25-26.

[143] CHIOVENDA, Giuseppe. *Instituições de direito processual civil*. 2. ed. Tradução de Paolo Capitanio. Campinas: Bookseller, 2000. p. 30-31. v. I.

é um poder que nos assiste em face do adversário em relação a quem se produz o efeito jurídico da atuação da lei. O adversário não é obrigado a coisa nenhuma diante desse poder: simplesmente lhe está sujeito. Com seu próprio exercício exaure-se a ação, sem que o adversário nada possa fazer, quer para impedi-la, quer para satisfazê-la. Sua natureza é privada ou pública, consoante a vontade de lei, cuja atuação determina, seja de natureza privada ou pública.[144]

Os direitos potestativos, diferentemente dos demais direitos subjetivos, se realizam independentemente de qualquer postura voluntária do obrigado, que se submete ao titular do direito que detém esse *poder jurídico* (ação) que impulsiona a atuação da vontade da lei no caso concreto. Nota-se, com isso, a forte influência de Wach nos estudos empreendidos por Chiovenda sobre a ação, ainda que desenvolvidos a partir de seus pontos de vista pessoais, mas sem desprender das noções da ação concreta tendente a uma sentença favorável.

Segundo Ovídio Baptista, ao tentarem definir a *ação* processual, Wach e Chiovenda "estudavam-na como se a mesma fosse um poder *atribuído ao titular do direito subjetivo material*, para que este, invocando a proteção do Estado, pudesse tornar efetivo o seu direito *contra o obrigado*", vale dizer, o mérito de tais concepções foi mostrar que a ação não poderia ser confundida com o direito subjetivo, sobretudo em Chiovenda, que buscou demonstrar que a ação configuraria novo direito, um *poder* autônomo e distinto do direito material capaz de realizar a condição para a atuação da vontade concreta da lei.[145]

A visão concretista de Chiovenda da ação como direito potestativo fica ainda mais cristalizada na sua abordagem a respeito dos fatos constitutivos de tal direito, a respeito dos quais aplicará a expressão *condições da ação* como sendo as condições imperiosas para a obtenção de uma sentença favorável no processo. Tais condições, a seu ver, vão variar de acordo com a natureza do procedimento, como é o caso de uma sentença condenatória, cuja obtenção dependerá (1) da *existência de uma vontade concreta da lei* que, se de um lado assegura a alguém o direito ao bem da vida, de outro se encontra a figura daquele obrigado à respectiva prestação; (2) da

---

[144] CHIOVENDA, Giuseppe. *Instituições de direito processual civil*. 2. ed. Tradução de Paolo Capitanio. Campinas: Bookseller, 2000. p. 42. v. I. A esse respeito, a concepção de ação como "poder independente de qualquer obrigação do adversário esclarece também o problema das relações *actio iudicati* e da ação, pois entende o autor que da sentença não nasce nenhuma nova obrigação do condenado, mas um novo poder anterior à sentença, quando já definitivamente consumada. A sentença consumaria a relação entre a vontade particular do autor e a vontade da lei; entre a vontade do particular e a declaração de vontade contida na sentença" (SILVA, Adailson Lima *et alii*. A coisa julgada em Chiovenda. In: LEAL, Rosemiro Pereira (Coord.). *Coisa julgada*: de Chiovenda a Fazzalari. Belo Horizonte: Del Rey, 2007. p. 8).

[145] SILVA, Ovídio A. Baptista da. *Curso de processo civil*: processo de conhecimento. 6. ed. São Paulo: RT, 2002. p. 97. v. 1.

legitimatio ad causam, relacionada à *qualidade* que identifica o autor como a pessoa favorecida pela lei e o réu como sendo aquela que se sujeitará ao cumprimento da obrigação; e, finalmente, (3) o *interesse* na obtenção do bem por intermédio do Estado.[146]

O sistema de direito processual civil proposto por Chiovenda tem as condições da ação como parte fundamental de sua estrutura, na medida em que, embora sustente que são condições de uma *decisão favorável* ao autor, chega a considerá-las como o "resultado favorável do processo a uma das partes", vale dizer, a noção do direito da parte à atuação da lei em juízo *em seu próprio favor* faz concluir que não apenas ao autor será possível o alcance da decisão favorável, mas também ao réu nas hipóteses em que a sentença negar a ação pela ausência de uma (ou mais) das condições da ação.[147]

Se de um lado Chiovenda elenca a doutrina da ação e de suas condições como um dos pilares do referido sistema, de outro estão os *pressupostos processuais*, que foram sistematicamente desenvolvidos por Bülow[148] e se relacionam à formação válida e regular do processo (regularidade da relação processual), de modo que a ausência de um deles impede o conhecimento e decisão do mérito. Por isto que o reconhecimento de inexistência dos pressupostos processuais não importaria em negativa de existência da ação, que se mantém não julgada, motivo pelo qual os pressupostos processuais conduzem à obtenção tanto da sentença *favorável* como *desfavorável*, enquanto que as condições da ação se apresentam como as condições para o pronunciamento judicial favorável ao autor. Em certa medida, os pressupostos processuais poderiam ser considerados condições da ação, se compreendidos como condições cuja inobservância também impediria o alcance de uma decisão favorável.[149]

Em seguimento à pesquisa, interessa destacar os estudos empreendidos por Enrico Tullio Liebman (1903-1986),[150] cuja obra ganhou relevo

---

[146] HENNING, Fernando Alberto Corrêa. *Ação concreta*: relendo Wach e Chiovenda. Porto Alegre: Sérgio Antônio Fabris Editor, 2000. p. 121-123; PIMENTA, André Patrus Ayres *et alii*. Processo, ação e jurisdição em Chiovenda. In: LEAL, Rosemiro Pereira (Coord.). *Estudos continuados de teoria do processo*. São Paulo: IOB Thonsom, 2004. p. 41. v. V.

[147] CHIOVENDA, Giuseppe. *Instituições de direito processual civil*. 2. ed. Tradução de Paolo Capitanio. Campinas: Bookseller, 2000. p. 94-95. v. I.

[148] BÜLOW, Oskar. *La teoría de las excepciones procesales y los presupuestos procesales*. Buenos Aires: EJEA, 1964. Em boa síntese, "para que haja sentença sobre a demanda, necessita-se de um órgão estatal regularmente investido de jurisdição; que esse órgão seja competente na causa objetivamente e capaz de julgá-lo subjetivamente; que as partes tenham capacidade de ser parte e capacidade processual" (PIMENTA, André Patrus Ayres *et alii*. Processo, ação e jurisdição em Chiovenda. In: LEAL, Rosemiro Pereira (Coord.). *Estudos continuados de teoria do processo*. São Paulo: IOB Thonsom, 2004. p. 42. v. V).

[149] CHIOVENDA, Giuseppe. *Instituições de direito processual civil*. 2. ed. Tradução de Paolo Capitanio. Campinas: Bookseller, 2000. p. 90-93. v. I.

[150] Considerado um dos maiores discípulos de Chiovenda, Liebman viveu no Brasil entre os anos de 1940 a 1946 depois de ter sido perseguido na Itália por razões políticas e raciais. Em terras

no estudo do direito processual civil, notadamente pela sua tentativa de melhor esclarecer as teorias da ação e, de maneira especial, conciliar o que de aproveitável podia se extrair de cada uma delas. Sobre esta composição teórica, a doutrina atribuiu o nome de *teoria eclética da ação* exatamente pelo fato de Liebman ter considerado a possibilidade de extrair elementos ínsitos à teoria do direito abstrato sustentada por Degenkolb e Plósz juntamente com as noções concretistas defendidas por Wach e posteriormente por Chiovenda.

O objetivo do *ente médio*[151] que Liebman buscou extrair dessas duas correntes diametralmente opostas foi o de melhor esclarecer a jurisdição como atividade jurisdicional. Tanto que desenvolve a noção do *direito de ação* como "um direito de agir contra o Estado, em sua condição de titular do poder jurisdicional, e, por isso, em seu exato significado, o direito de ação é, no fundo, o *direito à jurisdição*". Desta compreensão extrai-se que há uma exata correspondência entre ação e jurisdição, não podendo um existir sem o outro. Por conseguinte, se o Estado prestou a jurisdição, é porque houve previamente uma ação processual ligada ao *agir* do titular que a provocou, pois até então estava inerte.[152]

Até esse ponto, os partidários do *direito abstrato da ação* caminham no mesmo sentido, pois não se fala aqui em conferir ação somente àquele que tem razão e o direito pressuposto a um resultado favorável, mas tem-se o exercício da ação alinhado ao desempenho da atividade jurisdicional ou, mais ainda, o direito de ação como direito à jurisdição.

Mas este direito é também um direito ao julgamento do *mérito*, cuja conceituação se identifica com a noção que Liebman tem de *lide*,[153]

---

brasileiras, foi o grande responsável pelo nascimento da Escola Processual de São Paulo, deixando um legado doutrinário para o instrumentalismo processual resistente até os dias atuais (PICARDI, Nicola; NUNES, Dierle. O Código de Processo Civil brasileiro: origem, formação e projeto de reforma. *Revista de Informação Legislativa*, Brasília, v. 48, n. 190, p. 93-120, abr./jun. 2011. p. 97-98). Ainda nesse sentido: cf. ALCALÁ-ZAMORA Y CASTILHO, Niceto. *Estudios de teoría general e historia del proceso (1945-1972)*. 1. ed. 2. reimpr. México: Universidad Nacional Autónoma de México, 1992. p. 528. t. II. Segundo Ovídio Baptista da Silva e Fábio Gomes, "diretamente, através de Chiovenda, ou por intermédio de dois dos maiores discípulos deste – Calamandrei e Liebman –, atingiu Wach o processo ibero-americano. A influência de Chiovenda em Liebman, e deste sobre a maioria dos processualistas brasileiros da atualidade, é atestada pela consagração da Teoria Eclética no vigente Código de Processo Civil" (SILVA, Ovídio A. Baptista da; GOMES, Fábio. *Teoria geral do processo civil*. 3. ed. São Paulo: RT, 2002. p. 103).

[151] HENNING, Fernando Alberto Corrêa. *Ação concreta*: relendo Wach e Chiovenda. Porto Alegre: Sérgio Antônio Fabris Editor, 2000. p. 173.

[152] SILVA, Ovídio A. Baptista da. *Curso de processo civil*: processo de conhecimento. 6. ed. São Paulo: RT, 2002. p. 99. v. 1.

[153] O exame da *lide* invariavelmente deve passar pela obra de Francesco Carnelutti, para quem se tratava de um conflito de interesses qualificado pela pretensão resistida, embora se reconheça que tal conceituação era anteriormente conjecturada por ser matriz da *res in iudicio deducta*, segundo leciona José Marcos Rodrigues Vieira. Calamandrei chegou a ofertar críticas às posições de Carnelutti a este respeito, por entender que sua abordagem sobre a lide refletia um

no sentido de abarcar todas as questões atinentes à controvérsia instalada entre as partes e, sobre as quais, espera-se o acolhimento ou rejeição pela jurisdição no exercício da sua função de realização da ordem jurídica mediante a aplicação da lei no caso concreto. Portanto, esta realização somente se daria se alcançada a decisão de mérito.[154] Neste sentido, o próprio Liebman pontua:

> A ação, como *direito ao processo e ao julgamento do mérito*, não garante um resultado favorável no processo: esse resultado depende da convicção que o juiz formar sobre a procedência da demanda proposta (levando em consideração o direito e a situação de fato) e, por isso, poderá ser favorável ao autor ou ao réu. Só com o exercício da ação se saberá se o autor tem ou não razão: só correndo o risco de perder, poderá ele procurar vitória.[155]

No entanto, embora tenha defendido o direito de ação como garantia constitucionalmente instituída e assegurada a todos,[156] Liebman se posiciona mais próximo à visão concretista[157] ao estabelecer limitações para alavancar o exercício da atividade jurisdicional a ser desenvolvida pela via instrumental do *processo* que, a seu ver, funcionará "como um *filtro*, de modo a evitar que haja exercício de jurisdição quando faltam os

---

conceito sociológico e não jurídico. Liebman também andou neste sentido. Isso porque "a 'res in iudicio deducta' não é o exato conflito de interesses, assim como se estabeleceu antes do processo. A lide, fenômeno pré-processual, por isso mesmo, que justifica que se vá a juízo, será sempre, no processo, intra-autos, lide parcial, no que cabe à crítica a *Carnelutti* (cuja concepção interessa, todavia, ao instituto da coisa julgada). O juiz, quando aprecia a espécie, aprecia-a tal como está nos autos". Não obstante as críticas apontadas, há ganhos em Carnelutti com a projeção dos conteúdos atinentes ao estudo da ação para o instituto da coisa julgada, como também da própria compreensão da lide (fenômeno pré-processual), pois, "assim como pode ocorrer a solução espontânea do conflito, deixando de ser mister o ajuizamento da demanda; assim como tal será a aceitação da norma por seus próprios destinatários, assim como, pelo fato de poder resolver-se extrajudicialmente, há normação bastante, não obstante o conflito; assim também não é o só fato da adstrição do julgado à 'litis contestatio' que descreve o direito de ação. Senão que a simples referência aos fatos indique a abrangência normativa do conflito. Razão por que pode resolver-se em sentido mesmo impercebido e até mesmo indesejado das partes" (VIEIRA, José Marcos Rodrigues. *Da ação cível*. Belo Horizonte: Del Rey, 2002. p. 38-39; 61). Para Liebman, a lide é o conflito efetivo ou virtual de pedidos contraditórios, afastando-se da posição carneluttiana, pois "se o conflito de interesses não entrar para o processo tal como verificou-se na vida real, descaberá ao Juiz conhecer do que não constitui objeto do pedido" (SILVA, Ovídio A. Baptista da; GOMES, Fábio. *Teoria geral do processo civil*. 3. ed. São Paulo: RT, 2002. p. 115).

[154] SILVA, Ovídio A. Baptista da; GOMES, Fábio. *Teoria geral do processo civil*. 3. ed. São Paulo: RT, 2002. p. 115.

[155] LIEBMAN, Enrico Tullio. *Manual de direito processual civil*. Tradução de Cândido Rangel Dinamarco. Rio de Janeiro: Forense, 1984. p. 151. v. I.

[156] LIEBMAN, Enrico Tullio. *Manual de direito processual civil*. Tradução de Cândido Rangel Dinamarco. Rio de Janeiro: Forense, 1984. p. 147; 150. v. I.

[157] MADEIRA, Dhenis Cruz. O Novo CPC e a leitura tardia de Liebman: a possibilidade jurídica como matéria de mérito. In: ROSSI, Fernando *et alii* (Coord.). *O futuro do processo civil no Brasil*: uma análise crítica ao Projeto do Novo CPC. Belo Horizonte: Fórum, 2011. p. 138.

requisitos que a lei considera indispensáveis para que se possa alcançar resultados satisfatórios". Tais limitações ou, por assim dizer, requisitos para o exercício desta atividade do Estado, são as *condições da ação* que devem ser satisfeitas para que o autor não seja julgado *carecedor de ação*. São elas: a) *possibilidade jurídica do pedido*, que é a correspondência da pretensão com a lei; b) *legitimação para agir*, que é o enquadramento dos sujeitos da relação processual em posição ativa (autor) e passiva (réu); c) *interesse de agir*, relacionado à necessidade da tutela jurisdicional, pressupondo um conflito de interesses em que uma parte tenha violado ou ameaçado o direito de outra. Ovídio Baptista e Fábio Gomes ressaltam que Liebman acabou por se alojar na concepção privatística do processo ao relacionar o interesse com a necessidade da tutela perante uma violação do direito.[158]

E no mesmo sentido de Wach e Chiovenda, Liebman considerou expressamente que "só tem direito à tutela jurisdicional aquele que tem razão, não quem ostenta um direito inexistente",[159] fundamento elementar do direito concreto, não sendo difícil perceber que a

> "teoria eclética", não obstante afirmar que o chamado "direito de ação" é autônomo e abstrato, considera que ele só existirá verdadeiramente quando estejam presentes, no processo, determinadas *condições* que o legitimem, ou seja, o "direito de ação" é abstrato, mas deve ser "conexo a uma pretensão de direito material", ligado como deve estar, segundo se diz, a uma *concreta* situação de fato. O "direito de ação" na realidade só existiria quando houvesse um motivo justificador do pedido de tutela jurisdicional [...].[160]

A atividade do juiz, segundo a teoria eclética da ação, em nada teria de jurisdicional no exame do preenchimento ou não das condições da ação pelo autor na fase preparatória (ou de filtragem) do processo, exatamente para que se evite o exercício da jurisdição em casos nos quais restam ausentes os requisitos que a lei reputa como indispensáveis para se atingir resultados satisfatórios. Nem todo pedido de tutela jurisdicional vai desencadear o exercício da verdadeira jurisdição, pois somente existirá ação (jurisdição) se verificadas condições da ação pelo juiz, extraindo-se aqui a razão de Liebman ter conceituado a *ação como direito à sentença de mérito*, seja qual for o seu conteúdo.[161]

---

[158] SILVA, Ovídio A. Baptista da; GOMES, Fábio. *Teoria geral do processo civil*. 3. ed. São Paulo: RT, 2002. p. 113; 116. Para mais detalhes: cf. LIEBMAN, Enrico Tullio. *Manual de direito processual civil*. Tradução de Cândido Rangel Dinamarco. Rio de Janeiro: Forense, 1984. p. 153-161. v. I.

[159] LIEBMAN, Enrico Tullio. *Manual de direito processual civil*. Tradução de Cândido Rangel Dinamarco. Rio de Janeiro: Forense, 1984. p. 147. v. I.

[160] SILVA, Ovídio A. Baptista da. *Curso de processo civil*: processo de conhecimento. 6. ed. São Paulo: RT, 2002. p. 103. v. 1.

[161] SILVA, Ovídio A. Baptista da. *Curso de processo civil*: processo de conhecimento. 6. ed. São Paulo: RT, 2002. p. 107-108. v. 1.

A doutrina brasileira, em sua boa parte, está comprometida com a teoria eclética proposta por Liebman, fundador da *Escola Paulista* e mentor intelectual de sucessivos catedráticos como Alfredo Buzaid, Ministro da Justiça do então Presidente da República General Emílio Médici, que se notabilizou por ter sido o jurista responsável pela elaboração do anteprojeto do Código de Processo Civil de 1973, além de Luís Eulálio de Bueno Vidigal e José Frederico Marques.[162] Ademais, é de se lembrar que a "liderança intelectual exercida pelos discípulos de Liebman fez com que o espectro de suas ideias atingisse âmbito nacional; com isso, outros grandes processualistas mais jovens formaram-se sob esta influência".[163]

Como mostra desta influência no Código de 1973, nota-se, em seu art. 267, inc. VI, a possibilidade de *extinção do processo*[164] na hipótese do não atendimento pela parte autora de qualquer das condições da ação, que são exatamente aquelas propostas por Liebman: possibilidade jurídica do pedido, *legitimatio ad causam* e interesse processual (ou de agir). Sem embargo, é importante consignar que Liebman excluiu a possibilidade jurídica do pedido como condição da ação na terceira edição italiana do seu livro *Manual de direito processual civil*, malgrado ainda assim tenha esse requisito sido mantido no sistema processual brasileiro.[165]

Sobre o Código de Processo Civil de 2015, cabe salientar que a expressão "condições da ação" foi extinta, assim como a expressão "possibilidade jurídica", em comparação com o texto legislativo de 1973 (art. 267, VI), passando a dispor em seu art. 485 que: "O juiz não resolverá o mérito quando: [...] VI - verificar ausência de legitimidade ou de interesse processual".

Do novo texto pode-se extrair que o equívoco histórico em relação à possibilidade jurídica do pedido foi corrigido, haja se tratar de juízo de mérito e estranhamente situado na quadra do juízo de admissibilidade como

---

[162] PICARDI, Nicola; NUNES, Dierle. O Código de Processo Civil brasileiro: origem, formação e projeto de reforma. *Revista de Informação Legislativa*, Brasília, v. 48, n. 190, p. 93-120, abr./jun. 2011. p. 97-99.

[163] SILVA, Ovídio A. Baptista da; GOMES, Fábio. *Teoria geral do processo civil*. 3. ed. São Paulo: RT, 2002. p. 117.

[164] Trata-se de terminologia completamente anacrônica, pois não se concebe a extinção "do processo", que é instituição jurídica de garantia do exercício do contraditório, ampla defesa e isonomia na estruturação "do procedimento" que, de fato, pode ser extinto pela ausência dos requisitos legais de procedibilidade. Segundo Rosemiro Leal, "Liebman não distinguiu claramente as figuras do processo e do procedimento chegando mesmo a confundir este com o direito de ação que, segundo seu entendimento, findava-se com a extinção do processo como estampado na Exposição de Motivos de Buzaid no vigente CPC e nos textos dos arts. 3º, 367, *caput*, e 269. Tais ambiguidades só foram, muito posteriormente, extirpadas pelas teorias de Fazzalari" (LEAL, Rosemiro Pereira. *Teoria geral do processo*: primeiros estudos. 12. ed. Rio de Janeiro: Forense, 2014. p. 178).

[165] SILVA, Ovídio A. Baptista da. *Curso de processo civil*: processo de conhecimento. 6. ed. São Paulo: RT, 2002. p. 104. v. 1.

hipótese de "extinção do processo *sem* resolução do mérito". Críticas não faltaram a esse respeito, inclusive pelo próprio fato de o Código de 1973, em seu art. 3º, condicionar a ação apenas quanto ao interesse processual e à legitimidade.[166] Ainda neste sentido, Rosemiro Pereira Leal manifesta posição segundo a qual

> a "ação" a que se refere o art. 3º do CPC é o procedimento, cuja formação e desenvolvimento válido e regular dependerão de cumprimento de pressupostos e requisitos condicionantes endoprocessuais e *não* o direito de ação que tem fonte constitucional incondicionada.[167]

Resta saber se, com isso, a condição da ação foi extinta, por não mais haver menção expressa desse conjunto de requisitos no novo texto; se a doutrina de direito processual continuará acolhendo o "condicionamento" do direito de ação (que é direito-garantia constitucional)[168] ou se o interesse e a legitimidade passarão a figurar no sistema processual como pressupostos processuais.

O deslocamento do eixo do estudo da ação possivelmente suscitará novos debates e pesquisas pelos processualistas, os quais, cabe advertir, tornar-se-ão inúteis se permanecerem engastados nas concepções instrumentalistas que recusam o salto para a teoria sistêmica do direito democrático, pouco importando as divergências instaladas entre os juristas que permanecem cravados neste modelo de pensar.

Certo é que as noções de pretensão e de ação permanecem envoltas por confusões, praxismos e atecnias que impedem o seu esclarecimento sob a ótica do *processo constitucional,* em total desvinculação da visão anacrônica do processo como instrumento da jurisdição ou, ainda pior, como mero calhamaço de papéis no aguardo de uma sentença que um dia será "dada" pelo juiz. Sobre o tema, Ronaldo Brêtas ressalta a gravidade desta confusão terminológica e, em linhas precisas, desenvolve a temática em questão até alcançar, inspirado nas lições de Couture e com base na garantia fundamental do devido processo constitucional, o entendimento da ação como espécie do gênero direito constitucional de petição, que é

> direito assegurado a qualquer pessoa (natural ou jurídica, de direito público ou de direito privado), exercido contra o Estado, consistindo em lhe exigir seja prestada a jurisdição, tendo por base a instauração de um processo legal e previamente organizado segundo o devido processo constitucional, no

---

[166] DIDIER JR., Fredie. *Pressupostos processuais e condições da ação*. São Paulo: Saraiva, 2005. p. 208-210.

[167] LEAL, Rosemiro Pereira. *Teoria geral do processo*: primeiros estudos. 12. ed. Rio de Janeiro: Forense, 2014. p. 181.

[168] LEAL, Rosemiro Pereira. *Teoria geral do processo*: primeiros estudos. 12. ed. Rio de Janeiro: Forense, 2014. p. 180.

qual postulará decisão sobre uma pretensão de direito material (Constituição Federal, art. 5º, inciso XXXIV, alínea *a*, e incisos XXXV, LIV e LV).[169]

A despeito do esforço empreendido nesta pesquisa, cujo objetivo não foi exatamente o de aprofundar o estudo da ação, o que seria praticamente inatingível diante da sua extensão doutrinária e, sobretudo, por ser um dos temas mais polêmicos do estudo do direito, buscou-se focar no exame da teoria concreta de Wach, notadamente em relação às suas influências que até os dias atuais repercutem no estudo e atuação do processo.

Com efeito, interessa para a análise da tutela de evidência não exatamente o condicionamento da ação ou do exercício do direito de ação, mas das noções expostas a respeito de *direito à tutela jurídica, direito à sentença favorável, direito existente, direito evidente* e *direito de quem tem razão* que, no plano pré-processual, já estariam resguardados, cabendo ao Estado tão somente se certificar pela via do *processo* o atendimento aos requisitos legais (condições da ação e pressupostos processuais) que, uma vez demonstrados na fase postulatória do procedimento, seriam confirmados na decisão de mérito pelo juiz (a verdadeira *jurisdição*, para Liebman).

2.3 Direito líquido e certo como direito evidente autorizativo da tutela interdital

De igual modo, é válido percorrer por outra questão que também desafia o exame da tutela de evidência. Trata-se da técnica de cognição sumária e exauriente desenvolvida no mandado de segurança para "proteger direito líquido e certo, não amparado por *habeas corpus* ou *habeas data*, quando o responsável pela ilegalidade ou abuso de poder for autoridade pública ou agente de pessoa jurídica no exercício de atribuições do Poder Público", conforme dispõe o art. 5º, inc. LXIX, da Constituição brasileira de 1988, e, por decorrência, o art. 1º da Lei nº 12.016/2009, também chamada *Lei do Mandado de Segurança*, que traz em seu bojo a estruturação procedimental desta *ação constitucional*.[170]

---

[169] BRÊTAS, Ronaldo de Carvalho Dias. *Processo constitucional e Estado Democrático de Direito*. 3. ed. Belo Horizonte: Del Rey, 2015. p. 95-104.

[170] Conforme leciona André del Negri, trata-se da terminologia mais adequada para o mandado de segurança que, juntamente com o *habeas data*, ação popular, ação civil pública e *habeas corpus*, compõem um conjunto de ações asseguradas pela Constituição e à disposição do povo (sujeito constitucional) para reivindicação de direitos fundamentais. Daí revelar-se inapropriada a expressão "remédio constitucional" para o mandado de segurança. (DEL NEGRI, André. *Teoria da constituição e do direito constitucional*. Belo Horizonte: Fórum, 2009. p. 302). É digno de nota que Celso Agrícola Barbi já acentuava as antigas adjetivações cunhadas pela doutrina e jurisprudência, tais como "medida heroica", "via peregrina" e "remédio excepcional", a respeito das quais, mesmo tendo-se em mente que a ilegalidade exigida no mandado de segurança não mais tivesse caráter especial, sendo esta necessária para fundamentar a pretensão em outras

Nota-se, de antemão, que o mandado de segurança se presta a combater ato ilegal ou abuso de poder por autoridade pública ou de pessoa jurídica que esteja no seu exercício em nome do chamado *Poder Público* (melhor dizendo: Estado ou Administração Governativa),[171] havendo, portanto, uma limitação quanto ao campo da legitimidade passiva, já que perante o particular essa modalidade de tutela diferenciada não recebe amparo legal.

Segundo Alcalá-Zamora y Castillo, trata-se de procedimento genuinamente brasileiro, mas que guarda em suas raízes traços dos interditos romanos, do *habeas corpus* e dos *writs* ingleses. Dos pressupostos constitucionais para sua concessão, avulta o *direito líquido e certo*, cuja expressão foi cunhada pela constituinte de 1946 (art. 141, §24), embora o texto de 1934 já tenha estabelecido o "direito certo e incontestável" (art. 113, item 33), situando-se no eixo central do *mandamus*.[172]

A doutrina brasileira se ocupou do tema. Em obra que se tornou referência para o estudo do mandado de segurança, Celso Agrícola Barbi manifesta sua adesão a Chiovenda no que tange às condições da ação, enquanto requisitos exigíveis para que o autor (neste caso, o impetrante) possa obter *sentença favorável*. Das três condições da ação já estudadas anteriormente, Barbi situa a liquidez e certeza do direito na quadra da *existência da vontade da lei*, entretanto, como a mera existência do direito não seria suficiente para o *mandamus*, exige-se também que ele seja *líquido e certo*, pois, do contrário, o postulante teria que exercer sua pretensão por meio de outros procedimentos que não aquele do mandado de segurança.[173]

---

vias processuais, foram mantidas pelo conservantismo do foro (BARBI, Celso Agrícola. *Do mandado de segurança*. 8. ed. Rio de Janeiro: Forense, 1998. p. 62). Finalmente, vale destacar a divergência de Ronaldo Brêtas quanto à expressão "ações constitucionais" para designar as *garantias procedimentais constitucionais*, entre elas o mandado de segurança individual e coletivo, pois, a seu ver, considerando-se a necessária distinção entre *ação* (espécie do gênero direito constitucional de petição) e *procedimento* (estrutura normativa), mais adequado seria falar em "procedimentos constitucionais" (BRÊTAS, Ronaldo de Carvalho Dias. *Processo constitucional e Estado Democrático de Direito*. 3. ed. Belo Horizonte: Del Rey, 2015. p. 4; 76; 103; 113). Ainda sobre a crítica a esta confusão terminológica: cf. BRÊTAS, Ronaldo de Carvalho Dias. Projeto do Novo Código de Processo Civil aprovado pelo Senado: exame técnico e constitucional. In: ROSSI, Fernando *et alii* (Coords.). *O futuro do processo civil no Brasil*: uma análise crítica ao Projeto do Novo CPC. Belo Horizonte: Fórum, 2011. p. 555.

[171] LEAL, Rosemiro Pereira. *A teoria neoinstitucionalista do processo*: uma trajetória conjectural. Belo Horizonte: Arraes, 2013. p. 56.

[172] ALCALÁ-ZAMORA Y CASTILLO, Niceto. *Estudios de teoría general e historia del proceso (1945-1972)*. 1. ed. 2. reimpr. México: Universidad Nacional Autónoma de México, 1992. p. 637; 644; 660. t. II. Ainda nesse sentido, Luiz Fux destaca também o *juicio de amparo* do direito mexicano, considerado precursor da técnica mandamental utilizada por mais de um século antes da instituição do mandado de segurança (FUX, Luiz. *Tutela de segurança e tutela da evidência (fundamentos da tutela antecipada)*. São Paulo: Saraiva, 1996. p. 330).

[173] BARBI, Celso Agrícola. *Do mandado de segurança*. 8. ed. Rio de Janeiro: Forense, 1998. p. 54-55.

Mas a dificuldade reside exatamente em esclarecer o que vem a ser direito líquido e certo e como tal requisito se configura nesse procedimento de natureza diferenciada. Para Celso Agrícola Barbi, a correta compreensão do instituto não deve partir da antiga denominação da Constituição de 1934 que estabelecia um direito certo e incontestável contra o qual não se poderiam opor razões contrárias, como também não se deve exigir a evidência do direito em face da sua "indiscutibilidade" (descabimento de divergência de interpretação), quanto menos da sua análise a partir do ato impugnado, colhendo-se do dever legal da autoridade em maior ou menor medida a evidência da sua ilegalidade.

Ao contrário, Barbi acompanha o entendimento de que o direito líquido e certo decorre de *fato incontestável* que, consubstanciado em direito subjetivo reconhecido ou protegido por lei, será levado ao juiz para que este resolva a questão do direito numa atividade interpretativa que promove a incidência do fato à regra jurídica afirmada. Daí seu entendimento do direito líquido e certo como fenômeno *tipicamente processual*, pois

> atende ao modo de ser de um direito subjetivo no processo: a circunstância de um determinado direito subjetivo realmente existir não lhe dá a caracterização de liquidez e certeza; esta só lhe é atribuída se os fatos em que se fundar puderem ser provados de forma incontestável, certa, no processo. E isto normalmente só se dá quando a prova for documental, pois esta é adequada a uma demonstração imediata e segura dos fatos.[174]

A esse juízo, se há exigência de fatos indiscutíveis, o mesmo se espera dos documentos que se prestam a comprová-los, pois, além da impossibilidade de extensão do procedimento para colheita posterior de provas (exceto quando o documento necessário à prova estiver em poder de repartição ou estabelecimento público ou em poder da autoridade, conforme art. 6º, inc. I, da Lei nº 12.016/2009), não há no mandado de segurança o estabelecimento de debate entre as partes quanto às provas previamente constituídas pelo impetrante, mas tão somente o recebimento das informações prestadas pela autoridade coatora (art. 7º, inc. I). Logo, o exame do mérito vai depender dos elementos de prova encaminhados pelo impetrante juntamente com sua petição inicial, tão somente.

---

[174] BARBI, Celso Agrícola. *Do mandado de segurança*. 8. ed. Rio de Janeiro: Forense, 1998. p. 61-62. Em sentido contrário, Alfredo Buzaid não acolhe o direito líquido e certo como elemento tipicamente processual, pois a "existência ou inexistência de um direito líquido e certo, que constitui fundamento do mandado de segurança, é um fenômeno pré-processual e a sua ameaça ou violação pode dar causa e nascimento ao processo", razão pela qual o direito líquido e certo "pertence à ordem jurídica material, que provê à organização dos poderes do Estado e atribui aos sujeitos bens da vida" (BUZAID, Alfredo. *Do mandado de segurança*. São Paulo: Saraiva, 1989. p. 86. v. I).

No magistério de Alfredo Buzaid, a noção do direito líquido e certo vai além do título líquido e certo pressuposto da ação de execução, não bastando dizer que se trata de "direito translúcido, evidente, acima de toda dúvida razoável, aplicável de plano, sem detido exame nem laboriosas cogitações", pois o que

> esclarece o conceito de direito líquido e certo é a ideia de sua *incontestabilidade*, isto é, uma afirmação jurídica que não pode ser séria e validamente impugnada pela autoridade pública, que pratica um ato ilegal ou de abuso de direito. Ele tem, na realidade, dois polos: um positivo, porque se funda na Constituição ou na lei; outro negativo, porque nasce da violação da Constituição ou da lei. Ora, a norma constitucional ou legal há de ser certa em atribuir à pessoa o direito subjetivo, tornando-o insuscetível de dúvida. Se surgir a seu respeito qualquer controvérsia, quer de interpretação, quer de aplicação, já não pode constituir fundamento para a impetração de mandado de segurança.[175]

Luiz Guilherme Marinoni diverge do entendimento que associa o direito líquido e certo como resultante de um fato certo (incontestável), que deve ser comprovado de plano. A seu ver, o que deve ser objeto de prova são as *afirmações de fato*, levando-se em conta que o fato não pode ser qualificado como "certo", "induvidoso" ou "verdadeiro", já que ele *"apenas existe ou não existe*. Como o direito existe independentemente do processo, este serve apenas para declarar que o *direito afirmado* existe; isto é, prova-se a *afirmação de fato*, para que se declare que o *direito afirmado* existe". Portanto, "não se prova que o direito existe, mas sim que a afirmação de que o direito existe é verdadeira, declarando-se a existência do direito (coisa julgada material)".[176]

Ovídio Baptista, por sua vez, leciona que "todo direito, tanto que existente, haverá de ser *líquido e certo*". Se de um lado acredita-se que no *direito material* todo direito é "certo", por outro reside a dificuldade que eventualmente possa ser encontrada quanto à dúvida ou incerteza do direito quando submetido no plano da demonstração de sua existência pelo titular, discussão essa que se resolverá no *processo,* em cuja dimensão poder-se-á extrair o grau da "certeza" de determinado direito a depender dos elementos probatórios encaminhados ao juiz para demonstração da sua existência. Os *direitos*, em si, seriam invariavelmente certos, ao passo que sobre os *fatos* é que residiria a dúvida ou incerteza, razão por que a análise dos direitos líquidos e certos demanda o deslocamento da esfera

---

[175] BUZAID, Alfredo. *Do mandado de segurança*. São Paulo: Saraiva, 1989. p. 87-88. v. I.
[176] MARINONI, Luiz Guilherme. *Efetividade do processo e tutela de urgência*. Porto Alegre: Sérgio Antônio Fabris Editor, 1994. p. 21.

normativa para a esfera probatória, que será a busca de certeza dos direitos existentes.[177] Além do mais,

> estando os fatos claramente demonstrados nos documentos com que o autor do mandado de segurança instruiu o pedido, a maior ou menor complexidade da *quaestio iuris* é irrelevante para descaracterizar a "certeza" do direito. Por mais controvertido que ele seja, no plano da existência somente pode haver duas alternativas: ou o direito existe ou não existe, independentemente daquilo que o julgador possa pensar a seu respeito.[178]

A rigor, a certeza do direito não pode ser extraída antes da sentença, pois será pelo ato decisório jurisdicional que haverá o seu reconhecimento e, com a coisa julgada, haverá de ser incontestável. Portanto, no plano processual, quando se alude a direito líquido e certo, "está a referir-se a uma simples *afirmação* que o autor da demanda faz ao juiz de que possui um direito cuja prova o torna evidente, ou então estará a aludir a alguma coisa *vista após a sentença de procedência* que o tenha reconhecido como um 'direito líquido e certo'", mas, neste último caso, o critério para qualificá-lo deixa de ser processual. Em tal sentido, Ovídio Baptista ressalta que "a expressão 'direito líquido e certo' não vai além de mera asserção que o demandante faz quando afirma ser dele titular".[179]

Em linhas distintas, Luiz Fux adota posição mais direta ao relacionar o *direito líquido e certo* com o *direito evidente*, como sendo aquele direito que se apresenta demonstrável *prima facie* por meio de prova documental assentada em fatos notórios, incontroversos ou em situações de manifesta ilegalidade praticada pela parte contrária.

Nota-se que referido jurista acompanha os posicionamentos examinados anteriormente no que concerne à importância da prova pré-constituída, mas situa o direito evidente como legitimador do provimento imediato da tutela interdital do mandado de segurança. Tanto que, nesta ação, a "incontrovertibilidade do direito pode ser aferida a *priori* pela possibilidade de sua contestação séria", vale dizer, uma "incontestabilidade verificável antes mesmo do oferecimento da resposta, significando que há uma contestabilidade judicial, que exsurge pela só propositura da ação, e uma contestabilidade material, intimamente ligada ao plano da existência do direito em si".[180]

---

[177] SILVA, Ovídio A. Baptista da. *Curso de processo civil*: execução obrigacional, execução real, ações mandamentais. 5. ed. São Paulo: RT, 2002. p. 370-372. v. 2.

[178] SILVA, Ovídio A. Baptista da. *Curso de processo civil*: execução obrigacional, execução real, ações mandamentais. 5. ed. São Paulo: RT, 2002. p. 372. v. 2.

[179] SILVA, Ovídio A. Baptista da. *Curso de processo civil*: execução obrigacional, execução real, ações mandamentais. 5. ed. São Paulo: RT, 2002. p. 376. v. 2.

[180] FUX, Luiz. *Tutela de segurança e tutela da evidência (fundamentos da tutela antecipada)*. São Paulo: Saraiva, 1996. p. 313-315.

Dadas as peculiares características do mandado de segurança, tem-se que seu procedimento guarda raízes nos *interditos romanos*, que, a seu turno, "admitiam a expedição de ordens definitivas sem mais indagações sobre os fatos, exatamente porque evidenciado o direito do postulante" e, como a demonstração do direito evidente passou a ser uma das condições da ação para sua impetração, no sentido das escolas de Chiovenda e Liebman, a incontestabilidade do direito reclama como técnica para sua proteção a sumarização procedimental.[181] Daí por que falar-se na adoção de um *procedimento de rito sumaríssimo*[182] apto a desenvolver uma técnica de cognição exauriente *secundum eventum probationis*.[183]

Levando-se em conta a relevância do direito líquido e certo para os estudos propostos nesta pesquisa, buscou-se neste tópico examinar tal instituto com a finalidade precípua de apresentar suas bases doutrinárias e, conforme será visto logo adiante, demonstrar que também fundamentam a concepção da tutela de evidência no Código de Processo Civil de 2015, motivo pelo qual foge do propósito a análise pormenorizada da ação constitucional do mandado de segurança.

Ademais, cabe pontuar que o estudo acima ofertado reflete os apontamentos dogmáticos acerca do tema, a respeito dos quais não se extrai qualquer aderência entre os *direitos líquidos e certos* afirmados com o direito democrático, sejam eles alocados no plano do *direito material* ou no *direito processual*. A compreensão da liquidez e certeza dos direitos deve partir de prévia teorização dos *direitos fundamentais* como direitos fundamentados pelo *devido processo*,[184] temática que será abordada mais precisamente no capítulo 5 desta pesquisa.

2.4 Tutela de evidência como tutela imediata de direitos

O instituto da tutela de evidência ficou marcado no Brasil pelos estudos empreendidos por Luiz Fux em obra publicada no ano de 1996 sob o título *Tutela de segurança e tutela da evidência (fundamentos da tutela antecipada)*, notabilizando-se pela defesa da possibilidade da tutela imediata dos chamados *direitos evidentes* sem a necessidade de submeter o autor ao ônus do tempo procedimental que acaba incidindo na via ordinária do processo, situação que, segundo referido processualista e os demais mencionados no

---

[181] FUX, Luiz. *Tutela de segurança e tutela da evidência (fundamentos da tutela antecipada)*. São Paulo: Saraiva, 1996. p. 324 e 328.
[182] BARBI, Celso Agrícola. *Do mandado de segurança*. 8. ed. Rio de Janeiro: Forense, 1998. p. 58.
[183] WATANABE, Kazuo. *Da cognição no processo civil*. 2. ed. Campinas: Bookseller, 2000. p. 118.
[184] LEAL, Rosemiro Pereira. *Relativização inconstitucional da coisa julgada*: temática processual e reflexões jurídicas. Belo Horizonte: Del Rey, 2005. p. 23.

capítulo 1, acarretaria desnível na relação jurídico-processual por beneficiar o réu *que não tem razão*.

A pronta satisfatividade esperada nos casos "de evidência" se contraporia aos procedimentos de natureza cautelar aptos a tutelar os casos "de mera aparência" por resultar da ideia do *processo efetivo* como sucedâneo da vedação da vingança privada (autotutela), o que melhor seria compreendido, diga-se de passagem, se analisado criticamente como sendo o *deslocamento da autotutela* para o Estado, tornando-se a defesa (que não é ampla) um direito ou garantia retórica (embuste) na esfera do processualismo científico-dogmático (não democrático).

O "processo verdadeiramente sumário" suscitado por Fux reclama o abandono de formalismos e ritualismos procedimentais para que seja efetivo no afastamento de toda e qualquer lesão ou ameaça de direito, assim como se via nos interditos romanos, munindo-se o juiz de amplos instrumentos e poderes para alcançar a solução mais adequada em favor daquele que postula a dita tutela de evidência. Daí o emprego da jurisdição como atividade do juiz que, em substituição da inteligência das partes, definirá os sentidos da norma aplicável à espécie (*jus dicere* – dizer o direito).[185]

Nota-se que a obra de Fux busca ofertar uma distinção entre as espécies de procedimentos (cognição, execução e cautelar) para encaminhar sua tese a respeito da tutela de segurança e da tutela de evidência. De igual modo, referido jurista não descurou de analisar a então novel modalidade da tutela antecipatória instituída no Código de Processo Civil pela Lei nº 8.952/1994, restando a dúvida se tal modalidade de tutela, com requisitos e hipóteses de cabimento bem definidos, poderia ser associada diretamente com a tutela de evidência. Diante disto, faz-se necessário esclarecer as ideias centrais encaminhadas por Fux, que buscam sustentar a tese da tutela imediata de direitos.

2.4.1 Premissas para a tutela sumária de direitos evidentes com cognição exauriente e satisfativa

Foi exposto anteriormente que, afora o binômio "processo de conhecimento-processo de execução" estruturante do Código de Processo Civil, são igualmente acolhidas técnicas de cognição vertical que, com base em juízos de probabilidade e verossimilhança, possibilitam a tutela sumária para *assegurar* um direito ameaçado (tutela cautelar) ou *realizar* um direito em situação de perigo iminente (tutela antecipatória), em situações cuja peculiaridade não se emoldura ao procedimento comum (liminares

---

[185] FUX, Luiz. *Tutela de segurança e tutela da evidência (fundamentos da tutela antecipada)*. São Paulo: Saraiva, 1996. p. 7.

em procedimentos especiais), assim como nos casos em que o direito do autor se apresenta como provável e *ipso facto* enfrenta o direito de defesa exercido pelo réu com fins protelatórios (tutela antecipada não fundada no *periculum in mora*).

A sumarização da *cognitio*, nesse sentido, prescinde da tradicional cronologia desenvolvida no *iter* procedimental da cognição exauriente para contentar-se com o apontamento inicial dos fatos e correspondente enquadramento probatório. É o caso da tutela antecipatória que oferta a realização do direito com base em juízo de verossimilhança, mas sem alcançar a definitividade da coisa julgada material por fundar-se em cognição sumária.[186]

Daí falar-se não apenas em sumariedade *formal* (procedimental) a fim de tornar a atuação jurisdicional mais célere, mas também em sumariedade de caráter *material*[187] (substancial) que supõe a proteção ou realização do direito de forma antecipada. Neste aspecto, José Carlos Barbosa Moreira afirma que a sumarização do procedimento não sacrifica a atividade cognitiva do juiz, eis que visa apenas imprimir maior celeridade nos atos processuais sem perda da sua plenariedade e exauriência, preservando-se a garantia constitucional do contraditório. Já na sumarização da *cognitio*, que não impõe o exame integral da matéria litigiosa em razão da urgência, há cortes na atividade jurisdicional e confere ao juiz, a par da possibilidade de cognição superficial da matéria a partir dos elementos de prova apresentados, adiantar provisoriamente o resultado esperado pelo autor ao final da ação, seja ele de natureza cautelar ou antecipatória.[188]

Segundo Luiz Fux, a urgência altera o regime jurídico da *ação*,[189] condição que abala a ordinariedade e reclama tutela de natureza imediata ao titular do direito pretendido, constatação essa que já havia sido aventada por Wach a respeito dos processos sumários que suplicam imediata executoriedade (provisória) do resultado pretendido em face da necessidade de acelerar o procedimento como mecanismo de fuga dos expedientes e recursos abarcados pelo procedimento ordinário que retardam "ao infinito o curso da justiça", pois, a seu ver, quem tem o "melhor direito" deveria gozar de realização imediata da tutela pretendida.[190]

---

[186] MARINONI, Luiz Guilherme. *Efetividade do processo e tutela de urgência*. Porto Alegre: Sérgio Antônio Fabris Editor, 1994. p. 5; 6; 17.

[187] FAIREN GUILLÉN, Víctor. *El juicio ordinario y los plenarios rápidos*. Barcelona: Bosch, Casa Editorial, 1953. p. 56.

[188] MOREIRA, José Carlos Barbosa. Tutela de urgência e efetividade do direito. *Revista Síntese de Direito Civil e Processual Civil*, Porto Alegre, v. 5, n. 25, p. 5-18, set./out. 2003. p. 7-8.

[189] FUX, Luiz. *Tutela de segurança e tutela da evidência (fundamentos da tutela antecipada)*. São Paulo: Saraiva, 1996. p. 79.

[190] WACH, Adolf. *Manual de derecho procesal civil*. Buenos Aires: EJEA, 1977. p. 31-32; 71-72. v. I. Ainda sobre a limitação da cognição mediante apresentação de prova imediata, ver: WACH, Adolf. *La pretensión de declaración*. Buenos Aires: EJEA, 1962. p. 54.

Como condição para o deferimento liminar dos provimentos de urgência, exige-se o preenchimento dos tradicionais requisitos do *fumus boni iuris* e *periculum in mora*, não obstante as demais nomenclaturas ou designações abarcadas pelo sistema legislativo brasileiro,[191] que exigem uma sumarização formal e material da cognição, nos moldes levantados por Barbosa Moreira.[192]

Sobre o tema, Fux acredita ser possível coexistir a cognição sumária de direito evidente e cognição exauriente em procedimento sumário, ao contrário das lições de Marinoni, já que a tutela de direitos evidentes impõe a restrição da cognição e redução do módulo da prova (encurtamento do procedimento) em caráter urgente ou não, o que acaba por relativizar a exigência dos mencionados requisitos das tutelas de urgência. Pretende-se, com isso, valorizar o princípio da efetividade com a tutela imediata dos direitos evidentes, pois, a seu ver, "o que está evidente não precisa ser descoberto".[193]

Sobre a polêmica que envolve a tutela de urgência, sobretudo quando se sustenta que em tal situação não há cognição exauriente, Luiz Fux assevera que a resposta a este problema dependerá das provas levadas ao juízo sumário, como é o caso do direito evidente que,

> fartamente comprovado, admite uma cognição rápida, sumária e exauriente. Há outros casos em que, mercê da urgência, o direito não parece evidente ao juízo, mas a lei o autoriza a prover com base apenas naquela aparência, valorizando a celeridade em detrimento da segurança do juízo. Por isso que não nos parecem indissoluvelmente ligados os conceitos de cognição sumária e juízo de probabilidade, podendo haver cognição sumária e direito evidente.[194]

Deste modo, embora Fux tenha afirmado que, para a tutela dos direitos evidentes, exige-se a sumariedade da *cognitio*, em outro momento o mesmo jurista assume que "a evidência do direito exclui a cognição

---

[191] A este respeito, o art. 273 (*caput* e incisos) do Código de Processo Civil de 1973 estabelece que, para antecipar total ou parcialmente os efeitos da tutela pretendida, deverá o autor apresentar prova inequívoca das suas alegações e, igualmente, demonstrar o fundado receio de dano irreparável ou de difícil reparação, ao passo que o art. 801, inc. IV, contenta-se com a indicação na petição inicial da exposição sumária do direito ameaçado e o receio da lesão nas hipóteses em que se pleitear medida de natureza cautelar. O Código de Processo Civil de 2015, por sua vez, elimina as discussões entre os requisitos das tutelas de urgência ao estabelecer que sua concessão, tanto para a tutela antecipada como para a tutela cautelar, estará condicionada à existência de elementos que "evidenciem a probabilidade do direito e o perigo de dano ou o risco ao resultado útil do processo" (art. 300).

[192] MOREIRA, José Carlos Barbosa. Tutela de urgência e efetividade do direito. *Revista Síntese de Direito Civil e Processual Civil*, Porto Alegre, v. 5, n. 25, p. 5-18, set./out. 2003. p. 13-14.

[193] FUX, Luiz. *Tutela de segurança e tutela da evidência (fundamentos da tutela antecipada)*. São Paulo: Saraiva, 1996. p. 25; 38; 309-310.

[194] FUX, Luiz. *Tutela de segurança e tutela da evidência (fundamentos da tutela antecipada)*. São Paulo: Saraiva, 1996. p. 9.

sumária, porque é o próprio objeto litigioso que se oferece completo ao juízo. A margem de erro é aquela que se verifica em todo provimento mesmo de cognição dita exauriente e como consectário da humanidade do julgador", sendo que eventuais erros ou necessidade de reversão ao estado anterior (pela constatação da "ausência da evidência"!), resolver-se-á em perdas e danos.[195]

Nessas linhas, a tutela sumária dos direitos materiais responderia ao ideal de uma providência definitiva e *instantânea*[196] e em respeito à garantia constitucional do acesso à jurisdição. Daí falar-se no *dever geral de segurança* que confere *poderes* ao juiz para exercer cognição sumária nas tutelas de urgência em que se verifica o *periculum in mora* e, notadamente, para a proteção imediata da pretensão de direito evidente. O dever de segurança é associado à *responsabilidade judicial* no conseguinte exercício da *tutela de segurança*, levando-se em conta que, se ao particular fosse permitida a realização de seu direito pelas próprias mãos, por certo atuaria de forma incontinenti, responsabilidade esta que, em sendo do Estado, transfere-se para o juiz o encargo de prover imediatamente, sendo-lhe inclusive vedado "escusar-se de enfrentar uma situação de periclitação do direito da parte a pretexto de inexistir texto expresso que autorize essa cognição satisfativa sumária e urgente", vale dizer, a vedação do *non-liquet* (compulsoriedade decisória na ausência de normas).[197]

Ao que parece, a tese da tutela de segurança sustentada por Fux, como sendo tutela sumária de direitos, figura como o gênero da tutela do Estado-jurisdição que traz em seu bojo as tutelas de natureza cautelar, antecipatória e de evidência, permitindo ao juiz, com base em *summaria cognitio*, julgar pela aparência (*fumus boni iuris*) em situações de urgência (*periculum in mora*) ou pela evidência do direito.

Tais apontamentos repercutem em duas ideias basilares, que dão suporte à tutela de segurança: 1. A amplitude da iniciativa do juiz no campo probatório; 2. A suficiência da verossimilhança diante da urgência e sumariedade do procedimento. Deste modo,

> o juiz busca a verdade sem preocupar-se com a supressão das regras do ônus da prova, que, como se sabe, só entram em cena em caso de malogro dos elementos de convicção para imputar-se a responsabilidade judicial pelo resultado favorável ou desfavorável da causa. O ativismo judicial é imenso num

---

[195] FUX, Luiz. *Tutela de segurança e tutela da evidência (fundamentos da tutela antecipada)*. São Paulo: Saraiva, 1996. p. 309-310.

[196] CALAMANDREI, Piero. *Introdução ao estudo sistemático dos procedimentos cautelares*. Tradução de Carla Roberta Andreasi Bassi. Campinas: Servanda, 2000. p. 40.

[197] FUX, Luiz. *Tutela de segurança e tutela da evidência (fundamentos da tutela antecipada)*. São Paulo: Saraiva, 1996. p. 49; 57; 68-71.

processo onde assume relevo a necessidade de prover urgente e eficazmente, para que não torne inútil o acesso à justiça [...].[198]

Segundo esta concepção, "o grau de indagação do direito não deve sobrepor-se à necessidade de prover urgentemente", ou seja, a garantia do contraditório é conduzida a segundo plano em homenagem à efetividade e celeridade que se espera da prestação da atividade jurisdicional. Tanto que Fux defende a possibilidade de definitividade do provimento em juízo não exauriente, sobretudo quando estão reunidos o direito evidente e a urgência na sua realização.[199] Mas a evidência do direito não deve ser confundida com a aparência, cuja análise é exercida pelo juízo de probabilidade (*fumus boni iuris*) em casos de urgência. O procedimento célere satisfativo obtido com a tutela de evidência independerá de discussão quanto à periclitação do direito em sendo demonstrado por meio de prova pré-constituída, eis que

> esse caráter [do direito evidenciado em juízo por meio de provas] é um misto de atributo material e processual. Sob o ângulo civil, o direito evidente é aquele que se projeta no âmbito do sujeito de direito que postula. Sob o prisma processual, é evidente o direito cuja prova dos fatos sobre os quais incide revela-os incontestáveis ou ao menos impassíveis de contestação séria.[200]

Como se vê, não há uma exata preocupação com a *provisoriedade* da tutela de evidência, embora esteja esta situada dentro do Livro V – "Da Tutela Provisória" (arts. 294 a 311 do Código de Processo Civil de 2015), pois o que se defende com este *instrumento* é exatamente a tutela imediata e satisfativa do chamado direito evidente deduzido em juízo, resolvendo-se eventuais prejuízos ou equívocos da decisão em perdas e danos a favor da parte prejudicada. O cânone da efetividade reforça a atuação jurisdicional e desamarra a tutela de evidência dos requisitos encontrados nos provimentos de natureza cautelar e antecipada.

Igualmente, sustenta-se ainda que a decisão irreversível da tutela de evidência há de fazer coisa julgada material, ainda que obtida em *summaria cognitio* (não exauriente), pois "decorre do fato de que nada mais será discutido a respeito do objeto litigioso, por isso não incide o

---

[198] FUX, Luiz. *Tutela de segurança e tutela da evidência (fundamentos da tutela antecipada)*. São Paulo: Saraiva, 1996. p. 100.

[199] FUX, Luiz. *Tutela de segurança e tutela da evidência (fundamentos da tutela antecipada)*. São Paulo: Saraiva, 1996. p. 67.

[200] FUX, Luiz. *Tutela de segurança e tutela da evidência (fundamentos da tutela antecipada)*. São Paulo: Saraiva, 1996. p. 311.

veto normalmente lançado à possibilidade de a imutabilidade do julgado incidir sobre discussões de mera probabilidade".²⁰¹

Para Fux, "a tutela do direito evidente pertence ao campo da 'justiça', e não estritamente ao campo do direito", sendo esta a razão de se propor uma via distinta das tutelas de urgência sem a exigência dos requisitos de probabilidade do direito e do perigo de dano ou risco de resultado útil do processo (art. 300, CPC/2015). De certo modo, há uma extensão do campo da tutela antecipada com a tutela de evidência, mas sendo esta mais ampla e com alcance de todos os níveis de satisfatividade, possibilitando-se uma cognição exauriente imediata a partir da evidência apresentada (julgamento *prima facie evidence*) com dispensa de requisitos, à exceção da necessária demonstração prévia do direito pretendido.²⁰²

Dessarte, a tese da tutela de evidência traz em seu bojo a interditalidade da *cognitio*, técnica advinda dos interditos romanos que serviram de base para todos os *procedimentos monitórios injuncionais*.²⁰³ Mais que uma *summaria cognitio*, pois já foi sustentado que a evidência prescinde de conhecimento, a tutela de evidência reclama a *sumariedade formal*,²⁰⁴ que rompe com a lógica da ordinariedade procedimental para encaminhar o imediato provimento e sua consequente realização (execução).

2.4.2 Tutela do direito líquido e certo em face do particular

A Lei do Mandado de Segurança impõe uma limitação quanto ao campo da legitimidade passiva, já que tal procedimento se presta a combater ato ilegal ou abuso de poder praticado por autoridade pública ou por pessoa jurídica cuja atividade seja exercida em nome do Estado. A questão que vem à tona seria a possibilidade de se deduzir em juízo direito líquido e certo diante de ilegalidade praticada por particular.

Conforme visto alhures, Luiz Fux considera o direito líquido e certo exigido para a concessão do mandado de segurança como direito evidente demonstrável via prova pré-constituída, pois, a seu ver, *liquidez e certeza*

---

[201] FUX, Luiz. *Tutela de segurança e tutela da evidência (fundamentos da tutela antecipada)*. São Paulo: Saraiva, 1996. p. 70.

[202] FUX, Luiz. *Tutela de segurança e tutela da evidência (fundamentos da tutela antecipada)*. São Paulo: Saraiva, 1996. p. 308; 318-320.

[203] FUX, Luiz. *Tutela de segurança e tutela da evidência (fundamentos da tutela antecipada)*. São Paulo: Saraiva, 1996. p. 324.

[204] Nesse sentido, Luiz Guilherme Marinoni toma como exemplo o mandado de segurança em cujo procedimento "reclama o chamado 'direito líquido e certo'. Neste caso não há sumariedade material, mas apenas sumariedade formal, ou seja, procedimental. Não há sumariedade material porque o juiz pode, com base apenas nas provas documentais, afirmar a existência do direito" (MARINONI, Luiz Guilherme. *Efetividade do processo e tutela de urgência*. Porto Alegre: Sérgio Antônio Fabris Editor, 1994. p. 31).

são atributos que encaminham não apenas o mandado de segurança e a execução, mas igualmente informam a tutela de evidência. No entanto, Fux reconhece que, embora seja o juiz um "incessante pesquisador da verdade", a busca pela *certeza absoluta*, para quem é um *ideal do processo*, "já restou afirmada como em princípio inalcançável sob o plano jusfilosófico, porque os 'fatos existem' independentemente da maneira como se lhes expressa a prova dos autos", razão pela qual a evidência acaba se relacionando com os planos da *certeza* e *verossimilhança*, que não são conceitos opostos, embora se diferenciem em relação ao "grau de intensidade e segurança que as respectivas representações do *fato probando* podem criar no espírito do julgador".[205]

Neste sentido, entende-se que a tutela de evidência se distinguiria do *mandamus* apenas em face da legitimação passiva, "porque não se trata de ato de autoridade apenas, mas também de ato de particular; isto é, não exclui a tutela de evidência qualquer seja a pessoa jurídica, quer de direito público, que de direito privado".[206] Tanto que

> o direito líquido e certo autorizativo da tutela da evidência não se abala por eventuais divergências doutrinário-jurisprudenciais que acaso incidam sobre o *thema iudicandum*. É que importa ao tema ora proposto a evidência do fato que se agrega ao direito, aquele que compõe o elo com a lei. O que o juízo pode é, malgrado evidente, entender que não é digno de proteção.[207]

Na medida em que se considera o mandado de segurança uma tutela do tipo *mandamental-interdital*,[208] a doutrina em estudo acolhe por

---

[205] FUX, Luiz. *Tutela de segurança e tutela da evidência (fundamentos da tutela antecipada)*. São Paulo: Saraiva, 1996. p. 312.

[206] FUX, Luiz. *Tutela de segurança e tutela da evidência (fundamentos da tutela antecipada)*. São Paulo: Saraiva, 1996. p. 310. Para mais: cf. MARINONI, Luiz Guilherme. *Efetividade do processo e tutela de urgência*. Porto Alegre: Sérgio Antônio Fabris Editor, 1994. p. 19-21.

[207] FUX, Luiz. *Tutela de segurança e tutela da evidência (fundamentos da tutela antecipada)*. São Paulo: Saraiva, 1996. p. 317.

[208] Segundo Ovídio Baptista, "a ação mandamental tem por fim obter, como eficácia preponderante da respectiva sentença de procedência, que o juiz emita uma ordem a ser observada pelo demandado, em vez de limitar-se a condená-lo a fazer ou não fazer alguma coisa. É da essência, portanto, da ação mandamental que a sentença que lhe reconheça a procedência contenha uma ordem para que se expeça um mandado. Daí a designação de sentença mandamental. Neste tipo de sentença, o juiz *ordena*, e não simplesmente *condena*. E nisso reside, precisamente, o elemento eficacial que a faz diferente das sentenças próprias do processo de conhecimento. [...] As ações mandamentais descendem diretamente dos interditos romanos. Também neste tipo de tutela jurisdicional, o pretor romano não *condenava*, mas, ao contrário, *ordenava* que o demandado fizesse ou deixasse de fazer alguma coisa. Essa origem das ações mandamentais explica a formidável resistência que lhe opõe a doutrina corrente, que, até hoje, não obstante a proliferação deste tipo de ações, persiste em negar-lhe existência. A razão é simples. Os interditos não eram ações. As verdadeiras ações (*actiones*), como antes dissemos, ligavam-se invariavelmente às *obrigações*, ao passo que os interditos eram remédios de que o pretor se valia para proteção de outros interesses, especialmente de natureza pública. Enquanto as *actiones* eram

via reflexa a ideia de que a cognição sumária autorizada pela tutela de evidência revela igualmente a possibilidade de um juízo de certeza que culmina na cognição exauriente imediata.[209]

Defende-se, portanto, a possiblidade de uma unidade procedimental entre cognição e execução na tutela de direitos evidentes, como ação mandamental também dirigida contra particulares (*v.g.*, as ações possessórias),[210] dispensando-se a *cognitio* do procedimento interdital da tutela de evidência, cabendo "endereçar-se o procedimento ordinário às *incertezas* e não às *evidências*".[211]

O caráter interdital da tutela de evidência acima sustentado revela o comprometimento ideológico com a busca da verdade a partir de juízos de verossimilhança somente aferível pelo juiz. Quando se afirma que a evidência do direito exclui a cognição sumária, considera-se, portanto, que o julgador está desonerado da estrutura procedimental da *cognitio* que vai ofertar o amplo exercício do direito de defesa e em ambiente regido pelo *processo constitucional*, reconhecido como "metodologia de garantia dos direitos fundamentais"[212] que impõe o exercício constitucionalizado da função jurisdicional atrelado ao Estado Democrático de Direito, estando esse princípio alicerçado ao devido processo legal, enquanto estrutura normativa que envolve uma série de direitos e garantias fundamentais estabelecidos na Constituição de 1988 e amplamente resguardadas ao povo (conjunto de legitimados ao processo).[213]

Essa interditalidade fica ainda mais agravada com a atribuição de poderes ao juiz para, pressupostamente, constatar que nenhuma *contestação séria* poderá ser interposta pelo réu em face do *direito evidente* sustentado

---

julgadas por um juiz privado, sem *iurisdictio*, os interditos eram da competência exclusiva do pretor" (SILVA, Ovídio A. Baptista da. *Curso de processo civil*: execução obrigacional, execução real, ações mandamentais. 5. ed. São Paulo: RT, 2002. p. 336-337. v. 2).

[209] FUX, Luiz. *Tutela de segurança e tutela da evidência (fundamentos da tutela antecipada)*. São Paulo: Saraiva, 1996. p. 320-327.

[210] Sobre a tentativa de rompimento da divisão entre cognição e execução, Ovídio Baptista leciona que "a ideia que subjaz, sob a concepção doutrinária que se recusa a admitir a existência das ações executivas e mandamentais, é o mesmo pressuposto teórico que sustenta a doutrina do *processo de conhecimento*, e que persevera no entendimento de que todas as ações *começam com a petição inicial e encerram-se com a sentença* (BUZAID), de modo que os efeitos, como *consequências* do ato jurisdicional, deveriam alimentar o subsequente *processo de execução*, que já formaria uma nova relação processual" (SILVA, Ovídio A. Baptista da. *Curso de processo civil*: execução obrigacional, execução real, ações mandamentais. 5. ed. São Paulo: RT, 2002. p. 428. v. 2). Para mais: cf. BUZAID, Alfredo. *Do mandado de segurança*. São Paulo: Saraiva, 1989. p. 83. v. I.

[211] FUX, Luiz. *Tutela de segurança e tutela da evidência (fundamentos da tutela antecipada)*. São Paulo: Saraiva, 1996. p. 333.

[212] BARACHO, José Alfredo de Oliveira. *Direito processual constitucional*: aspectos contemporâneos. 1. reimpr. Belo Horizonte: Fórum, 2008. p. 47-48.

[213] BRÊTAS, Ronaldo de Carvalho Dias. *Processo constitucional e Estado Democrático de Direito*. 3. ed. Belo Horizonte: Del Rey, 2015. p. 164-166.

com base em material probatório levado aos autos, autorizando a tutela imediata a seu favor.

Com efeito, não se extrai da obra de Luiz Fux o exame da repercussão da tutela de evidência ante o direito de defesa, mormente em razão das garantias constitucionais do devido processo legal,[214] ampla defesa, contraditório, isonomia e fundamentação das decisões. Não há em suas conjecturas uma teoria da defesa estruturante do procedimento na medida em que, *contrario sensu*, sustenta o reforço da cognição imediata e exauriente de prova pré-constituída exercido em juízo interdital, fazendo-se desconfiar que a ação concreta de Wach (o direito a uma sentença favorável) foi reativada e hodiernamente positivada por meio do art. 311 do Código de Processo Civil de 2015.

Nota-se que Adolf Wach e seus seguidores dos séculos XIX e XX foram parcialmente sepultados. A tutela de evidência remonta ranços históricos que vão desde as velhas polêmicas em torno da ação até a (suposta e também antiga) problemática do procedimento ordinário, partindo-se de concepções anacrônicas que ostentam direitos previamente acolhidos (sem o devido processo) e realizáveis pelo Estado ante a vedação da autotutela e da recusa em esclarecer conteúdos enigmáticos que, agregados à palavra "direito", servem ao livre manejo das conjecturas dogmático-instrumentais avessas ao Estado Democrático de Direito.

---

[214] Para Fux, esse princípio constitucional é um *dogma* que "está encartado no direito ao processo como direito ao meio de prestação da jurisdição, que varia conforme a natureza da tutela de que se necessita. O direito à jurisdição não é senão o de obter uma justiça efetiva e adequada. [...] Satisfazer tardiamente o interesse da parte em face da evidência significa violar o direito maior ao acesso à justiça e, consectariamente, ao devido processo instrumental à jurisdição requerida" (FUX, Luiz. *Tutela de segurança e tutela da evidência (fundamentos da tutela antecipada)*. São Paulo: Saraiva, 1996. p. 319).

CAPÍTULO 3

CONTORNOS DA EVIDÊNCIA

3.1 O modelo linguístico-filosófico da evidência

"Isso é evidente". No cerne desta frase, o predicado "é evidente" designa o sujeito ("isso") como sendo algo indubitável, claro, manifesto, revelado no contexto atual e que se julga verdadeiro. Não se cogita a evidência da proposição que anuncia uma promessa, uma dúvida, um estado passado ou futuro, como é o caso das frases "prometo que vai chover", "talvez não chova hoje", "ontem choveu", "amanhã vai chover", todas impossibilitadas de estabelecer uma conexão lógica com o predicado "é evidente" pela falta da característica de atualidade ou intemporalidade em tais enunciados. Estaria, pois, inadequada a proposição "é evidente que ontem choveu", pois não é o passado que se mostra evidente, mas a proposição atual sobre ele: "É evidente que ontem choveu se hoje ainda não choveu e o jardim está molhado".[215]

Nesse passo, a evidência está relacionada ao presente ou a um passado experimentado diretamente que possibilita o conhecimento direto dos fatos "sem recorrer a inferências lógicas ou à indução: por isso que a sua modalidade é uma NECESSIDADE ou um ÓBVIO que não tem se ser sublinhado". Nas diversas línguas são encontrados *evidenciadores* como sendo uma das categorias de indicadores epistêmicos que, embora variem em cada sistema gramatical, "marcam o grau de certeza que a proposição apresenta para o locutor em ligação com as fontes do conhecimento, conforme este é obtido por experiência directa, por inferência, por informação de outrem", dada a experiência objetiva vivida pelo sujeito, o que é distinto

---

[215] GIL, Fernando. *Tratado da evidência*. Lisboa: Imprensa Nacional-Casa da Moeda, 1996. p. 9.

de proposições que recebem as expressões "possivelmente" e "talvez" por deixarem em aberto a questão do *preenchimento*.[216] Segundo Fernando Gil, a experiência advinda da evidência é visual pela sua própria etimologia: "Evidência, sabemo-lo, é da família de vidência, visão, vista. A palavra vem do verbo *videor*: *ex video* é uma vidência que vem de dentro. Mas muito melhor que o ouvido, ela revela o que manifesta e apresenta – se mostra, se dá a ver".[217] Segundo este modelo linguístico da evidência, não se considera uma verdade extraída do mundo exterior submetida a prova, dado que o valor cognitivo advém da percepção como matriz constituída entre a visão e o ouvido do sujeito, resultando desta constatação as chamadas "aporias da evidência" situadas na *identidade*, *intuição* e *certeza* a respeito das quais, sem qualquer justificação, não seria sequer aceitável conjecturar a distinção da evidência em relação à crença ou convicção arbitrariamente concebida. Se a *identidade* exprime uma noção primitiva autorreferencial, ela guarda consigo os seus próprios meios de prova, resultando disso o seu caráter analítico que, por sua vez, tem por critério a *sinonímia*, que "é a relação entre expressões que têm a MESMA SIGNIFICAÇÃO – ora, pela sua parte, a significação de uma expressão só pode ser apreendida como a classe de todas as expressões que são suas equivalentes", vale dizer, suas expressões sinônimas. A identidade da significação "é avaliada pelo que conviria chamar um critério pragmático de EVIDÊNCIA LINGUÍSTICA", conclusão que Fernando Gil extrai a partir do pragmatismo de Wittgenstein, para quem a identidade se dá *de fato* como uma vivência da significação. A identidade, em tal sentido, acaba sendo indeterminável na análise da certeza subjetiva da evidência.[218]

Já a *intuição* também conduz a embaraços filosóficos advindos da distinção entre sujeito e objeto aventada por filósofos como Descartes,

---

[216] GIL, Fernando. *Modos da evidência*. Lisboa: Imprensa Nacional-Casa da Moeda, 1998. p. 82-83. Sobre a noção de preenchimento, o mesmo autor ressalta que "a natureza simples é apreendida com a mesma plenitude de posse que tem a evidência segundo Husserl. Modulados de diferentes maneiras, *indicação* e *preenchimento* organizam a evidência. Aquela conduz à *monstração* da evidência, este acompanha-se de uma muito particular *satisfação do espírito* – simétrica das censuras da razão de Malebranche –, que é também uma componente estrutural da evidência. A satisfação da evidência advém de uma compreensão que não precisa de ser aprofundada: reunindo a completude da alegria (*satis + facere*) e a clausura de um contentamento (de *contineo*) que é também apaziguamento (*Befriedigung*), ela constitui uma inteligibilidade *final*" (GIL, Fernando. *Modos da evidência*. Lisboa: Imprensa Nacional-Casa da Moeda, 1998. p. 12). Ainda nesse sentido, cabe destacar a noção de *expectativa*, que "antecipa um preenchimento (toda expectativa visa ser preenchida), que, até indicação em contrário, será sempre o preenchimento projetado a partir do que se presume expectável, quer dizer, a partir do que convém à noção de normalidade. Uma vez mais, e cada vez mais, eis-nos confrontados com o vicioso retorno ao reino da evidência" (MARTINS, Rui Cunha. *O ponto cego do direito*: the Brazilian lessons. 3. ed. São Paulo: Atlas, 2013. p. 8).

[217] GIL, Fernando. *Modos da evidência*. Lisboa: Imprensa Nacional-Casa da Moeda, 1998. p. 84.

[218] GIL, Fernando. *Modos da evidência*. Lisboa: Imprensa Nacional-Casa da Moeda, 1998. p. 87-88.

Kant, Quine, Russell e Schlick. Na relação entre o sujeito cognoscente e o objeto conhecido, revela-se como problemática a "intuição da originalidade da *verdade* da significação" na medida em que a verdade deve ser intuída pelo sujeito para que haja evidência. Desta forma, "é por certas ideias PARECEREM absolutamente claras e certas proposições indiscutíveis que são colocadas como soco do pensamento. Mas isto significa que elas nos parecem imediatamente EVIDENTES", sem nenhuma garantia além da sua evidência aparente. Assim, o *"cogito* (a representação 'eu penso') converter-se-ia em instância veridictiva, fundamento da verdade, na medida em que é um desdobramento da consciência", mas sem revelar como se daria tal desdobramento na instauração da *sua* verdade.[219]

O exame da *certeza* confronta a evidência frente à prova, tornando-a, portanto, improvável. Como a evidência decorre de uma certeza subjetiva apreendida pelo sujeito em relação ao objeto apresentado, a prova estaria dispensada por um convencimento pressuposto, mas que não conduziria à convicção. A partir da obra de Kant, Fernando Gil discute a noção de *prova forte* advinda de procedimentos tendentes a ensejar na convicção da verdade, concluindo que a convicção "tem de ser engendrada, conquistada, ganhada", eis que, pela prova, "o pensamento não só se enuncia a si e enuncia o seu dizer, como também enuncia a adequação do dizer ao objeto", representando, portanto, um regime forte do pensamento e submetido a constrangimentos e critérios.[220]

Retomando a questão da intuição, embora Edmund Husserl reconheça que a verdade esteja situada no juízo, afirma que somente se reconheceria o juízo como verdadeiro se verificada sua evidência, palavra que designa "um caráter psíquico peculiar e bem conhecido pela experiência interna, um sentimento *sui generis* que garante a verdade do juízo ao qual está ligado".[221] A evidência husserliana, como completo preenchimento da intenção, significa

> "adequação" e "apodicticidade". Ora, a apodicticidade prende-se com o signo, e a satisfação do espírito com a adequação que se assevera como sendo a significação mais imediata do preenchimento: a evidência adequada é a evidência idealmente perfeita, realizada se os elementos do conteúdo de sentido "visado na certeza" são preenchidos um a um (*einzeln*) pelos componentes da "coisa ela própria" (*des "selbst"*).[222]

---

[219] GIL, Fernando. *Modos da evidência*. Lisboa: Imprensa Nacional-Casa da Moeda, 1998. p. 90-91.
[220] GIL, Fernando. *Modos da evidência*. Lisboa: Imprensa Nacional-Casa da Moeda, 1998. p. 91.
[221] No original: "[...] un carácter psíquico peculiar y bien conocido por la experiencia interna, un sentimiento sui generis que garantiza la verdad del juicio a que va unido" (HUSSERL, Edmund. *Investigaciones lógicas*. Madrid: Alianza, 2006. p. 156).
[222] GIL, Fernando. *Tratado da evidência*. Lisboa: Imprensa Nacional-Casa da Moeda, 1996. p. 12.

Há aqui uma recusa à evidência como dado imediato pelo fato de a presunção de veracidade ser inerente ao objeto e estar enraizada em implícitos culturais ou no psicologismo. Neste sentido, nem mesmo Deus poderia conceber um *sentimento de evidência*, motivo pelo qual a evidência que é posta deve justificar-se como evidente, pois "só uma operação *crítica* permitirá atingir a *evidência autêntica*", operação que, no entender de Husserl, é interminável dada a provisoriedade dos resultados adquiridos.[223]

Nessa quadra, Husserl relaciona as proposições com as condições psicológicas que acabam por depender da existência ou ausência de um *sentimento de evidência*, o que forçaria interpretar a lógica como uma psicologia da evidência. Pelas possibilidades da evidência do juízo que podem derivar das leis lógicas e que se apresentam como válidas *a priori* na forma de *evidências apodícticas*, Husserl destaca que certas *vivências psíquicas* poderiam influenciar as compatibilidades ou incompatibilidades da verdade de uma proposição supondo-se a presença de leis lógicas que informam sobre a única possibilidade de proposições confrontantes (contraditórias) em que apenas uma é verdadeira e a outra falsa, portanto, somente uma poderia guardar *a priori* o caráter da evidência. Mas a evidência do juízo não estaria somente submetida às *condições psicológicas* advindas da vivência, prática ou experiência, mas também de *condições ideais* que são aquelas que devem ser válidas para toda consciência possível, afastando-se das formas peculiares de cada juízo e conforme sua psicologia correspondente.[224]

Por apodicticidade, entende Husserl "uma 'consciência da necessidade'. A apodicticidade exclui 'o ser-de outro modo', as 'possibilidades abertas', a 'certeza presuntiva', o 'não-ser', 'o ser duvidoso'. Apodíctico é o que não pode ser o que não é". Com isto, por se situar no campo da necessidade intelectual, a "apodicticidade amarra o espírito, incapaz de conceber uma situação alternativa".[225]

Tomando-se em conta que na órbita da evidência transitam os juízos de experiência com os quais subjazem todas as modalidades de crença, cabe destacar o reparo de Fernando Gil:

> A evidência enxerta-se na crença, os seus sinais distintivos como o seu conteúdo (signo, apodicticidade e adequação, preenchimento, contentamento...) têm que ver com a fé. A protodoxa não é óbvia; apesar da sua força imparável, também ela permanece enigmática. Que justifica essa "espécie de fé que devemos aos testemunhos dos sentidos"? A fenomenologia não se preocupou com a originalidade da protodoxa; ela aparece-lhe como um dado último

---

[223] GIL, Fernando. *Tratado da evidência*. Lisboa: Imprensa Nacional-Casa da Moeda, 1996. p. 13.
[224] HUSSERL, Edmund. *Investigaciones lógicas*. Madrid: Alianza, 2006. p. 160-161.
[225] GIL, Fernando. *Tratado da evidência*. Lisboa: Imprensa Nacional-Casa da Moeda, 1996. p. 15.

que se compreenderia por si mesmo. Mas não se sabe por que motivo há-de a percepção ser evidente [...].[226]

A evidência como injunção da verdade, apodicticidade, adequação e satisfação do espírito revela o arcaísmo das posições que lhe foram conferidas por Husserl, sobretudo por estender para além do discurso filosófico de tal modo que sua reflexão seria encaminhada a um processo infinito e alheio à prova. Não obstante a sua crítica à fenomenologia husserliana, Fernando Gil ressalta que o núcleo dos contornos da evidência permanece o mesmo há séculos em face da *relação sujeito-objeto* em que se supõe a apreensão imediata, a sensorialidade, a experiência, a linguagem pressuposta, o desejo, não obstante as variantes terminológicas e conteudísticas de cada teoria.[227] Seja no plano da evidência *filosófica* acima esboçada, seja no plano da evidência *jurídica* em que se encontram os fatos notórios encaminhados por conhecimento intuitivo ou até mesmo pela *presunção*,[228] seja ainda a evidência numa perspectiva assentada em *sistemas de crenças* como rito, profecia, magia, feitiçaria, culto ou mito, todas essas perspectivas mantêm-se igualmente estruturadas na mesma lógica de preenchimento, de imanência da significação, de performatividade e de um poder em que a evidência se estabelece como *discurso com autoridade*. A força da evidência "reside no sentido, e o sentido está inscrito no signo, índex do sagrado, da culpa, da autoridade, da promessa, e fonte de eficácia simbólica".[229]

3.2 Evidência e dispensa de prova

Entre os variados elementos que marcam os contornos da evidência, vale destacar para o estudo do direito a sua conexão filosófica com a verdade e, *mutatis mutandis*, com a epistemologia da prova.

A temática da verdade encontra-se na quadra de um dos problemas mais relevantes e complexos já aventados pelas teorias do conhecimento humano, conforme se pode extrair dos textos de filosofia antiga, moderna e contemporânea. Ao abordar a generalidade do tema, Michele Taruffo destaca as figuras de Aristóteles, Nietsche, Gadamer e Heidegger que teceram suas reflexões a respeito de questões como a descoberta, alcance ou o esclarecimento da verdade, de Richard Rorty, que ficou conhecido por ser o filósofo oficial da *verifobia* (crença no vazio da palavra verdade), bem como a perspectiva epistemológica de Karl Popper, para quem as verdades devem ser (objetivamente, não subjetivamente) relativas por dependerem

---

[226] GIL, Fernando. *Tratado da evidência*. Lisboa: Imprensa Nacional-Casa da Moeda, 1996. p. 19.
[227] GIL, Fernando. *Tratado da evidência*. Lisboa: Imprensa Nacional-Casa da Moeda, 1996. p. 22-23.
[228] GIL, Fernando. *Provas*. Lisboa: Imprensa Nacional-Casa da Moeda, 1986. p. 41.
[229] GIL, Fernando. *Tratado da evidência*. Lisboa: Imprensa Nacional-Casa da Moeda, 1996. p. 25.

das informações disponíveis e dos métodos aplicados no processo de seu exame.²³⁰ Na realidade,

> o mercado das ideias sobre a verdade é muito rico (pode-se dizer: extremamente rico), como ele costumava ser, historicamente, mas é muito mais nestes dias atuais. As pessoas falam da verdade como coerência (narrativa de lógica), da verdade como consentimento (de algumas pessoas, de muitos ou mesmo do público universal), da verdade como plausibilidade ou persuasão de uma história, de verdade como probabilidade (ou como um dos vários conceitos de probabilidade), de verdades absolutas, de verdades relativas, de verdades subjetivas, e assim por diante em uma longa série de variações. Tal tema é infinitamente complexo, que, na cultura ocidental é discutido, pelo menos, começando com Aristóteles, não podendo ser analisado seriamente aqui em seus termos gerais.²³¹

Interessa ao presente estudo os campos da *linguagem* e da *percepção*, que, para Fernando Gil, constituem um sistema sobre o qual se encontra enraizada a noção filosófica da evidência. Conceitos como atenção (orientação), ostensão (tato), intuição (vista) e injunção do verdadeiro (ouvido) formatam a experiência dos sentidos e caracterizam a sintaxe da evidência. "O que se estende na frente (*ob* + *tendere*) ou para o qual eu tendo (*ad* + *tendere*), aquilo de que eu olho o interior (*in* + *tueor*) ou que ouço diante de mim (*ob* + *audire*), eis os pilares da inteligibilidade própria da evidência". Desta forma, uma "verdade interior aos sentidos veicula o pensamento da evidência".²³²

Nota-se em Epicuro que a evidência já abrigava a pureza original da apreensão, não demandando nenhum reforço exterior de convicção. A sua realidade exterior consistia, portanto, na conformidade com as percepções do sujeito, razão por que "uma veracidade interior às aparências e a certos inteligíveis permitiria dispensar a prova; a partir de Epicuro e dos Estóicos a evidência é o *kriterion* da verdade". Como este critério que envolve a dimensão do sensível (perceptivo) é indemarcado, a evidência "intensifica a experiência sensível e linguageira, revestindo de um suplemento de

---

²³⁰ TARUFFO, Michele. Evidence, truth and the rule of law. *Revista de Processo*, São Paulo, v. 238, p. 87-98, dez. 2014. p. 90-92.
²³¹ No original: "[...] the market of the ideas about truth is very rich (one could say: exceedingly rich), as it used to be historically but is much more in these current days. People speak of truth as coherence (narrative of logical), of truth as consent (of a few people, of many or even of the universal public), of truth as plausibility or persuasiveness of a story, of truth as probability (or as one of the various concepts of probability), of absolute truths, of relative truths, of subjective truths, and so on in a long series of variations. Such an infinitely complex topic, that in the Western culture is discussed at least beginning with Aristoteles, cannot be seriously analyzed here in its general terms" (TARUFFO, Michele. Evidence, truth and the rule of law. *Revista de Processo*, São Paulo, v. 238, p. 87-98, dez. 2014. p. 92).
²³² GIL, Fernando. *Tratado da evidência*. Lisboa: Imprensa Nacional-Casa da Moeda, 1996. p. 53.

verdade os seus modelos naturais de inteligibilidade", recebendo, deste modo, a marca do *dogmatismo*. Aqui reside a gênese das ideias de dispensa de prova pela evidência.²³³

A evidência se apoia numa veracidade inerente da linguagem e da percepção, imunizando-se de qualquer constrangimento ou crítica, cuja noção a torna *antinômica da prova*.²³⁴ Ao se cogitar que "é evidente o que dispensa uma prova, é verdadeira uma afirmação que não precisa de justificação; a evidência é uma verdade redobrada, uma afirmação que não precisa de justificação", ainda mais problemático seria refletir sobre a *verdade da evidência* ou *evidência da verdade*, supondo-se que a evidência conjectura todo o pensamento da verdade.²³⁵

Diz-se evidente aquilo que se apresenta como "simulacro de autorreferencialidade, pretensão de uma justificação centrada em si mesmo" ou a "a uma satisfação demasiado rápida perante indicadores de mera plausibilidade", ou seja, é evidente o que não demanda prova. A evidência instaura um "desamor do contraditório" ou, em outras palavras, uma "vertigem anticrítica e antidemocrática". Com estas palavras e embasado nos estudos de Fernando Gil, Rui Cunha Martins admite a existência simultânea entre a *verdade da evidência* (alheia à ideia de processo, trabalha a verdade de modo alucinatório) e a *verdade da prova* (a verdade é possível de ser alcançada, desde que seu exame seja sujeitado ao processo).²³⁶ Ademais,

> a linguagem da evidência encurta distâncias; quando radicalizada, prescinde mesmo da mediação. A vontade de preenchimento é nela mais forte do que qualquer tipo de predisposição autorregulatória. Por isso, carente de filtragem crítica ou da hipótese de contradição, tende a exprimir-se no modo alucinatório.²³⁷

Essas linhas guardam completa relação com o direito e, mais especificamente, com o processo. Basta lembrar-se dos primitivos *ritos ordálicos*, como meios de prova que revelavam o juízo de Deus a partir de elementos da natureza na definição da culpa ou inocência do acusado submetido a julgamento, bem como do *juramento*, em que também subjaz uma crença religiosa e divinatória na figura absoluta do julgador, a qual impõe o "castigo" do perjúrio na hipótese de mentira. Não seria por demais lembrar da *confissão*, do *flagrante delito*, da *presunção* e do *fato notório*

---

[233] GIL, Fernando. *Tratado da evidência*. Lisboa: Imprensa Nacional-Casa da Moeda, 1996. p. 54-55.
[234] GIL, Fernando. *Modos da evidência*. Lisboa: Imprensa Nacional-Casa da Moeda, 1998. p. 84.
[235] GIL, Fernando. *Tratado da evidência*. Lisboa: Imprensa Nacional-Casa da Moeda, 1996. p. 9.
[236] MARTINS, Rui Cunha. *O ponto cego do direito*: the Brazilian lessons. 3. ed. São Paulo: Atlas, 2013. p. 2-3.
[237] MARTINS, Rui Cunha. *O ponto cego do direito*: the Brazilian lessons. 3. ed. São Paulo: Atlas, 2013. p. 11.

que, assim como os ritos ordálicos e de juramento, estariam na quadra da "evidência social que dispensa a prova". Há em todas estas modalidades uma *performatividade da prova* direcionada ao atingimento da verdade ou à significação da verdade para, no processo, fundamentar a imediata punição do acusado.[238] Vê-se aqui "uma crença na possibilidade de alcançar um conhecimento confiável e verdadeiro dos fatos".[239]

Fernando Gil lembra que, em meados do século XIII, no período do *ordo iudiciarius* já mencionado no capítulo 1, falava-se na "prova mais clara que a luz do dia (*luce meridiana clarior*)" no processo, vale dizer, a *evidentia* do notório e da confissão, cujo arcaísmo ainda persiste nos sistemas processuais nos quais há julgamento.[240] No seu entender, o notório

> tem por consequência a eliminação imediata do processo, podendo o juiz abster-se de citar o réu e decidir sem o ouvir; como sempre, a evidência dispensa os mecanismos da prova. A confissão era assimilada ao facto notório, com o mesmo efeito suspensivo. Facto notório e confissão enquadram um contínuo interpretativo cujos pólos são a colectividade e o agente do acto: a confissão é intransmissível, não se desprende daquele que confessa; o facto notório estabelece-se a partir de uma transmissão anónima verificada e reverificada. Só nestas duas situações-limite se julga poder presumir a fiabilidade transparente do discurso ou do comportamento.[241]

A manutenção do arcaísmo da prova que, paradoxalmente, contribui para a sua própria eliminação nas operações da evidência, advém de uma *linguagem alucinatória* que, "com a força irrecusável do real, converte em verdade a percepção e a significação". A alucinação da evidência dá forma e põe em ação a lógica do sonho (Freud), significa a transposição da percepção para outra coisa diversa dela mesma, revela uma crença delirante, o dogmatismo da fé na existência, chegando-se à conclusão que, estando a evidência atrelada à alucinação, reconhece-se a sua patologia própria.[242] É por isto que, em direito, "todo o dispositivo processual apresenta modalidades variadas de contaminação pela evidência e que essa evidência tende a alucinar como produtora de verdade".[243]

---

[238] GIL, Fernando. *Tratado da evidência*. Lisboa: Imprensa Nacional-Casa da Moeda, 1996. p. 38-39; 41-42.

[239] No original: "[...] the belief in the possibility of achieving a reliable and truthful knowledge of facts" (TARUFFO, Michele. Evidence, truth and the rule of law. *Revista de Processo*, São Paulo, v. 238, p. 87-98, dez. 2014. p. 91).

[240] GIL, Fernando. *Tratado da evidência*. Lisboa: Imprensa Nacional-Casa da Moeda, 1996. p. 42.

[241] GIL, Fernando. *Tratado da evidência*. Lisboa: Imprensa Nacional-Casa da Moeda, 1996. p. 42.

[242] GIL, Fernando. *Tratado da evidência*. Lisboa: Imprensa Nacional-Casa da Moeda, 1996. p. 51; 217-218.

[243] MARTINS, Rui Cunha. *O ponto cego do direito*: the Brazilian lessons. 3. ed. São Paulo: Atlas, 2013. p. 69.

A prova funcionaria como elemento hábil a produzir a *convicção* do destinatário, não apenas como meio de demonstração destinada à sua aceitação em procedimentos formais. Partindo da reflexão epistemológica de Leibniz, Fernando Gil suscita que a prova é "indissociável de um assentimento que apresenta *graus* e o problema que coloca é, pois, o seguinte: em que condições e segundo que critérios um juízo ou uma teoria devem ser declarados suficientemente justificados, de modo a suscitarem convicção?"[244] Caso a convicção estivesse associada à ideia de verdade, como decorrência do procedimento probatório, há aqui uma conexão com a ideologia da crença, que é a marca da evidência. Isto porque "o assentimento, condição da convicção, se constitui em expressão máxima do contágio da convicção pela crença e, nesse sentido, em expressão de uma brecha mais nos modelos de constrangimento à evidência". É que na crença subjaz o mecanismo epistêmico da *adesão*, o que significa que apenas ocorre uma adesão (aceitação) àquilo em que se crê.[245] Para Rui Cunha Martins, a convicção não é a etapa final de um trajeto, não sendo, aliás, sequer uma etapa. Segundo seu entendimento

> ao invés de um processo linear estendendo-se ao longo de dois polos, a convicção corresponde a um processo de sucessivas tangências e sobreposições, complexo e denso, no âmbito do qual os diferentes componentes do percurso se inter-relacionam e se convocam mutuamente, contaminando a respectiva posição, o respectivo sentido e os respectivos efetivos. À imagem de um trajeto operando em sucessivas etapas, cada uma delas correspondendo a um estádio epistêmico que, partindo da *crença* e passando pela *dúvida*, alcançaria sucessivamente o *assentimento*, a *confiança*, a *aceitação* e a própria *convicção*, para depois se prolongar na *decisão* e, por fim, na *justificação*, ambas situadas, nesta perspectiva, nos antípodas da crença originária, convirá contrapor a imagem de um circuito em que cada um destes estádios se disponibiliza a interagir e a contaminar os restantes – curto-circuitando, justamente, a demarcação ideal entre eles.[246]

A convicção recebe os influxos do *sentimento de preenchimento* do destinatário da prova que, engendrado pela (ou a partir de uma) expectativa, serve de base para os discursos retóricos do *garantismo-ativismo judicial* e da *celeridade* e *efetividade* do processo com a redução ou eliminação de procedimentos, matéria que será abordada nos capítulos seguintes. Mas como a linguagem da evidência converte em verdade a percepção e a significação, encurtando as distâncias, conforme visto acima, chega-se à

---

[244] GIL, Fernando. *Provas*. Lisboa: Imprensa Nacional-Casa da Moeda, 1986. p. 24.
[245] MARTINS, Rui Cunha. *O ponto cego do direito*: the Brazilian lessons. 3. ed. São Paulo: Atlas, 2013. p. 6.
[246] MARTINS, Rui Cunha. *O ponto cego do direito*: the Brazilian lessons. 3. ed. São Paulo: Atlas, 2013. p. 16.

conclusão de que tal "obsessão pelo máximo de certeza corresponde de fato a uma opção pelo mínimo de complexidade e, portanto, a uma operação de redução, base, aliás, do estabelecimento feroz de princípios de mera normalidade como indutores de certeza".[247]

Com base nessas reflexões, chega-se ao *paradoxo da prova* aventado por Rui Cunha Martins. Veja-se:

> a prova não deve ser fraca: a prova é aquela que se satisfaz com a verossimilhança, com o que se diz ser uma crença racional. Mas a verossimilhança que, fora da lógica e da matemática, é o regime normal da prova, não é em si um critério satisfatório, por mais convincente que seja. A verossimilhança não remove a eventualidade de excepções e de contra-exemplos – e as crenças racionais podem revelar-se erróneas: os erros judiciários assentam sempre em verossimilhanças e crenças racionais. Portanto, a prova tem de ser forte. Mas a prova FORTE revela-se de imediato DEMASIADO FORTE [...].[248]

Aliás, a prova demasiado forte esbarra numa ostensão de cunho alucinatório que, por decorrência, acaba a conduzindo para a vala da evidência, condição esta que tende a dispensar a própria prova, conforme visto anteriormente. Daí o paradoxo inescapável de uma *vertigem alucinatória da prova* centrada na percepção do seu destinatário.[249]

Não obstante as valiosas e extensas obras dedicadas ao tema da evidência, cujos contornos elementares foram esboçados nas linhas anteriores, restando desde já consignada a adesão às conjecturas que traçam a evidência como aquilo que dispensa a prova, cabe advertir que a "dispensa da prova", no cerne do presente estudo, representará a "dispensa da *cognitio*" em que "um tal sistema judiciário supõe uma forte coesão social e um sistema de crenças indefectível".[250]

3.3 Incursões pelo racionalismo crítico: colocando a evidência à prova

No plano epistemológico, a prova e seus critérios definem o caráter objetivo da cognição e a sua relação com a teoria da verdade. Os debates em torno da prova são vislumbrados desde os modelos gregos de Aristóteles (o silogismo, a indução, o entimema, o exemplo, a epagoge), mas o ponto

---

[247] MARTINS, Rui Cunha. *O ponto cego do direito*: the Brazilian lessons. 3. ed. São Paulo: Atlas, 2013. p. 13.

[248] GIL, Fernando. *Modos da evidência*. Lisboa: Imprensa Nacional-Casa da Moeda, 1998. p. 92.

[249] MARTINS, Rui Cunha. *O ponto cego do direito*: the Brazilian lessons. 3. ed. São Paulo: Atlas, 2013. p. 5.

[250] GIL, Fernando. *Tratado da evidência*. Lisboa: Imprensa Nacional-Casa da Moeda, 1996. p. 38.

alto desta discussão se concentrou no *positivismo*[251] e o no *empirismo lógico*[252] como sistemas filosóficos comuns aos membros do Círculo de Viena – destacando-se as figuras de Ludwig Wittgenstein, Rudolf Carnap e Otto Neurath –, movimento filosófico que encontrou em Karl Popper o seu maior opositor, tendo em sua trajetória intelectual se dedicado à crítica do positivismo, verificacionismo e observacionismo a partir da introdução do conceito de refutabilidade delineado por um critério de demarcação.[253]

Segundo Popper, "as teorias científicas nunca são inteiramente justificáveis ou verificáveis, mas que, não obstante, são suscetíveis de se verem submetidas a prova", não podendo haver, em ciência, "enunciado insuscetível de teste e, consequentemente, enunciado que não admita, em princípio, refutação pelo falseamento de algumas das conclusões que dele possam ser deduzidas". Por meio do critério de demarcação são adotadas regras que garantam a possibilidade de submeter os enunciados científicos à prova. É o mesmo que aferir a sua falseabilidade. Ao expor suas proposições, Popper ressalta que apenas deseja que qualquer enunciado científico seja submetido à testificação, recusando-se "a aceitar a concepção de que, em ciência, existam enunciados que devamos resignadamente

---

[251] Esse termo foi empregado pela primeira vez por Saint-Simon para designar o método exato das ciências e sua extensão para a filosofia, tendo sido posteriormente adotado por Augusto Comte, cujo plano filosófico ofertou relevantes desdobramentos pelo mundo ocidental a partir da segunda metade do século XIX. O positivismo se caracteriza pela "romantização da ciência, sua devoção como único guia da vida individual e social do homem, único conhecimento, única moral, única religião possível. Como Romantismo em ciência, o Positivismo acompanha e estimula o nascimento e a afirmação da organização técnico-industrial da sociedade moderna e expressa a exaltação otimista que acompanhou a origem do industrialismo. É possível distinguir duas formas fundamentais do Positivismo: O Positivismo *social* de Saint-Simon, Comte e John Stuart Mill, nascido da exigência de constituir a ciência como fundamento de uma nova ordenação social e religiosa; e o Positivismo *evolucionista* de Spencer, que estende a todo o universo o conceito de progresso e procura impô-lo a todos os ramos da ciência" (ABBAGNANO, Nicola. *Dicionário de filosofia*. 5. ed. rev. e ampl. São Paulo: Martins Fontes, 2007. p. 776-777).

[252] Ainda em Abbagnano, "a característica fundamental dessa corrente é a redução da filosofia à análise da linguagem. Nela, porém, podem ser distinguidas duas tendências fundamentais, segundo se entenda linguagem como linguagem *científica* ou linguagem *comum*. Essas duas tendências têm em comum um arsenal negativo e polêmico (a negação de qualquer 'metafísica') que elas compartilham como todo o Empirismo moderno e que justificam com a tese de que todos os enunciados metafísicos são desprovidos de sentido, porque não verificáveis empiricamente. Têm também em comum as duas teses propostas pela primeira vez por Ludwig Wittgenstein, em seu Tratado lógico-filosófico (1922): 1- os enunciados factuais, isto é, que se referem a coisas existentes, só têm significado se forem empiricamente verificáveis; 2- existem enunciados não verificáveis, mas verdadeiros com base nos próprios termos que os compõem; tais enunciados são *tautologias*, ou seja, não afirmam nada a respeito da realidade; a matemática e a lógica são conjuntos de tautologias" (ABBAGNANO, Nicola. *Dicionário de filosofia*. 5. ed. rev. e ampl. São Paulo: Martins Fontes, 2007. p. 328).

[253] GIL, Fernando. *Provas*. Lisboa: Imprensa Nacional-Casa da Moeda, 1986. p. 45; 54-55.

aceitar como verdadeiros, simplesmente pela circunstância de não parecer possível, devido a razões lógicas, submetê-los a teste".[254]

Aqui reside o *problema da evidência*, exatamente por supor uma proposição que apenas se conjectura como verdadeira, imunizando-se de qualquer possibilidade de refutação crítica conducente à sua testabilidade. Subjacente a essa questão encontra-se o problema do senso comum da *indução* que também foi apelidado de "teoria do balde mental" por Karl Popper, sendo bem representada pela asserção de que "nada há em nossa inteligência que não haja entrado nela por meio dos sentidos". Parte-se desta compreensão que há *expectativas* e *crenças* nas regularidades advindas de observações repetidas desde o passado, como as leis da natureza, tomando-as como certas e, portanto, não problematizáveis. Segundo Popper, esta "crença nas regularidades é justificada por aquelas observações repetidas que são responsáveis por sua gênese", noção que se colhe em Aristóteles como *epagoge* ou *indução*.[255]

David Hume buscou enfrentar o problema da indução a partir do seu desdobramento em dois problemas (*lógico* e *psicológico*), pois lhe interessava indagar a possibilidade de justificação das crenças por razões suficientes, sendo que suas conclusões, segundo Popper, o transformaram, ao mesmo tempo, em cético e crente. O resultado de Hume

> de que a repetição não tem qualquer força como argumento, embora domine nossa vida cognitiva ou nosso "entendimento", levou-o à conclusão de que o argumento, ou a razão, desempenha apenas um papel menor em nosso entendimento. Nosso "conhecimento" é desmascarado como sendo não só da natureza de crença, mas de crença racionalmente indefensável – de *uma fé irracional*?[256]

Ao propor uma reformulação sobre o problema lógico da indução, Popper de imediato substitui a expressão "exemplos de que temos experiência" de Hume para "asserções de teste" objetivando examinar se seria admissível dizer que uma teoria explanativa universal é verdadeira pela sua justificação baseada empiricamente, vale dizer, a partir de "asserções isoladas que descrevem acontecimentos observáveis" baseados em experiência. Ao contrário da proposta indutivista, a saída para o problema em exame

---

[254] POPPER, Karl Raimund. *A lógica da pesquisa científica*. Tradução de Leônidas Hegenberg e Octanny Silveira da Mota. São Paulo: Cultrix, 1972. p. 47-50.

[255] POPPER, Karl Raimund. *Conhecimento objetivo*: uma abordagem evolucionária. Tradução de Milton Amado. Belo Horizonte: Itatiaia, 1999. p. 14-15.

[256] POPPER, Karl Raimund. *Conhecimento objetivo*: uma abordagem evolucionária. Tradução de Milton Amado. Belo Horizonte: Itatiaia, 1999. p. 16.

está no conhecimento objetivo que, invariavelmente, considera "*todas as teorias ou leis como hipotéticas ou conjecturais*; isto é, como suposições".[257] Se "a ciência começa e termina sempre por problemas",[258] a provisoriedade revela-se como traço característico da teoria *possivelmente* verdadeira – nunca verdadeira *a prioristicamente* – a qual deverá ser exposta à testabilidade por uma metodologia crítica que envolverá teorias concorrentes (concorrencialidade teórica), resultando dessa atividade aquela teoria mais testável e que tenha maior conteúdo informativo, sendo considerada, portanto, a melhor teoria durante determinado tempo, mas invariavelmente exposta à crítica. O *método crítico* de Popper

> é um método de experiências e eliminação de erros, de propor teorias e submetê-las aos mais severos testes que possamos projetar. Se, em vista de certas admissões limitadoras, só é considerado possível um número finito de teorias concorrentes, este método pode levar-nos a isolar *a* teoria verdadeira pela eliminação de todas as suas concorrentes. Normalmente – isto é, em todos os casos em que o número de teorias possíveis é infinito – este método não pode verificar qual das teorias é verdadeira; nem o pode fazer qualquer outro método. Ele permanece aplicável, embora inconclusivo.[259]

Em ciência, portanto, busca-se empreender todos os métodos racionalmente possíveis para descobrir a verdade, embora não seja crível ter *certeza* de tê-la alcançado. Não há, pois, conhecimento definitivo ou que se julgue verdadeiro, como se pode encontrar na indução em que a crença é formada pela repetição. As experiências, "por mais importantes que sejam para nossos esforços científicos, não podem servir para estabelecer a verdade de uma ideia ou teoria, por mais que seja a sensação intuitiva de que ela deve ser verdadeira ou é evidente".[260] Neste ponto, Popper questiona a obscuridade do *essencialismo aristotélico*,[261] acompanhado por Hegel, Husserl, além dos seguidores da fenomenologia pura (intuição intelectual

---

[257] POPPER, Karl Raimund. *Conhecimento objetivo*: uma abordagem evolucionária. Tradução de Milton Amado. Belo Horizonte: Itatiaia, 1999. p. 18-20.

[258] POPPER, Karl Raimund. *O mito do contexto*: em defesa da ciência e da racionalidade. Tradução de Paula Taipas. Lisboa: Edições 70, 2009. p. 250.

[259] POPPER, Karl Raimund. *Conhecimento objetivo*: uma abordagem evolucionária. Tradução de Milton Amado. Belo Horizonte: Itatiaia, 1999. p. 27.

[260] POPPER, Karl Raimund; MILLER, David (Org.). *Textos escolhidos*. Tradução de Vera Ribeiro. Rio de Janeiro: Contraponto, 2010. p. 93-94.

[261] Trata-se de expressão cunhada por Popper para designar a escola de pensadores fundada por Aristóteles "que ensinava que a investigação científica tem que penetrar até a essência das coisas para poder explicá-las". No original: "[...] quien enseñaba que la investigación científica tiene que penetrar hasta la esencia de las cosas para poder explicarlas". Acredita-se pela doutrina essencialista que, em relação à pergunta "o que é justiça?", por exemplo, há uma resposta penetrante que revele o seu significado real ou essencial, sendo que a natureza real ou verdadeira da essência do termo *justiça* se revela como a principal missão da investigação científica (POPPER, Karl Raimund. *La miseria del historicismo*. Madrid: Taurus, 1961. p. 45).

das essências), expressando severas críticas em relação à evidência e sua relação com a verdade:

> O fato de um enunciado ser verdadeiro pode ajudar a explicar, vez por outra, por que ele nos parece evidente. É o que acontece com "2 + 2 = 4" ou com a frase "o Sol irradia luz e calor". Mas o inverso claramente não acontece. O fato de uma frase se afigurar "evidente" para alguns, ou até para todos nós, isto é, o fato de alguns ou mesmo todos nós acreditarmos firmemente em sua veracidade, e não conseguirmos conceber sua falsidade, não é razão para que ela seja verdadeira. (Em muitos casos, o fato de sermos incapazes de conceber a falsidade de um enunciado é apenas uma razão para suspeitarmos de que nossa capacidade de imaginação é deficiente ou subdesenvolvida.) Um dos erros mais graves que há é uma filosofia oferecer a evidência como argumento a favor da verdade de uma frase; no entanto, ele é cometido por praticamente todas as filosofias idealistas. E mostra que tais filosofias, muitas vezes, são sistemas de apologética para crenças dogmáticas. A desculpa de estarmos amiúde numa situação tal que temos de aceitar determinadas frases, sem outra razão senão elas serem evidentes, não é válida. Os princípios da lógica e do método científico (especialmente o "princípio da indução" ou a "lei da uniformidade da natureza") costumam ser mencionados como afirmações que devemos aceitar e que não podemos justificar por coisa alguma senão a evidência.[262]

A evidência advém da *necessidade de regularidade* (ou de *preenchimento*, conforme visto acima) que se aferra dogmaticamente em *expectativas*, perspectiva comum aos filósofos de crença que trabalham o *conhecimento subjetivo* que, segundo Popper, somente será criticável se se tornar *objetivo*.[263]

Também no estudo do tema, Hans Albert revela sua preocupação com as teorias do conhecimento que associam a verdade com a evidência, sobretudo em "conhecimentos com caráter de revelação, a parte da realidade correspondente surge de maneira imediata e evidente no campo visual do conhecedor", devendo este se portar como "um receptor obediente, de maneira que não se possa levantar nenhuma dúvida". Desta compreensão pode-se extrair o *intelectualismo clássico* em Descartes, pelo qual parte-se do primado da razão, intuição intelectual e saber teórico para o conhecimento imediato dos objetos, vale dizer, uma *intuição evidente* que envolve tanto a *indução* como a exigência de *certeza* na busca da *verdade*.[264] Com isso,

> o princípio da fundamentação suficiente do modelo clássico de racionalidade, que pretendia originalmente unir a verdade e a certeza, portanto, possibilitar

---

[262] POPPER, Karl Raimund; MILLER, David (Org.). *Textos escolhidos*. Tradução de Vera Ribeiro. Rio de Janeiro: Contraponto, 2010. p. 383.

[263] POPPER, Karl Raimund. *Conhecimento objetivo*: uma abordagem evolucionária. Tradução de Milton Amado. Belo Horizonte: Itatiaia, 1999. p. 33-35.

[264] ALBERT, Hans. *Tratado da razão crítica*. Tradução de Idalina Azevedo da Silva; Erika Gudde; Maria José P. Monteiro. Rio de Janeiro: Tempo Brasileiro, 1976. p. 29; 34.

o conhecimento seguro, conduziu, em última análise, à evidência de que, para se alcançar certeza absoluta, ter-se-ia que sacrificar o realismo e, com ele, a ideia de uma verdade com conteúdo, pois, como se sabe, enunciados analíticos são por certo "necessariamente" verdadeiros, porém nada dizem sobre a realidade.[265]

Neste ponto, torna-se possível visualizar o caráter dogmático do modelo clássico de racionalidade que trabalha a irrefutabilidade dos juízos intuitivos, assim como da percepção evidente dos sentidos do observador. Partindo-se da proposição "todas as certezas no conhecimento são autofabricadas e portanto não têm valor para a apreensão da realidade", chega-se à conclusão de que "nós sempre podemos adquirir certeza na medida em que *imunizamos* quaisquer partes de nossas convicções mediante a dogmatização *contra qualquer crítica* e, com isso, *resguardamo-la contra o risco do fracasso*".[266]

O sentimento de certeza é, para Popper, uma *crença forte*, melhor dizendo, uma *crença pragmática forte* relacionada ao problema psicológico da indução sustentado pela *teoria da repetição*, pela *ação prática* (pragmatismo), pela *evidência suficiente* que geram um sentimento de segurança ou certeza de sua verdade, elementos que não guardam racionalidade objetiva pela não submissão ao método crítico, revelando-se, portanto, dogmático.[267]

É de se notar que, na perspectiva do racionalismo crítico, não se propõe o abandono da procura da verdade. O que Popper sustenta é o abandono do *justificacionismo*, como sendo a busca no sentido de justificar a verdade de uma alegação, o *verificacionismo*, que trabalha a comprovação por meio de enunciados de observação e do próprio *observacionismo*, supondo-se que haveria aprendizagem ou conhecimento a partir da observação, como "atividade com um objetivo (encontrar ou verificar alguma regularidade que foi *pelo menos* vagamente vislumbrada)" e orientada por problemas e pelo *contexto* dos interesses e expectativas, vale dizer, das regularidades e das leis universais. Busca-se, portanto, sair do *pensamento*

---

[265] ALBERT, Hans. *Tratado da razão crítica*. Tradução de Idalina Azevedo da Silva; Erika Gudde; Maria José P. Monteiro. Rio de Janeiro: Tempo Brasileiro, 1976. p. 49.

[266] ALBERT, Hans. *Tratado da razão crítica*. Tradução de Idalina Azevedo da Silva; Erika Gudde; Maria José P. Monteiro. Rio de Janeiro: Tempo Brasileiro, 1976. p. 48. Digno de nota que a expressão *"imunizar* qualquer teoria contra a crítica" formulada por Hans Albert, ao enunciar o traço característico do dogmatismo, recebeu a expressa adesão por Karl Popper em sua obra, como forma de refutação ao empirismo e positivismo lógico (POPPER, Karl Raimund. *Conhecimento objetivo*: uma abordagem evolucionária. Tradução de Milton Amado. Belo Horizonte: Itatiaia, 1999. p. 40).

[267] POPPER, Karl Raimund. *Conhecimento objetivo*: uma abordagem evolucionária. Tradução de Milton Amado. Belo Horizonte: Itatiaia, 1999. p. 36-37.

dogmático por meio do *pensamento crítico* encaminhado pelo conhecimento objetivo.[268]

Veja-se que Habermas, ao propor fundamentos para que se tenha uma nova compreensão da razão, do ser humano e da sociedade, sustentou que o primeiro passo seria romper com a *filosofia da consciência* (paradigma kantiano da subjetividade), por considerar que a racionalidade não depende diretamente do sujeito, mas da *intersubjetividade*,[269] o que justifica o modelo dialógico da ética da discussão desenvolvido juntamente com Karl-Otto Apel, que pretende esclarecer as condições da intercompreensão e demarcar os pressupostos pragmáticos da linguagem. Isto justificaria o salto para a *filosofia da linguagem*, em cuja concepção a história e a cultura são fontes de formas simbólicas que, ao lado das particularidades das identidades individuais e coletivas, vão influenciar o diálogo (pluralismo epistêmico).[270]

Neste passo, Habermas considera que o conceito de verdade como correspondência é indissociável à ideia de conhecimento como representação. Com efeito, se a linguagem e a realidade estão jungidas de tal modo que não podem ser consideradas em separado, compreende-se que "a verdade de uma sentença só pode ser justificada com a ajuda de outras sentenças já tidas como verdadeiras". Quando se alega a verdade de uma proposição, considerando o contexto e a linguagem de determinado discurso intersubjetivo, deve esta verdade transcender qualquer contexto dado de justificação, já que "é uma propriedade que as proposições não podem perder – uma vez que uma proposição é verdadeira, ela é verdadeira para sempre e para qualquer público, não só para nós".[271] Tomando-se em conta o pragmatismo de Kant que tenta explicar o vínculo intrínseco entre a justificabilidade e a verdade, Habermas observa que buscou em

---

[268] POPPER, Karl Raimund. *Autobiografia intelectual*. Tradução de Leônidas Hegenberg e Octanny Silveira da Mota. São Paulo: Cultrix, 1977. p. 58-59; 87.

[269] Em Habermas, o discurso racional, portanto, suplica uma contínua descentração das perspectivas subjetivas de cada participante de uma comunidade comunicacional. Por outro lado, os pressupostos normativos da comunicação conferem uma obrigação estrutural que conduz à formação de um juízo imparcial. Daí a ideia de intersubjetividade, enquanto subjetividade constituída pela interação dos participantes no discurso. Para Habermas, não existe acesso direto às condições de verdade sem passar pelo filtro do discurso, pois "a argumentação permanece o único meio disponível para se certificar da verdade, porque não há outra maneira de examinar as pretensões de verdade tornadas problemáticas" (HABERMAS, Jürgen. *Verdade e justificação* – Ensaios filosóficos. Tradução de Milton Camargo Mota. São Paulo: Loyola, 2004. p. 48-49).

[270] HABERMAS, Jürgen. *Verdade e justificação* – Ensaios filosóficos. Tradução de Milton Camargo Mota. São Paulo: Loyola, 2004. p. 38-39. Ainda sobre o *salto* da filosofia da consciência para a filosofia da linguagem, ver-se-á no capítulo 5 que tal empreendimento efetivamente foi alcançado por Karl Popper.

[271] HABERMAS, Jürgen. *A ética da discussão e a questão da verdade*. Tradução de Marcelo Brandão Cipolla. 2. ed. São Paulo: Martins Fontes, 2007. p. 59-60.

sua obra esclarecer a verdade em razão de uma justificabilidade ideal (verdade como uma possibilidade justificada de afirmação), no entanto, anota que reformulou seu antigo *conceito discursivo de verdade* por compreender que a alegação da verdade no discurso conduz à sua aceitabilidade racional e não à própria verdade.[272] Mas por qual razão os participantes sentir-se-iam autorizados a aceitar uma posição controversa tida como verdadeira? Habermas esclarece que as próprias condições ideais favorecem a consciência da falibilidade e da autocrítica dos participantes, o que possibilita o esgotamento de todas as objeções argumentativas a favor e contra a proposição posta em debate. Com isto, os participantes ficariam convencidos da legitimidade dessa pretensão de verdade.

Para tentar esclarecer a sua concepção sobre a verdade, Popper se utiliza das linhas de Alfred Tarski para aduzir que não se opõe à teoria de que a verdade se revela como a correspondência aos fatos (ou à realidade), contudo, ressalta que "somos buscadores da verdade mas não somos seus possuidores". Isto quer dizer que, em ciência, há possibilidade de se estabelecer um critério objetivo não de alcance de uma certeza absoluta, o que conduziria ao dogmatismo, mas da aproximação da verdade por uma teoria mais testada no âmbito da concorrencialidade teórica. Daí falar-se em proximidade da verdade, aproximação da verdade ou, pelas suas palavras, em *verossimilitude*, cuja noção lógica abarca a ideia de verdade e a noção do conteúdo lógico de uma asserção que poderá ser falseável. Nesta ordem, "a verossimilitude de uma asserção será exposta como aumentando com seu conteúdo de verdade e decrescendo com seu conteúdo de falsidade". No plano epistemológico, alcança o melhor grau de verossimilitude aquela teoria que tem o maior poder explicativo, a mais resistente e com mais conteúdo, embora sempre exposta ao método das conjecturas e das refutações críticas.[273]

---

[272] Sobre esta revisão conceitual, "ou o conteúdo normativo dos pressupostos pragmáticos de discursos racionais não é suficiente para excluir a falibilidade de um consenso discursivamente alcançado em condições aproximadamente ideais; ou as condições ideais de assertibilidade racional, que são suficientes para isso, perdem a força que caracteriza uma ideia reguladora e lhe permite orientar o comportamento, porque elas não podem ser cumpridas nem mesmo de maneira aproximativa por sujeitos capazes falar e agir (*sic*), tal como os conhecemos. Essas objeções me levaram a uma revisão que relaciono o conceito discursivo mantido de aceitabilidade racional a um conceito de verdade pragmático, não epistêmico, sem com isso assimilar a 'verdade' à 'assertibilidade ideal'" (HABERMAS, Jürgen. *Verdade e justificação* – Ensaios filosóficos. Tradução de Milton Camargo Mota. São Paulo: Loyola, 2004. p. 48). Em sentido contrário: cf. LEAL, Rosemiro Pereira. *A teoria neoinstitucionalista do processo*: uma trajetória conjectural. Belo Horizonte: Arraes, 2013. p. 44-45.

[273] POPPER, Karl Raimund. *Conhecimento objetivo*: uma abordagem evolucionária. Tradução de Milton Amado. Belo Horizonte: Itatiaia, 1999. p. 53-54. Ainda sobre a verdade como correspondência: cf. POPPER, Karl Raimund. *O mito do contexto*: em defesa da ciência e da racionalidade. Tradução de Paula Taipas. Lisboa: Edições 70, 2009. p. 280-283; HAACK, Susan. *Filosofia*

Para tanto, Hans Albert ressalta que a aproximação da verdade demanda a correção dos nossos erros. Com isto, torna-se necessário "sacrificar a aspiração subjacente à certeza na teoria clássica e suportar a permanente incerteza quanto à confirmação das nossas convicções e sua manutenção no futuro". Neste ponto, afirma o autor que não há discussão racional sem a ruptura com o caráter pragmático que é elementar a toda dogmatização, em que o juízo de certeza no conhecimento é *radicalmente subjetivista*. No lugar da fundamentação suficiente entra a metodologia crítica como rota de fuga do infalibilismo, da imunização à crítica, do dogmatismo e da razão intrínseca das autoridades.[274] Daí o acerto do método popperiano, segundo o qual

> não há noção mais apropriada para caracterizar a racionalidade que a da sua presteza em aceitar críticas; isto é, críticas que debatam os méritos de teorias rivais, sob o prisma da ideia reguladora da verdade. Consequentemente, o grau de corroboração de uma teoria é um guia racional para a ação. Embora não possamos justificar uma teoria – ou seja, não possamos justificar nossa crença na verdade dela – é possível, às vezes, justificar nossa *preferência* por uma teoria, em desfavor de outra; isso acontece, por exemplo, quando o grau de corroboração da teoria preferida é maior do que o grau de corroboração das demais teorias.[275]

Tais conjecturas são possíveis a partir da compressão da *epistemologia evolucionária* que mostra o avanço biológico do homem com a invenção da *linguagem descritiva* e *argumentativa* que, nas cogitações de Popper, compreendem as "funções mais altas da linguagem" por apenas serem possíveis no conhecimento humano, diferentemente da *linguagem autoexpressiva* e *sinalizadora* que, enquanto funções inferiores, são comuns entre os homens e os animais. Embora negligenciadas por boa parte dos filósofos que concentram suas conjecturas nas funções inferiores, as funções superiores da linguagem revelam sua importância na concepção de um *terceiro mundo linguístico* (o *mundo 3* de Popper)[276] por meio do qual se torna

---

das lógicas. Tradução de Cezar Augusto Mortari; Luiz Henrique de Araújo Dutra. São Paulo: UNESP, 2002. p. 143-176.

[274] ALBERT, Hans. *Tratado da razão crítica*. Tradução de Idalina Azevedo da Silva; Erika Gudde; Maria José P. Monteiro. Rio de Janeiro: Tempo Brasileiro, 1976. p. 50-53.

[275] POPPER, Karl Raimund. *Autobiografia intelectual*. Tradução de Leônidas Hegenberg e Octanny Silveira da Mota. São Paulo: Cultrix, 1977. p. 112.

[276] Para a teorização do conhecimento no sentido objetivo, Popper propõe o estudo de três mundos, sendo o *"mundo 1"* relacionado ao mundo físico, o *"mundo 2"* voltado para as experiências conscientes e o *"mundo 3"*, que é o mundo onde se situam os conteúdos lógicos das teorias, conjecturas, livros, bibliotecas e similares. Deste modo, sustenta a tese de que "a *plena consciência de si mesmo* depende de todas estas teorias (mundo 3) e de que os animais, embora capazes de sentimentos, sensações, memória e, portanto, de consciência, não possuem a plena consciência do próprio ser, que é um dos resultados da linguagem humana, e o desenvolvimento do mundo

possível "desenvolver os problemas e os padrões da crítica racional". Pela *função descritiva da linguagem* extrai-se a ideia reguladora ou avaliadora da verdade, conteúdo de verdade e verossimilitude. Cuida-se aqui de uma *linguagem descritiva exossomática* (linguagem escrita que se desenvolve fora do corpo) sem a qual não se afiguraria aceitável submeter qualquer objeto a uma discussão crítica. Já a *função argumentativa da linguagem* "pressupõe a função descritiva: os argumentos, fundamentalmente, são acerca das descrições, criticam descrições do ponto de vista das ideias reguladoras de verdade, de conteúdo e de verossimilitude".[277]

Em vista disso, Popper propõe o esquema a seguir indicado para o crescimento do conhecimento pelo método crítico, sendo *P1* o problema inicial, *TT* a teoria experimental ou, nas palavras de Rosemiro Leal, testificação teorizada,[278] *EE* a eliminação de erros por meio de discussão crítica tendente a *P2*, representado por novos problemas:

$$P_1 \rightarrow TT \rightarrow EE \rightarrow P_2$$

Nota-se aqui o "mundo 3" que, de forma autônoma, opera um efeito de retrocarga sobre os "mundos 1 e 2" tendente ao crescimento do conhecimento. Daí o ganho ofertado pela evolucionariedade da ciência com a expansão da própria lucidez a partir de teorias já escritas ou com a criação de novas teorias. A linguagem descritiva e argumentativa trouxe para o conhecimento humano o êxito de não apenas possibilitar o desenvolvimento e utilização do método crítico com relação às teorias, mas, antes, a própria formulação linguística de teorias que "permite-nos criticá-las e eliminá-las sem eliminar a raça que as carrega".[279] Com Popper,

> a *teoria do discurso* saiu das garras da tópica e da retórica, da erística e da heurística, da razão categórica, da *epagoge* que impunha secularmente a ideologia da verdade por indução (pragmática ou transcendental-criticista) a partir da observação (metafísica), da mimeses (comunidade natural de pré-linguagens que se imitam e se interagem na base empática das estruturas atávicas, universais e eternas), da magia e do positivismo sociológico, para se instalar nos pontos de privação (repressão) verbal pela teorização do não-pensado

---

3, especificamente humano" (POPPER, Karl Raimund. *Conhecimento objetivo*: uma abordagem evolucionária. Tradução de Milton Amado. Belo Horizonte: Itatiaia, 1999. p. 78).

[277] POPPER, Karl Raimund. *Conhecimento objetivo*: uma abordagem evolucionária. Tradução de Milton Amado. Belo Horizonte: Itatiaia, 1999. p. 121-122. Para mais: cf. LEAL, Rosemiro Pereira. *A teoria neoinstitucionalista do processo*: uma trajetória conjectural. Belo Horizonte: Arraes, 2013. p. 80-83.

[278] LEAL, Rosemiro Pereira. *Processo como teoria da lei democrática*. Belo Horizonte: Fórum, 2010. p. 57-58.

[279] POPPER, Karl Raimund. *Conhecimento objetivo*: uma abordagem evolucionária. Tradução de Milton Amado. Belo Horizonte: Itatiaia, 1999. p. 75; 120.

(o terceiro mundo de Karl Popper) como proposta de modificar a "sintaxe do mundo" (expressão de Sérgio Paulo Rouanet) pela oferta de um *mundo objetivo* de teorias onde estas, ao se rivalizarem numa concorrência continuada, pudessem ser adotadas, substituídas, destruídas ou morrer no lugar dos homens, seus teorizadores.[280]

A oferta do racionalismo crítico popperiano promove o salto epistemológico para o conhecimento objetivo, desgarrando-se do personalismo hermenêutico, do indutivismo, do essencialismo, do positivismo, do pragmatismo, das crenças e ideologias secularmente preservadas no discurso do conhecimento humano.

Como responsável pelo seguimento dessas conjecturas e sua inauguração no campo jurídico, Rosemiro Pereira Leal que, assim com Karl Popper, considera-se um epistemólogo (*filósofo rebelde*),[281] construiu sua *teoria neoinstitucionalista do processo* no sentido de propor um novo marco de demarcação teórica pelo *processo como teoria da lei* a ser operado nos níveis instituinte, constituinte e constituído do direito com pretensões de guindagem do discurso jurídico ao *status* democrático. É que tanto na lógica popperiana como em seu teorométodo,

o Direito não é obtido pela relação intersubjetiva (regra de reconhecimento de fundo axiológico), mas pela *interenunciatividade* (interenunciações) em que *teorias* devam concorrer com *teorias* para, testificadas entre si, seja possível escolher a mais resistente (não imune!) à crítica.[282]

Na quadra da ciência dogmática do direito, pratica-se a manipulação do sentido normativo pela autoridade (no caso, o juiz), para a qual é entregue a prerrogativa da livre interpretação do direito, ciência em que subjaz um "instrumento lógico-jurídico de livre manobra dos *experts* e autoridades para realizar, de modo nomológico e tópico-retórico (doutrinário), com apoio na *dogmática analítica*, a mítica dos ideais da falaciosa justiça", além da paz social e bem comum por meio de um direito não necessariamente legislado.[283] Os praticantes do direito dogmático – quase todos os juristas brasileiros – sustentam o saber pressuposto e indemarcado da autoridade não conjecturável pela via da crítica (objetividade científica), criando-se

---

[280] LEAL, Rosemiro Pereira. *Processo como teoria da lei democrática*. Belo Horizonte: Fórum, 2010. p. 57-58.

[281] LEAL, Rosemiro Pereira. *A teoria neoinstitucionalista do processo*: uma trajetória conjectural. Belo Horizonte: Arraes, 2013. p. 101.

[282] LEAL, Rosemiro Pereira. *A teoria neoinstitucionalista do processo*: uma trajetória conjectural. Belo Horizonte: Arraes, 2013. p. 105.

[283] LEAL, Rosemiro Pereira. *A teoria neoinstitucionalista do processo*: uma trajetória conjectural. Belo Horizonte: Arraes, 2013. p. 14; 34.

um espaço em que a verdade é ideologizada e apreensível apenas pelo decisor, tido como o destinatário da prova.

Em contrariedade ao perfil autoritarista alojado na linguagem jurídica, as conjecturas de Rosemiro Leal, assim como aquelas anteriormente propostas por Popper, não abonam a ciência dogmática do direito que, praticada por discursos salvacionistas de ativismo ou garantismo judicial, carregam os ranços históricos de uma linguagem jurídica a cargo dos "saberes privilegiados das autoridades"[284] comuns aos modelos liberal e social de processo. É por isto que a teoria neoinstitucionalista do processo se apresenta como

> uma proposição epistemológico-linguístico-autocrítica que se candidata à enucleação de uma *coinstitucionalidade* em cujo bojo sistêmico o Estado é construído como uma instituição acessória e protossignificativa a se configurar (o que se concebe na pós-modernidade jurídica) como Estado de Direito Democrático já recepcionado na Constituição Brasileira de 1988 com a designação de *Estado Democrático de Direito* (art. 1º). Esse, "Estado", em minha teoria, é democrático, porque gestado (emerso) e atuado por um direito que não se entrega ao paradigma, em sua operacionalização, da alíbica *ciência dogmática do direito*, logo é concebido como Estado não Dogmático.[285]

Mas para interrogar o dogmatismo jurídico de fundo empirista e indutivista, Rosemiro Leal partiu dos desdobramentos ofertados pelo racionalismo crítico popperiano para desenvolver um método de estudo do conhecimento científico a partir da *epistemologia* pós-grega[286] como modelo de pensar que trabalha a *ideia* de certeza, diferentemente da *episteme* antegrega ou grega em que se idealiza a verdade ou certeza absoluta (evidência).

A noção elementar da *epistemologia* está no estudo geral e sistemático do conhecimento humano numa relação sujeito-objeto, consciência-existência e linguagem-mundo, diferenciando-se da *gnoseologia* (estudo do pensamento e do conhecimento humano numa relação do sujeito consigo mesmo) e da *filosofia* (estudo do conhecimento de caráter especulativo, não se entregando a demarcações rígidas) sendo que estas duas últimas podem se organizar pela epistemologia.[287]

---

[284] BATISTA, Sílvio de Sá. *Má-fé e boa-fé na processualidade democrática*. Rio de Janeiro: Lumen Juris, 2015. p. 165.

[285] LEAL, Rosemiro Pereira. *A teoria neoinstitucionalista do processo*: uma trajetória conjectural. Belo Horizonte: Arraes, 2013. p. 3.

[286] LEAL, Rosemiro Pereira. Da técnica procedimental à ciência processual contemporânea. In: BRÊTAS, Ronaldo de Carvalho Dias; SOARES, Carlos Henrique (Coords.). *Técnica processual*. Belo Horizonte: Del Rey, 2015. p. 10.

[287] LEAL, Rosemiro Pereira. *Teoria geral do processo*: primeiros estudos. 12. ed. Rio de Janeiro: Forense, 2014. p. 252.

O método proposto por Rosemiro Leal se assenta em grandes narrativas que compõem as bases morfológicas da epistemologia: *técnica – ciência – teoria – crítica*. Partindo-se da noção elementar destas narrativas, encontra-se a *técnica* como o conjunto de procedimentos empenhados numa relação meio-fim, portanto, é o proceder organizado que visa a resultados úteis, enquanto que a *ciência*, como saber organizado, representa "a atividade produtora de esclarecimentos do conhecimento ou conjunto de conhecimentos".[288] Todavia, ao se considerar tão somente a articulação da ciência com a técnica (racionalização da técnica), tal atividade tornar-se-ia insuficiente para reduzir os conflitos humanos e grau de obscuridade do discurso do conhecimento neles praticados, limitando-se à chamada *tecnologia*,[289] fazendo-se necessário arguir a ciência e a técnica pela *teoria* que, na perspectiva popperiana adotada por Rosemiro Leal, é uma proposição (não ideológica) formalizada oferecida à crítica, vale dizer, opera-se o conhecimento objetivo ao estacionar o tempo de reflexão para o interlocutor, ofertando-lhe a possiblidade de gerar refutação daquilo que está escrito. Completando esta quadra da epistemologia, tem-se a *crítica*, que é o apontamento teórico de vazios enunciativos (aporias – ausência de conteúdos) na estrutura do discurso do conhecimento formalizado.[290] Ainda neste sentido, Silvio de Sá Batista observa que "a crítica é o recurso de indagação permanente da racionalidade humana, que gera as condições e possibilidades para o crescimento do pensamento científico".[291]

Com base na *epistemologia quadripartite*, que é uma epistemologia ampliada e desenvolvida não de forma linear e sucessiva, mas a partir do entrecruzamento entre suas narrativas com cargas e retrocargas de arguições, busca-se conjecturar a epistemologia numa perspectiva de linguagem-mundo, fora, portanto, da relação sujeito-objeto em que se limitam os filósofos que buscaram esclarecer a evidência, a verdade e a certeza.

À evidência se confere o *"status* de um dogma"[292] e, como tal, insuscetível à crítica. O próprio conhecimento subjetivo, pela ausência de objetividade (descritividade), não se expõe à discussão crítica e, se a evidência

---

[288] LEAL, Rosemiro Pereira. *Teoria geral do processo*: primeiros estudos. 12. ed. Rio de Janeiro: Forense, 2014. p. 253.
[289] LEAL, Rosemiro Pereira. Da técnica procedimental à ciência processual contemporânea. In: BRÊTAS, Ronaldo de Carvalho Dias; SOARES, Carlos Henrique (Coords.). *Técnica processual*. Belo Horizonte: Del Rey, 2015. p. 6.
[290] LEAL, Rosemiro Pereira. *Teoria geral do processo*: primeiros estudos. 12. ed. Rio de Janeiro: Forense, 2014. p. 253.
[291] BATISTA, Sílvio de Sá. Teoria processual da relação jurídica como técnica ideológica de julgamento: uma estagnação científica. In: BRÊTAS, Ronaldo de Carvalho Dias; SOARES, Carlos Henrique (Coords.). *Técnica processual*. Belo Horizonte: Del Rey, 2015. p. 101.
[292] ALBERT, Hans. *Tratado da razão crítica*. Tradução de Idalina Azevedo da Silva; Erika Gudde; Maria José P. Monteiro. Rio de Janeiro: Tempo Brasileiro, 1976. p. 53.

se encontra alojada no plano da intuição, subjetividade, indução e crença, resta saber se seria possível enquadrá-la com o direito democrático.

Bachelard já havia consignado que nada é evidente, *tudo é construído*,[293] mas, até o presente momento, somente em Popper são encontradas as bases para a teorização de uma sociedade aberta (democrática), liberta das tiranias e dos discursos de autoridade que impedem a sua construção. Partindo desta premissa, revela-se cogitável, na pós-modernidade, a criação de uma teoria comprometida com a linguisticidade democratizante, tomando-se o *processo* como possibilidade lógico-jurídica para "descrever, conjecturar e arguir a linguagem" jurídica.[294]

A evidência decorre da *cognitio intuitiva*,[295] um modo de apreensão imediata do objeto e, como tal, não processualizada objetivamente. Não passa, portanto, pelo conhecimento objetivo conjecturado por Karl Popper e pela processualidade democrática teorizada por Rosemiro Leal, temática que será abordada nos capítulos seguintes.

---

[293] BACHELARD, Gaston. *A formação do espírito científico*: contribuição para uma psicanálise do conhecimento. Tradução de Estela dos Santos Abreu. Rio de Janeiro: Contraponto, 1996. p. 18.

[294] LEAL, Rosemiro Pereira. *A teoria neoinstitucionalista do processo*: uma trajetória conjectural. Belo Horizonte: Arraes, 2013. p. 62.

[295] GIL, Fernando. *Tratado da evidência*. Lisboa: Imprensa Nacional-Casa da Moeda, 1996. p. 170.

CAPÍTULO 4

A ORDINARIEDADE PROCEDIMENTAL NA PROCESSUALIDADE DEMOCRÁTICA

4.1 A teoria neoinstitucionalista do processo como teoria da processualização testificante

Os altos estudos em direito processual ficaram marcados em 1999 com a publicação do livro *Teoria geral do processo: primeiros estudos*, de Rosemiro Pereira Leal (atualmente na 13ª edição), obra que apresenta à comunidade científica a *teoria neoinstitucionalista do processo* como proposição que oferta novo campo de demarcação teórica para a construção do direito democrático (democratizante), tarefa cuja dificuldade demanda a desmistificação, desmitificação e ressemantização de conteúdos jurídicos que estruturam a ciência dogmática do direito no direito brasileiro há séculos, por influência colonizadora dos sistemas romano-germânico e anglo-saxônico.

Mas o rompimento com esta forma de dominação que legitima a figura da autoridade pela própria lei[296] suplica a construção de uma teoria dos sistemas que enquadra o *processo* na base instituinte e constituinte na criação dos direitos (*devido* processo legislativo) e como núcleo juridificante de estabilização do sentido normativo do direito constituído, que assegure o direito igual de interpretação para todos (*hermenêutica isomênica*)[297] na

---

[296] WEBER, Max. Três tipos puros de dominação legítima. In: COHN, Gabriel (Org.). *Max Weber*: sociologia. Tradução de Amélia Cohn e Gabriel Cohn. 7. ed. São Paulo: Ática, 2004. p. 128-131.

[297] LEAL, Rosemiro Pereira. *Processo como teoria da lei democrática*. Belo Horizonte: Fórum, 2010. p. 245.

atuação, fiscalização, aplicação, modificação ou extinção de direitos pela via procedimental processualizada (*devido* processo legal).

Nesse sentido, o método crítico de Karl Popper esboçado no capítulo anterior apresenta-se como sendo a via teórico-problematizante que busca o apontamento de aporias (vazios enunciativos no discurso formalizado) a partir da atividade de testificação no âmbito da concorrencialidade teórica. A teoria neoinstitucionalista pioneiramente se apropria deste método até então estudado no âmbito da filosofia e das ciências exatas ou lógicas para interrogar o dogmatismo fortemente alojado no discurso jurídico em que subjaz o personalismo hermenêutico, o empirismo lógico, as vozes proeminentes, privilegiadas e despóticas da autoridade que desservem à construção de uma sociedade aberta (democrática).

Na tentativa de redução do grau de obscuridade do direito imposto pelas matrizes filosóficas do positivismo jurídico, a teoria neoinstitucionalista propõe desdobramentos de tal modo a atingir as noções de Estado e Constituição, chegando a ser incorreto, no atual estágio de produção acadêmica de Rosemiro Pereira Leal e dos pesquisadores de sua teoria há quase duas décadas, dizer que o neoinstitucionalismo trabalha uma *teoria geral do processo*, mas uma *teoria geral do direito*[298] amparada pela matriz epistemológica *do processo*.

O comprometimento com a teorização de uma *teoria constitucional de direito democrático*[299] parte da compreensão da cidadania (soberania popular) como base legitimante somente alcançável "pela participação e pela fiscalização endoprocedimental incondicionada do povo",[300] como sendo a comunidade jurídica constitucionalizada (coinstitucionalizada) pela articulação biunívoca de direitos e garantias de vida-contraditório, liberdade-ampla defesa e dignidade-isonomia na estruturação dos procedimentos (judiciais, legiferativos e administrativos). Disto resulta o alcance de uma *teoria da processualização testificante*

> da validade normativo-democrática, porque propõe e atua um pensar jurídico na racionalidade sempre problematizável, por falibilidades revisíveis, da produção e aplicação do direito. Essa *teoria* torna o sistema jurídico uma instância de problematização dos enunciados resolutivos dos conflitos acessível a todos. Não há falar, com quer Habermas, em procedimentalismo na base construtiva do direito, sem que, *antes*, se institucionalize o devido (o sentido

---

[298] LEAL, Rosemiro Pereira. *A teoria neoinstitucionalista do processo*: uma trajetória conjectural. Belo Horizonte: Arraes, 2013. p. 100.

[299] LEAL, Rosemiro Pereira. *Teoria geral do processo*: primeiros estudos. 12. ed. Rio de Janeiro: Forense, 2014. p. 90.

[300] THIBAU, Vinícius Lott. *Presunção e prova no direito processual democrático*. Belo Horizonte: Arraes, 2011. p. 92.

teórico) *processo constitucional*, porque a fixação dos critérios é que vai definir a qualidade democrática de uma Sociedade Jurídico-Política.[301]

Daí o desafio a ser enfrentado neste e no próximo capítulo, por meio dos quais buscar-se-á expor alguns fragmentos dessa *trajetória conjectural* no sentido de situar o *devido processo* como núcleo estruturante da ordinariedade e assegurador do exaurimento da *cognitio* com a observância das fases lógico-jurídicas do procedimento. Com a demarcação do processo como *locus* teórico-epistemológico do presente trabalho, será possível ofertar uma revisitação crítica da tutela de evidência como *tutela jurisdicional* que se louva da sumarização procedimental e cognitiva (vedação do espaço-tempo do pensar) que, agora positivada por meio do art. 311 do Código de Processo Civil de 2015, mostra-se incompatível com o Estado Democrático de Direito.

4.1.1 Cogitações perante o modelo discursivo (proceduralista) de Jürgen Habermas

As reflexões que Jürgen Habermas busca encaminhar em sua obra partem, basicamente, de uma tentativa de esclarecer como se daria a participação dos interessados e de que forma as decisões seriam tomadas de forma legítima, válida e democrática. Para o autor, a *sociedade civil*, cuja noção não teria conexão com o termo *sociedade burguesa* de tradição liberal, "compõe-se de movimentos, organizações e associações, os quais captam os ecos dos problemas sociais que ressoam nas esferas privadas, condensam-no e os transmitem, a seguir, para a esfera pública política", dentro da qual são desenvolvidos discursos associativos voltados para solucionar questões de interesse geral. A *esfera pública* estaria apoiada em direitos fundamentais como a liberdade de opinião e reunião; o direito de fundar sociedades e associações que perseguem temas de interesse geral, tais como culturais, religiosos e humanitários; a liberdade de imprensa; o sistema político democrático; a cidadania; a privacidade; a proteção da família, da liberdade e da privacidade.[302]

Os cidadãos, nesta perspectiva, não demandariam um espaço aberto como mero recinto de reunião em praça pública segundo a antiga tradição grega, mas como esfera na qual fazem uso de sua autonomia pública apenas quando se sentem "independentes o bastante, em razão de uma autonomia privada que esteja equanimemente assegurada". Não obstante, Habermas

---

[301] LEAL, Rosemiro Pereira. *Teoria geral do processo*: primeiros estudos. 12. ed. Rio de Janeiro: Forense, 2014. p. 93.
[302] HABERMAS, Jürgen. *Direito e democracia*: entre facticidade e validade. Tradução de Flávio Beno Siebeneichler. 2. ed. Rio de Janeiro: Tempo Brasileiro, 2003. p. 99-101. v. II.

ressalta que os cidadãos apenas alcançarão uma "regulamentação capaz de gerar consenso, se fizerem uso adequado de sua autonomia política enquanto cidadãos".[303] Nas sociedades complexas, a esfera pública se estrutura entre o sistema político e os setores privados, representando

> uma rede supercomplexa que se ramifica espacialmente num sem número de arenas internacionais, nacionais, regionais, comunais e subculturais, que se sobrepõem umas às outras; essa rede se articula objetivamente de acordo com pontos de vista funcionais, temas, círculos políticos, etc., assumindo a forma de esferas públicas mais ou menos especializadas, porém, ainda acessíveis a um público de leigos.[304]

Tais ideias encaminham para a compreensão do *princípio do discurso* habermasiano, cujo desenvolvimento se dará por meio de procedimentos que vão possibilitar a participação dos interessados na tomada das decisões. Desprendendo-se do pensamento kantiano, que preconiza uma subordinação do direito à moral,[305] Habermas desenvolve a ideia de uma autonomia que se realiza no *medium* do direito, de modo que seus destinatários também devem considerar-se ao mesmo tempo autores da normatividade jurídica. Nesta ordem, o princípio do discurso

---

[303] HABERMAS, Jürgen. *A inclusão do outro*: estudos de teoria política. Tradução de George Sperber; Paulo Astor Soethe. São Paulo: Loyola, 2002. p. 294.

[304] HABERMAS, Jürgen. *Direito e democracia*: entre facticidade e validade. Tradução de Flávio Beno Siebeneichler. 2. ed. Rio de Janeiro: Tempo Brasileiro, 2003. p. 107. v. II.

[305] É de se ressaltar que Habermas, num primeiro momento, não afasta a existência de conteúdo moral subjacente ao direito, pois considera que a legitimidade do direito positivo decorre "da institucionalização de processos que contêm um conteúdo moral implícito, que possibilita o resgate discursivo de suas pretensões de validade". A argumentação moral, neste sentido, apresentar-se-ia como o modelo processual condutor para a formação da vontade desenvolvido por meio da análise das pretensões de validade hipotéticas. Neste processo de formação, os possíveis afetados poderão participar da argumentação de modo a, cooperativamente, buscar uma verdade isenta de coerção. Assim, "a proposta habermasiana consiste em uma relação de complementaridade entre a Moral e o Direito, de modo a instaurarem-se como procedimento. Ou seja, a proposta de uma teoria procedimental do Direito fundamenta-se em princípios morais. A legalidade só é legítima à medida que os discursos jurídicos forem permeados por discursos morais" (MOREIRA, Luiz. *Fundamentação do direito em Habermas*. 2. ed. rev. e ampl. Belo Horizonte: Mandamentos, 2002. p. 77-78). Embora reconheça a relação simultânea entre as esferas do direito e da moral, Habermas rompe com a razão prática kantiana, por meio da qual elementos morais fundamentam o ordenamento jurídico, o que lhe conduziu à reformulação de sua visão quanto à *teoria da ação comunicativa* por ele inicialmente proposta e assentada pela razão prática. Logo, o direito não seria produzido de *per se*, quanto menos a partir de um conteúdo moral a *priori*, mas a partir de procedimento legislativo que lhe garantiria legitimidade. Em sua obra, Habermas confirma tal revisitação teórica ao afirmar que "resolvi encetar um caminho diferente, lançando mão da teoria do agir comunicativo. Substituo a razão prática pela comunicativa", por constatar que, em suas pesquisas sobre a ética do discurso publicadas até então, "não há uma distinção satisfatória entre princípio moral e princípio do discurso" (HABERMAS, Jürgen. *Direito e democracia*: entre facticidade e validade. Tradução de Flávio Beno Siebeneichler. 2. ed. Rio de Janeiro: Tempo Brasileiro, 2003. p. 19; 143. v. I).

deve assumir – pela via da institucionalização jurídica – a figura de um princípio da democracia, o qual passa a conferir força legitimadora ao processo de normatização. A ideia básica é a seguinte: o princípio da democracia resulta da interligação que existe entre o princípio do discurso e a forma jurídica. [...] Por isso, o princípio da democracia só pode aparecer como núcleo de um *sistema de direitos*. A gênese lógica desses direitos forma um processo circular, no qual o código do direito e o mecanismo para a produção de direito legítimo, portanto o princípio da democracia, se constituem de *modo co-originário*.[306]

Nesse desiderato, direitos fundamentais como o de associação voluntária (pressuposto de liberdade) e de participação democrática, com igualdade de proteção jurídica, de oportunidades de manifestação e de aplicação do direito em processos de formação de opinião e vontade, são fundamentados pela teoria do discurso de Habermas, como pressuposto de soberania do povo e respeito aos direitos humanos. Nenhum direito seria legítimo sem a observância desses direitos fundamentais.

A teoria do discurso defende, portanto, que a política deliberativa dependerá da institucionalização dos processos e pressupostos comunicacionais, além do jogo que envolve as deliberações (institucionalizadas) e as opiniões públicas (ainda que compostas informalmente). Por esta razão, a "procedimentalização da soberania popular e a ligação do sistema político às redes periféricas da esfera pública política implicam a imagem de uma sociedade descentrada", afastando, portanto, a ideia de uma cidadania hábil a agir coletivamente, tal como um ator coletivo que fosse o porta-voz da totalidade, uma "totalidade social centrada no Estado, representado como um sujeito superdimensionado e agindo em função de um objetivo".[307]

No entender de André del Negri, o direito não pode mais ser concebido sem a exigência de *democracia*, sobretudo em relação ao Estado, que não impõe o direito (decisionismo – impositividade de cima para baixo) como era visto nas ditaduras, por exemplo, mas se submete ao sistema normativo que é construído em regime de *devido processo legislativo* pelo povo. Diante disto, realça o ganho teórico com Habermas em face da sua tentativa de demonstrar que

> essa *facticidade* do Direito, isto é, essa normatividade imposta de cima para baixo requer a exigência de *legitimidade* para afastar a brutalidade do *poder*. Daí o professor alemão ter arrematado que as questões práticas (questões do dia a dia) são passíveis de argumentação racional e que os agentes devem ter voz

---

[306] HABERMAS, Jürgen. *Direito e democracia*: entre facticidade e validade. Tradução de Flávio Beno Siebeneichler. 2. ed. Rio de Janeiro: Tempo Brasileiro, 2003. p. 158. v. I.

[307] HABERMAS, Jürgen. *Direito e democracia*: entre facticidade e validade. Tradução de Flávio Beno Siebeneichler. 2. ed. Rio de Janeiro: Tempo Brasileiro, 2003. p. 21. v. II.

na validação das normas as quais eles dão assentimento, porque na exigência democrática os cidadãos são os fiscalizadores de tudo.[308]

Em análise dos modelos liberal e republicano de Estado, Habermas apresenta as vantagens e desvantagens em sua obra, razão pela qual propõe um terceiro modelo de democracia que se encaminha pelo conceito procedimental da *política deliberativa*, no sentido de esclarecer a concepção da legitimidade do direito a partir da participação em sua construção pelos seus destinatários. Esta política deliberativa se baseia "nas condições de comunicação sob as quais o processo político supõe-se capaz de alcançar resultados racionais, justamente por cumprir-se, em todo seu alcance, de modo deliberativo".[309]

Nota-se por esta afirmação que mencionado autor acolhe ideias matriciais tanto do modelo republicano (soberania popular) como da própria matriz liberal (liberdade como direito fundamental), cujo entrelaçamento se desenvolverá no âmbito de um procedimento democrático.[310] A teoria do discurso, portanto, abriga elementos de ambos os modelos e promove sua união no conceito de um *procedimento ideal* encaminhador do debate e tomada de decisões que, pelo seu caráter democrático, "cria uma coesão interna entre negociações, discursos de auto-entendimento e discursos sobre a justiça, além de fundamentar a suposição de que sob tais condições se almejam resultados ora racionais, ora justos e honestos".[311] Neste sentido,

> a decisão inicial em favor de uma legislação democrática só pode ser executada pela via da realização daqueles direitos que os participantes devem reconhecer reciprocamente, se quiserem regular legitimamente a sua convivência com os meios do direito positivo. Isso exige, por sua vez, um processo de legiferação

---

[308] DEL NEGRI, André. *Processo constitucional e decisão interna corporis*. Belo Horizonte: Fórum, 2011. p. 51.

[309] HABERMAS, Jürgen. *A inclusão do outro*: estudos de teoria política. Tradução de George Sperber; Paulo Astor Soethe. São Paulo: Loyola, 2002. p. 277.

[310] Esse detalhe foi bem observado por Roberta Maia Gresta quando afirma que "Habermas não propõe o abandono completo dos modelos e, sim, a seleção e mescla de premissas liberais e republicanas que, no entendimento do autor, propiciam a construção de uma *sociedade descentrada*. Assim, esta deve acolher em seus procedimentos deliberativos a concorrência de interesses, própria do modelo liberal, mas também a orientação para o bem comum, característica do modelo republicano. Deve, todavia, recusar a noção de totalidade que, no liberalismo, transforma as normas constitucionais em regulação mecânica da disputa de poder e, no republicanismo, concebe o Estado como um 'sujeito teleologicamente orientado' por um consenso ético prévio que secundariza o papel da Constituição" (GRESTA, Roberta Maia. *Introdução aos fundamentos da processualidade democrática*. Rio de Janeiro: Lumen Juris, 2014. p. 152).

[311] HABERMAS, Jürgen. *A inclusão do outro*: estudos de teoria política. Tradução de George Sperber; Paulo Astor Soethe. São Paulo: Loyola, 2002. p. 278.

que garanta legitimidade e que estabeleça a longo prazo a configuração do sistema das leis.³¹²

Para tal concepção, pode-se concluir que soberania popular, direitos humanos, democracia e Estado de Direito estão diretamente ligados. Os direitos fundamentais, no mesmo sentido, são concebidos com base na ideia de *autolegislação democrática* pelos destinatários, que também são coautores e protagonistas de sua elaboração. A autolegislação decorre da ideia dos direitos de comunicação e de participação política que, no processo de positivação do direito, resultará em uma vontade legitimada de cidadãos politicamente autônomos. Para Luiz Moreira, este processo

> legitima uma pertinente suposição de racionalidade e validade do ordenamento jurídico. Isto é, com o processo legislativo cercado por cuidados e prescrições em seus procedimentos, temos um fundamento legítimo que aponta para uma base de validade do Direito estatuído. Isto porque com a positivação do Direito não temos a emanação de um poder arbitrário ou autoritário, ao invés, trata-se da manifestação de uma vontade legítima portadora de um poder que, em última instância, emana do povo.³¹³

Tal entendimento reflete bem a base da visão procedimentalista (proceduralista) de Habermas, para quem a legitimidade do direito somente será alcançada com a observância de *pressupostos comunicativos* e de *condições* do processo de formação democrática da opinião e da vontade dos participantes do discurso. Logo, torna-se necessário que o procedimento legislativo esteja em condições para institucionalizar democraticamente a vontade dos cidadãos, já que a tomada de decisões na esfera pública, além de pretender a sua legitimidade pela via procedimental democrática,³¹⁴

---

³¹² HABERMAS, Jürgen. *A inclusão do outro*: estudos de teoria política. Tradução de George Sperber; Paulo Astor Soethe. São Paulo: Loyola, 2002. p. 156.

³¹³ MOREIRA, Luiz. *Fundamentação do direito em Habermas*. 2. ed. rev. e ampl. Belo Horizonte: Mandamentos, 2002. p. 125.

³¹⁴ Cabe registrar que a teoria procedimentalista de Habermas difere daquela proposta por Niklas Luhmann em sua obra. É que Luhmann, ao teorizar a *legitimação pelo procedimento*, parte da ideia de uma preparação das partes para uma decisão final em um processo judicial, comparando-o ao processo legislativo. Com isto, concebe os cidadãos como meros *destinatários*, não se preocupando com a sua participação enquanto dialogadores-protagonistas no curso do procedimento que visa à tomada de decisões, seja no plano jurisdicional, seja no plano legislativo, contrapondo com Habermas neste sentido. Luhmann não trabalha um espaço aberto à discursividade e, ao mesmo tempo, não rompe com o decisionismo da autoridade estatal, como se pode constatar na seguinte passagem: "Tal como os processos judiciais também os processos legislativos dependem duma pessoa para se poder orientar em especial pelas descrições dos participantes no processo e poder confiar nelas – e, precisamente, menos no sentido de que as descrições sejam 'corretas', do que no sentido de que o representante permaneça perto deles. [...] A concepção oficial do processo legislativo como debate de opiniões não é, de acordo com isso, um caminho de confiança para a verdade, mas tem a função latente duma coação de descrição, que facilita a redução de complexidade" (LUHMANN, Niklas, *Legitimação pelo*

deve estar em consonância com os direitos e garantias constitucionalmente afirmados.

Para a teoria do discurso, portanto, a institucionalização da vontade depende da "autoconstituição da liberdade comunicativa, que se expressa através da livre composição dos temas e contribuições" dos participantes, sendo que tais liberdades "devem ser canalizadas de tal modo que possibilitem a livre constituição da esfera comunicativa através de processos democráticos". Ademais, no tocante ao aspecto procedural, aos cidadãos devem ser resguardados procedimentos que afastem a tomada de decisões arbitrárias e totalitárias.[315]

No mesmo sentido, a *desobediência civil*[316] seria justificada a partir de uma compreensão dinâmica da Constituição, que é vista por Habermas como projeto inacabado e em constante desenvolvimento. O único conteúdo do projeto seria a "institucionalização progressivamente melhorada dos processos de formação racional e coletiva da vontade, os quais não podem prejulgar os objetivos concretos dos participantes", dentro dos quais a deliberações deveriam ser conduzidas de forma responsável e organizadas por meio de procedimentos democráticos.[317] A este respeito, cabe ressaltar o reparo ofertado por André del Negri, para quem, no Estado Democrático de Direito,

> a compreensão de democracia há de acolher reconstruções conceituais que desmistifiquem a ideia superficial de que o simples fato de haver mobilização da população (linguagem natural) há construção da democracia (visão republicanista de Estado Social). Com efeito, é necessário mais. Daí a necessidade

---

procedimento. Tradução de Maria da Conceição Côrte-Real. Brasília: Editora UnB, 1980. p. 154). Portanto, torna-se forçoso admitir que Luhmann não acolhe a legitimação pelo *procedimento democrático* que, segundo os estudos propostos nesta pesquisa, somente pode ser alcançada pelo *devido processo constitucional*.

[315] MOREIRA, Luiz. *Fundamentação do direito em Habermas*. 2. ed. rev. e ampl. Belo Horizonte: Mandamentos, 2002. p. 146.

[316] A desobediência civil, segundo Habermas, decorre de atos de transgressão simbólica não violenta que "se auto-interpretam como expressão do protesto contra decisões impositivas as quais são ilegítimas no entender dos atores, apesar de terem surgido legalmente à luz de princípio constitucionais vigentes". Tais atos têm como alvo dois destinatários: os *mandatários políticos* e suas decisões que mereçam revisão em face da crítica pública, bem como o *sentido de justiça da maioria da sociedade* (no sentido preconizado por John Rawls). Entretanto, qualquer que seja o objeto da controvérsia, a desobediência civil não se desvincula da necessária formação da vontade pela via dos processos de comunicação que se desenvolvem na esfera pública. A desobediência civil, portanto, "manifesta-se a auto-consciência de uma sociedade civil que ousa, ao menos em caso de crise, fortalecer a pressão que um público mobilizado exerce sobre o sistema político, fazendo com que este sintonize com o modo conflitual, neutralizando a contraconcorrente, não oficial, do poder" (HABERMAS, Jürgen. *Direito e democracia*: entre facticidade e validade. Tradução de Flávio Beno Siebeneichler. 2. ed. Rio de Janeiro: Tempo Brasileiro, 2003. p. 117-118. v. II).

[317] HABERMAS, Jürgen. *Direito e democracia*: entre facticidade e validade. Tradução de Flávio Beno Siebeneichler. 2. ed. Rio de Janeiro: Tempo Brasileiro, 2003. p. 118; 276. v. II.

de as pessoas serem portadoras de canais procedimentalizados que possam interrogar o sistema normativo. Assim, na contemporaneidade, o grande desafio está em criar teorias que vão possibilitar aos cidadãos meios de acesso à participação ao sistema jurídico.[318]

Deste modo, a rede comunicativa de Habermas somente teria alcance no direito brasileiro se revisitada e testificada pela *epistemologia quadripartite* encaminhada pela *teoria neoinstitucionalista do processo*, comprometida com a teorização do direito democrático pelo processo como paradigma metalinguístico de exercício compartilhado nos níveis instituinte, constituinte e constituído do direito. A originalidade desta proposição, segundo Rosemiro Pereira Leal,

> tem *locus* no nível instituinte da Lei, porque o direito vem sendo estudado e repetido por milênios com esquecimento (propositada opacidade?) dos fundamentos teóricos de sua construção, ao relegarem às ideologias dos legisladores (saber aristotélico-platônico) e ao tempo taumaturgo os anseios dos destinatários normativos, atribuindo a estes uma fantasiosa coautoria dos direitos legislados (Habermas) sem qualquer compreensão da gênese teórica do direito instituído e constituído. A Constituição, nessa perspectiva, transforma-se em Escritura Sagrada só decifrável pelas autoridades investidas numa escuta sobrenatural restrita ao Estado-Juiz.[319]

O *processo*, segundo tal perspectiva, desponta como instituição constitucionalizada formada pela conjugação de princípios e institutos jurídicos presentes ou próximos à Constituição, já que a garantia dos direitos ínsitos ao *processo constitucional* decorreria apenas de uma conquista histórico-jurídica impassível de retroceder em seus fundamentos pela autoridade do Estado, sob qualquer motivação. Isto quer dizer que a atividade jurídico-procedimental somente admitiria avanços em sua estrutura pela única fonte legítima de poder: a *soberania popular*. É por esta razão que a teoria neoinstitucionalista

> preconiza fiscalidade (controle de constitucionalidade aberto a qualquer do povo) do processo legiferante nas bases instituintes e constituintes da legalidade, bem como na atuação, modificação, aplicação ou extinção do direito constituído e trabalha a socialização do conhecimento crítico-democrático em pressupostos (direito fundamental) de autoilustração (dignidade) pelo

---

[318] DEL NEGRI, André. *Processo constitucional e decisão interna corporis*. Belo Horizonte: Fórum, 2011. p. 57.

[319] LEAL, Rosemiro Pereira. *A teoria neoinstitucionalista do processo*: uma trajetória conjectural. Belo Horizonte: Arraes, 2013. p. 5-6.

exercício da cidadania como legitimação ao direito-de-ação coextenso ao procedimento processualizado.[320]

O fato de grande parte do povo (comunidade jurídica constitucionalizada) não ter acesso ao conhecimento dos direitos processuais por motivos de exclusão social ou cognitiva, não obsta a sua participação nas instituições democráticas, sendo imperioso torná-lo apto, segundo os direitos e garantias fundamentais afirmados pela Constituição, "a conjecturar, concretizar ou recriar o discurso da Lei Constitucional Democrática". Esta compreensão conduz à conclusão de que os direitos criados e expressos no texto constitucional, como o contraditório, a ampla defesa, a isonomia, o direito ao advogado e o livre acesso à jurisdicionalidade devem compor o *processo*, enquanto instituição constitucionalizada e estruturada sob o pleno exercício da *cidadania* e da *democracia*, razão pela qual são impraticáveis os conceitos dos velhos regimes do Estado Liberal e Social.

A par dessas conjecturas, embora o caráter fundamental do processo seja desconhecido (ou estrategicamente ignorado) pela dogmática jurídica, deve-se lembrar que até mesmo a concepção da própria Constituição demanda a imperiosa observância de um *medium* linguístico regido pelos princípios institutivos na atuação crítico-participativa do povo, vale dizer, o *devido processo legislativo* precede a construção da Constituição de uma sociedade democrática ou, em outras palavras, de um "provimento final denominado lei",[321] sendo isto fruto do império da soberania popular. O processo, portanto, sequer "deve ser pensado 'à luz da Constituição', porque é o processo a luz da Constituição".[322]

Em crítica ao agir comunicativo habermasiano, dentro do qual se observa um pleito ético dos participantes em direção à cooperação e ao entendimento social, Rosemiro Leal afirma que as "boas intenções e virtudes naturais já estão reprovadas pela continuada e sangrenta história da humanidade", razão por que "ou o homem constrói o seu mundo ou o mundo acontecido continua massacrando o homem".[323]

A própria ideia de esfera pública em Habermas, na qual o agir é orientado pelo entendimento dentro de uma estrutura comunicacional, passa a ser questionada por Rosemiro Leal justamente em razão da ausência do *devido processo* em sua perspectiva discursiva. Em outras palavras, o

---

[320] LEAL, Rosemiro Pereira. *Teoria geral do processo*: primeiros estudos. 12. ed. Rio de Janeiro: Forense, 2014. p. 94.

[321] LEAL, Rosemiro Pereira. *Teoria geral do processo*: primeiros estudos. 12. ed. Rio de Janeiro: Forense, 2014. p. 89.

[322] LEAL, Rosemiro Pereira. *Teoria geral do processo*: primeiros estudos. 12. ed. Rio de Janeiro: Forense, 2014. p. 53.

[323] LEAL, Rosemiro Pereira. *A teoria neoinstitucionalista do processo*: uma trajetória conjectural. Belo Horizonte: Arraes, 2013. p. 6-7.

procedimento habermasiano é conduzido pelo consenso e o contraditório equivaleria tão somente à contraposição de opiniões dos participantes do discurso em busca da pretensão de validade. Já pela teoria neoinstitucionalista, o procedimento é processualizado e não acolhe o discurso no espaço nu, passando a cogitar "o balizamento da linguagem dos atores envolvidos nessa fala criativa e fiscalizatória".[324] Portanto, a sociedade, no contexto da teoria habermasiana, seria uma *sociedade de falados*, ao passo que a sociedade, no ambiente do procedimento processualizado, passa a ser uma *sociedade de falantes*.[325]

A crença no consenso propugnada por Habermas fica ainda mais agravada por reforçar (e não superar) a figura protagonista da autoridade, além de estar calcada em um procedimentalismo que acolhe a posição das decisões "como emanação de um contexto social pressupostamente compartilhado". Neste sentido, "ainda que os destinatários da decisão possam animar o percurso de obtenção do consenso, o sentido deste não lhes é discernível", dada a existência de uma dinâmica subjacente e não esclarecida que mantém oculta a figura de alguém que irá enunciar tal sentido.[326]

Daí o desaviso de muitos juristas que associam o modelo discursivo habermasiano com o processo, como se esta simples correlação representasse a chave de abertura do Estado Democrático de Direito. É que a visão proceduralista de democracia e política deliberativa, embora tenha como objeto o alcance do Estado Democrático, não é cogitada por Habermas com base em uma teoria constitucionalista como projeto processualmente enunciado "nos níveis instituinte e constituinte de construção de uma sociedade jurídico-política (texto constitucional dado à crítica pelo controle irrestrito de legitimidade normativa pelos legitimados ao processo [o povo] co-extensivamente aos procedimentos)".[327]

Nota-se que Rosemiro Leal busca em sua obra romper com as teorias sociológicas da democracia que deram sustentabilidade para os modelos liberal, republicano (comunitarista) e discursivo (proceduralista) habermasiano, os quais trabalham uma *sociedade civil pressuposta*[328] que foi

---

[324] ALMEIDA, Andréa Alves de. *Espaço jurídico processual na discursividade metalinguística*. Curitiba: CRV, 2012. p. 108.

[325] ANDRADE, Francisco Rabelo Dourado de; COSTA, Lauro Mendonça. Linguagem e verdade: correlações lógicas e suas implicações no direito probatório democrático. In: BRETAS, Ronaldo de Carvalho Dias *et alii* (Orgs.). *Direito probatório*: temas atuais. Belo Horizonte: D'Plácido, 2016. p. 176.

[326] GRESTA, Roberta Maia. *Introdução aos fundamentos da processualidade democrática*. Rio de Janeiro: Lumen Juris, 2014. p. 166-167.

[327] LEAL, Rosemiro Pereira. *Processo como teoria da lei democrática*. Belo Horizonte: Fórum, 2010. p. 39.

[328] Trata-se da ideia de uma sociedade "dita duramente implantada pelos antepassados e que, por esforço de todos, chegou aos tempos presentes, suplicando, à sua permanente estabilidade, constante e continuada *vigilância*. Zela-se estrategicamente por uma 'instrução geral e

achada, herdada ou recebida pelo homem, de cuja gênese não se busca esclarecimento, o que impede a sua efetiva transformação. O direito, nesta perspectiva, já recebe uma realidade encaminhada pela história, competindo-lhe apenas homologá-la, problemática esta que suplica maior preocupação para os teóricos da pós-modernidade, pois, se o direito homologa (ou acompanha) a realidade social, que é desastrosa e tirânica, o próprio direito assim permanecerá. Em tal sentido, conclui-se que os modelos de democracia habermasianos

> não podem ser aproveitados para a compreensão do paradigma democrático constitucionalizado no Brasil que é processual e não pragmático-discursivo, porque o modelo republicanista foi abolido pelo art. 1º da Constituição Brasileira de 1988, o liberal pelo art. 170 (*caput*) e o proceduralista (procedimentalista) criado por Habermas decorre, como ele mesmo afirma, de uma análise combinatória dos modelos anteriores (liberal e republicanista) [...]. Essa "*sociedade civil*" descentrada que ocupa, segundo Habermas, um ponto neutro e excêntrico no espaço-tempo da normatividade é que se envolve na heterogeneidade indiscernível de uma esfera estranha (aglomerado de pessoas) e autopoiética de sentidos e entendimentos não concebíveis por uma teoria da constitucionalidade processualmente construída e reconstruível a partir do devido processo aberto a toda a comunidade (legitimados ao processo) na construção da sociedade dialógica (democrática) na perspectiva neo-institucionalista.[329]

Pela via da teoria neoinstitucionalista, "a Ciência do Direito tem a pretensão de intervir na realidade social insatisfatória, para modificá-la e construir uma nova comunidade jurídica que interrogue os fundamentos do próprio saber e do sistema". Daí a necessidade de se romper com as teorias sociológicas as quais, em sua gênese, são incompatíveis com a teorização jurídica da democracia e da Constituição exatamente pela sua autoimunização dogmática, o que não ocorre com a proposição neoinstitucionalista, que consegue manter-se "fora das ideologias porque, além de ser uma teoria crítica, é uma teoria autocrítica, isto é, para ser refutada é necessário utilizar a própria teoria, valer-se do contraditório, da ampla defesa e da isonomia, reservando para o outro a ocupação dos espaços de refutação".[330]

---

profissional' nos padrões cognitivos dessa 'sociedade' para que esta não sofra interrupção em seu destino que se entende inexorável para sempre" (LEAL, Rosemiro Pereira. *Processo como teoria da lei democrática*. Belo Horizonte: Fórum, 2010. p. 124).

[329] LEAL, Rosemiro Pereira. Modelos processuais e constituição democrática. In: MACHADO, Felipe Daniel Amorim; OLIVEIRA, Marcelo Andrade Cattoni de (Coords.). *Constituição e processo*: a contribuição do processo ao constitucionalismo democrático brasileiro. Belo Horizonte: Del Rey, 2009. p. 288.

[330] ALMEIDA, Andréa Alves de. *Espaço jurídico processual na discursividade metalinguística*. Curitiba: CRV, 2012. p. 110; 153.

Nesta perspectiva, o processo apresenta-se como metalinguagem que se utiliza "da língua pensada e estruturada e de sua linguisticidade, para ser possível a construção do significado sem simplesmente repetir o referente ou seguir o mando do sujeito do enunciado", o que não caberia numa perspectiva filosófica pragmático-linguística que se apropria de registros históricos (culturais e sociais) para encaminhar uma reflexão sobre a linguagem comum. O processo "na concepção teórica neoinstitucionalista afronta a filosofia, pois por meio de uma reviravolta linguístico-processual (e não linguístico-pragmático-transcendental) aponta a forma de construir a linguagem".[331]

O *devido processo*, como paradigma metalinguístico constitucionalmente assegurado, vai exercer função central de estabilização dos sentidos na discursividade jurídico-democrática a partir de uma fiscalidade incessante (crítico-discursiva), que se desenvolve por uma linha de problematização constante e aberta processualmente "a todos (controle difuso de constitucionalidade), da internormatividade teoricamente escolhida a reger o advir de uma Sociedade que, assim delineada e construível pela comunidade jurídica constitucionalizada, se qualifique Democrática".[332]

É o espaço processualizado que, regido pelo *devido processo*, irá distinguir-se por seus conteúdos lógico-jurídicos de uma indemarcada *esfera pública de participação democrática*,[333] em cujo recinto o povo terá assegurada a isonomia, como garantia fundamental de igualdade perante a lei (*isotopia*), igualdade de interpretar a lei (*isomenia*) e igualdade de criar, alterar ou substituir a lei (*isocrítica*), vale dizer, o sujeito constitucional como criador e concretizador da sua própria igualdade jurídica. É por isto que a hermenêutica, nas democracias,

> é dada na base popular construtiva da lei, não podendo ser uma teoria (ciência ou técnica) de interpretação por uma inteligência superestrutural e privilegiada (diálogo de especialistas) da judicatura como porta-voz dos valores e princípios estruturais da sociedade à margem ou ao fundo imperscrutável do direito popular legislado. Quando Häberle fala que o "monopólio da interpretação não pode ser exercido só pelos intérpretes oficiais", é necessário que a quebra desse monopólio seja definida pela base decisória-popular-construtiva da lei, porque seria inócuo democratizar a participação hermenêutica pelas interpretações aleatórias e idealistas.[334]

---

[331] ALMEIDA, Andréa Alves de. *Espaço jurídico processual na discursividade metalinguística*. Curitiba: CRV, 2012. p. 182.

[332] LEAL, Rosemiro Pereira. *Processo como teoria da lei democrática*. Belo Horizonte: Fórum, 2010. p. 29.

[333] HARVEY, David. A liberdade da cidade. In: MARICATO, Ermínia *et alii*. *Cidades rebeldes*: passe livre e as manifestações que tomaram conta das ruas do Brasil. São Paulo: Boitempo e Carta Maior, 2013. p. 33.

[334] LEAL, Rosemiro Pereira. *Teoria geral do processo*: primeiros estudos. 12. ed. Rio de Janeiro: Forense, 2014. p. 49-50.

Dessas noções, extrai-se que a compreensão da democracia não estaciona no proceduralismo habermasiano como "desdobramento da mesma matriz socializante do republicanismo tradicional",[335] mas demanda o conhecimento das teorias do processo e das matrizes filosóficas que influenciaram, ou continuam influenciando, a condução dos direitos e garantias fundamentais estampados na Constituição. Enquanto o discurso for acessível tão somente a autoridades ou a parcelas de intérpretes privilegiados, detentores de conhecimentos especializados, cuja habilidade encaminhará para uma resposta *justa* ou *verdadeira*, os níveis de angústia e revolta do povo (o titular de tais direitos!) permanecerão, pois, em pleno Estado Democrático de Direito, não se cogita o amplo debate pela defesa de direitos fundamentais e, sobretudo, que o exercício desta defesa advenha de uma fala processualizada apta a produzir influência eficaz na condução dos atos praticados pelo Estado. O Estado Democrático,

> ao se desligar da *paideia* grega e do *decurso* jusnaturalista, neopositivista, histórico-historicista, e se tipificando pelo paradigma do PROCESSO, despoja-se da mítica reificante do Estado hegeliano (dotado de uma ética imanente) para assumir o *status* (lugar topológico) de estruturas legais da *constitucionalidade* processualmente construídas como projeto de *vida* advinda do direito fundamental do *contraditório* (inclusão de todos numa fala teórico-construtiva de integração social), de *liberdade* relacionada ao exercício da *ampla defesa* a permitir a plenitude *dis-cursiva* (proposicional) de auto-ilustração sobre os fundamentos da fala defensiva de direitos e da *dignidade* a significar *isonomia* de igualdade de tempo de fala e simétrica paridade na fundamentalidade de direitos iguais de vida e liberdade a ensejar transações jurídicas autocompositivas não suscetíveis à transigência de direitos por premências vitais.[336]

A par dessas considerações, constata-se que a ideia de *autolegislação democrática*[337] pelos destinatários na perspectiva de Habermas apenas teria balizamento democrático (legitimação) no *espaço procedimental processualizado*,[338] enquanto recinto assegurador do devido processo na regência dos princípios do contraditório, ampla defesa e isonomia nos discursos que visam à criação, aplicação (atuação e execução), fiscalização, modificação ou extinção de direitos.

---

[335] GRESTA, Roberta Maia. *Introdução aos fundamentos da processualidade democrática.* Rio de Janeiro: Lumen Juris, 2014. p. 155.

[336] LEAL, Rosemiro Pereira. *Processo como teoria da lei democrática.* Belo Horizonte: Fórum, 2010. p. 41-42.

[337] HABERMAS, Jürgen. *Direito e democracia:* entre facticidade e validade. Tradução de Flávio Beno Siebeneichler. 2. ed. Rio de Janeiro: Tempo Brasileiro, 2003. p. 54. v. I.

[338] ALMEIDA, Andréa Alves de. *Espaço jurídico processual na discursividade metalinguística.* Curitiba: CRV, 2012. p. 184.

4.1.2 Cogitações perante a teoria constitucionalista do processo

A conexão entre Constituição e processo foi objeto de pioneiro estudo desenvolvido por Héctor Fix-Zamudio após a Segunda Guerra Mundial, temática que, anos mais tarde no Brasil, foi efetivamente sistematizada por José Alfredo de Oliveira Baracho, jurista mineiro que se notabilizou pelos trabalhos voltados para a *teoria constitucionalista do processo* em sua trajetória acadêmica. Cabe observar que referida teoria recebeu a denominação de *modelo constitucional de processo* por Ítalo Andolina e Giuseppe Vignera, expressão esta frequentemente utilizada por alguns estudiosos do processo constitucional. Segundo Baracho,

> a relação existente entre a Constituição e Processo é apontada por vários publicistas, desde que o texto fundamental traça as linhas essenciais do sistema processual consagrado pelo Estado. A Constituição determina muitos dos institutos básicos do processo, daí as conclusões que acentuam, cada vez mais, as ligações entre a Constituição e processo. A jurisprudência e a doutrina preocupam-se, cada dia mais, com os direitos fundamentais, daí a necessidade de medidas processuais que tenham como finalidade tutelar a liberdade, a igualdade e a dignidade, inspirando-se em princípios de justiça individual e social.[339]

A Constituição, portanto, impõe que o processo seja considerado um sistema garantidor do exercício dos direitos fundamentais, orientado pela principiologia constitucional do devido processo legal, que abarca em sua estrutura contraditório, isonomia, ampla defesa, reserva legal e fundamentação das decisões.

Adiciona-se a tais ideias o controle do poder político pela ordem democrática (sistema de garantias), restando estabelecida uma responsabilidade para o exercício de cada poder. Segundo Ítalo Andolina, o modo de realização deste controle se concretiza pelo processo, o qual, sob a ótica do modelo constitucionalmente resguardado, deve ser colocado no "centro de gravidade de toda a estrutura de atuação dos valores constitucionais".

---

[339] BARACHO, José Alfredo de Oliveira. *Processo constitucional*. Rio de Janeiro: Forense, 1984. p. 122. Neste ponto, Ronaldo Brêtas observa que a obra *Processo constitucional*, publicada por Baracho em 1984, contempla em sua bibliografia vinte e quatro textos (livros, artigos e ensaios) produzidos por Héctor Fix-Zamudio, o que demonstra sua preocupação em aprofundar e melhor sistematizar a teoria constitucionalista proposta pelo jurista mexicano (BRÊTAS, Ronaldo de Carvalho Dias. *Processo constitucional e Estado Democrático de Direito*. 3. ed. Belo Horizonte: Del Rey, 2015. p. 116). É de igual importância registrar que o processualista uruguaio Eduardo Juan Couture, ainda no período do segundo pós-guerra, já se dedicava aos estudos das garantias constitucionais do processo, tendo despertado o interesse da doutrina da América Latina e da Europa, influenciando também os textos constitucionais de alguns Estados, como da Argentina, Uruguai e Colômbia (BARACHO, José Alfredo de Oliveira. *Processo constitucional*. Rio de Janeiro: Forense, 1984. p. 123).

Esta posição central na atuação das garantias constitucionais "faz do processo instrumento dinâmico de leitura e releitura contínua, e portanto evolutiva, dos preceitos constitucionais e a ideia-força de sua atuação concreta". Por esta razão, conclui que "o processo é incessantemente chamado a questionar-se acerca do seu próprio grau de jurisdicionalidade e a adequar-se ao 'modelo' previsto pela Constituição".[340]

Ainda nesse sentido, Flaviane de Magalhães Barros considera que, se o texto da Constituição brasileira de 1988 for levado a sério, ou seja, em perspectiva que adota o marco do Estado Democrático de Direito, o processo deve ser visto como garantia constitucional. Partindo da apropriação do procedimentalismo proposto por Jürgen Habermas com a leitura do processo como procedimento em contraditório de Elio Fazzalari,[341] referida jurista acolhe o modelo constitucional de processo como perspectiva que vai além da ideia da tradicional teoria geral do processo jungida tão somente ao processo jurisdicional estruturada no estudo da jurisdição, ação e processo, como relação jurídica entre partes, conforme as posições instrumentalistas apresentadas nos capítulos 1 e 2 desta pesquisa. Defende-se, portanto, o modelo proposto por Ítalo Andolina e Giuseppe Vignera com

---

[340] ANDOLINA, Ítalo Augusto. O papel do processo na atuação do ordenamento constitucional e transnacional. *Revista de Processo*, São Paulo, v. 87, p. 63-69, jul./set. 1997. p. 63-65.

[341] Nessa ordem de considerações, a *teoria estruturalista do processo*, expressão cunhada por Ronaldo Brêtas em razão de o termo *estrutura normativa* ter sido utilizado com rigor técnico por Fazzalari na reelaboração da ideia de procedimento, cuidou de ressemantizar a natureza jurídica do processo, distinguindo-o do procedimento a partir do atributo do *contraditório* (BRÊTAS, Ronaldo de Carvalho Dias. *Processo constitucional e Estado Democrático de Direito*. 3. ed. Belo Horizonte: Del Rey, 2015. p. 113). Este novo elemento representa a estrutura dialética do procedimento, segundo a qual "consiste na participação dos destinatários dos efeitos do ato final em sua fase preparatória; na simétrica paridade de suas posições; na mútua implicação das suas atividades" (FAZZALARI, Elio. *Instituições de direito processual*. Tradução de Elaine Nassif. 8. ed. Campinas: Bookseller, 2006. p. 119). Nas palavras de Aroldo Plínio Gonçalves, principal divulgador da teoria estruturalista no Brasil, o procedimento "é uma atividade preparatória de um determinado ato estatal, atividade regulada por uma estrutura normativa, composta por uma sequência de normas, de atos e de posições subjetivas, que se desenvolvem em uma dinâmica bastante específica, na preparação de um provimento". Deste modo, para que o ato imperativo do Estado (provimento) tenha validade e eficácia perante seus administrados, segundo esta teoria, torna-se necessária a estrita observância da atividade preparatória, ora regulada por uma estrutura normativa, e, sobretudo, que as partes tenham desenvolvido uma dinâmica específica e concorrido para sua formação e posterior conclusão (GONÇALVES, Aroldo Plínio. *Técnica processual e teoria do processo*. 2. ed. Belo Horizonte: Del Rey, 2012. p. 87). É por tais razões que o processo é o procedimento realizado em contraditório, em que as partes atuarão em simétrica paridade a fim de construírem, sob uma dinâmica específica e normatizada, o pronunciamento decisório jurisdicional. Para a teoria estruturalista, "haverá processo sempre onde houver o procedimento realizando-se em contraditório entre os interessados, e a essência deste está justamente na simétrica paridade de participação, nos atos que preparam o provimento, daqueles que nele são interessados porque, como seus destinatários, sofrerão seus efeitos" (OLIVEIRA, Marcelo Andrade Cattoni de. O processo constitucional como instrumento da jurisdição constitucional. *Revista da Faculdade Mineira de Direito*, Belo Horizonte, v. 3, n. 5-6, p. 161-169, 2000. p. 163).

a superação da dicotomia entre direito processual constitucional e direito constitucional do processo, ao passo que "tal modelo é constituído de uma base principiológica uníssona aplicável a todo e qualquer processo, já que todo processo é constitucional, seja em razão de sua fundamentação ou de sua estrutura".[342]

Com efeito, o processo constitucional apresenta-se como "metodologia de garantia dos direitos fundamentais", cuja inobservância acarretará perda de legitimidade democrática dos atos estatais, vale dizer, em dissonância com o próprio Estado Democrático de Direito. Assim, "o processo constitucional, de diversas formas, destina-se a respaldar as garantias fundamentais, possibilitando a efetiva tutela, proteção e fomento delas".[343]

Nesta perspectiva, Ronaldo Brêtas leciona que os pronunciamentos decisórios refletem a manifestação do poder político do Estado, o qual jamais poderá ser arbitrário, "mas poder constitucionalmente organizado, delimitado, exercido e controlado conforme as assertivas do princípio do Estado Democrático de Direito". Este poder, exercido em nome do povo, nos termos do parágrafo único do art. 1º da Constituição de 1988, deve ser realizado "sob rigorosa disciplina constitucional principiológica, qualificada como devido processo constitucional". Trata-se, pois, de metodologia normativa que deve informar, em grau máximo, os processos jurisdicionais, legislativos e administrativos. Nesta ordem, a função jurisdicional deve ser prestada pelo Estado segundo o devido processo constitucional, enquanto direito fundamental garantido ao povo pela Constituição de 1988, cujos

---

[342] BARROS, Flaviane de Magalhães. O modelo constitucional de processo e o processo penal: a necessidade de uma interpretação das reformas do processo penal a partir da Constituição. In: MACHADO, Felipe Daniel Amorim; OLIVEIRA, Marcelo Andrade Cattoni de (Coords.). *Constituição e processo*: a contribuição do processo ao constitucionalismo brasileiro. Belo Horizonte: Del Rey, 2009. p. 333-334. Sobre as expressões *processo constitucional, direito processual constitucional* e *direito constitucional processual*, Baracho afirma que todas passaram a ser empregadas ao mesmo tempo "nos estudos dos institutos processuais, segundo as categorias ou bases do Processo Constitucional", considerando a ampliação do conteúdo do relacionamento da Constituição com o direito processual (BARACHO, José Alfredo de Oliveira. Teoria geral do processo constitucional. *Revista da Faculdade Mineira de Direito*, Belo Horizonte, v. 2, n. 3-4, p. 89-154, 1999. p. 104). Ainda nesse sentido, Marcelo Cattoni faz importante registro ao afirmar que, segundo a ordem constitucional brasileira, "não há processo que não deva ser constitucional, e não somente porque todo processo é estruturado por princípios constitucionais, mas também em razão de que em nosso ordenamento todo órgão judicial é competente para apreciar questões em matéria constitucional", razão pela qual entende estar ultrapassada qualquer tentativa de estabelecer uma distinção entre direito constitucional processual e o direito processual constitucional, pois o "processo instrumentaliza o exercício da jurisdição em matéria constitucional, ou seja, é processo constitucional" (OLIVEIRA, Marcelo Andrade Cattoni de. *Direito processual constitucional*. Belo Horizonte: Mandamentos, 2001. p. 207).

[343] BARACHO, José Alfredo de Oliveira. *Direito processual constitucional*: aspectos contemporâneos. 1. reimpr. Belo Horizonte: Fórum, 2008. p. 47-48.

princípios e demais disposições limitarão a manifestação de poder do Estado a ser exercido em nome do próprio povo.[344]

A ausência de compreensão de que "o Processo Constitucional visa a tutelar o princípio da supremacia constitucional, protegendo os direitos fundamentais" impede o desenvolvimento do Estado Democrático de Direito e, por consequência, do próprio processo como garantia de exercício democrático-discursivo dos direitos fundamentais dimensionados na Constituição brasileira de 1988.[345]

Todavia, exame da doutrina nacional demonstra que a herança de Bülow e Wach ainda resiste firmemente e com novos contornos que buscam, sincreticamente, aliar o instrumentalismo e o protagonismo judicial com o Estado Democrático de Direito, como é o caso de Eduardo Cambi, para quem, nos Estados de modernidade tardia como o Brasil, a função jurisdicional deve ser corresponsável pela afirmação dos direitos fundamentais sociais, razão pela qual sustenta que a legitimidade do judiciário para tutelar os direitos fundamentais é convalidada independentemente do sistema eleitoral. Para referido jurista, se a Constituição de 1988 não proíbe ou não ordena algo, vale dizer, se "não traz uma única resposta correta (objetiva) para determinado problema, é porque confiou na discricionariedade dos operadores jurídicos; ou melhor, deixou margens de ação abertas aos legisladores ordinários e aos juízes".[346] Permite-se, com isto, uma atividade criadora do direito pelo agente público julgador no exercício da função jurisdicional.[347]

Hermes Zaneti Júnior, que também acredita na "constitucionalização do processo" em bases instrumentalistas, assevera, com esteio na doutrina de Piero Calamandrei, que o juiz da democracia deve ser engajado e não se limitar à letra fria da lei. É que o juiz

> exerce uma atividade criadora, que é complemento necessário à atividade legislativa ordinária e, mais de tudo, característica do novo modelo do direito que se forma no pós-positivismo. Portanto, na concreção da norma específica,

---

[344] BRÊTAS, Ronaldo de Carvalho Dias. *Processo constitucional e Estado Democrático de Direito*. 3. ed. Belo Horizonte: Del Rey, 2015. p. 40-43.

[345] BARACHO, José Alfredo de Oliveira. Teoria geral do processo constitucional. *Revista da Faculdade Mineira de Direito*, Belo Horizonte, v. 2, n. 3-4, p. 89-154, 1999. p. 118.

[346] CAMBI, Eduardo. *Neoconstitucionalismo e neoprocessualismo*: direitos fundamentais, políticas públicas e protagonismo judiciário. São Paulo: Revista dos Tribunais, 2009. p. 181-182; 271.

[347] Além de afirmar que a Constituição de 1988 atribuiu poderes discricionários aos juízes, Eduardo Cambi olvidou-se do princípio constitucional da reserva legal ao sustentar que "o positivismo jurídico e o formalismo processual têm dificuldade de resolver os casos difíceis, porque, não havendo uma regra clara, estabelecida de antemão, o juiz teria o poder discricionário de decidir do melhor modo que lhe parecesse. Com isto, o juiz não estaria adstrito a um padrão normativo prévio e, consequentemente, ficaria liberado para a formação do juízo" (CAMBI, Eduardo. *Neoconstitucionalismo e neoprocessualismo*: direitos fundamentais, políticas públicas e protagonismo judiciário. São Paulo: Revista dos Tribunais, 2009. p. 274).

atua como político, com a ponderação de critérios de conveniência (proporcionalidade) advindos da sua sensibilidade de humanidade, sempre dentro do ordenamento constitucional e jurídico posto vinculado ao problema.[348]

O mesmo jurista relembra ainda a *teoria pura do direito* de Hans Kelsen e sua concepção de decisão judicial como sendo uma continuação do processo legislativo (criação da norma jurídica), por considerar que "o gênio do positivismo jurídico não rechaça a tese da moldura constitucional, mas admite, na inspirada passagem, o arejamento da lei pelo caso concreto e a 'constância da atividade criadora da norma'".[349]

As perspectivas de Eduardo Cambi e Hermes Zaneti acima esboçadas refletem os estranhos rumos que o estudo do processo tem tomado atualmente no Brasil, sobretudo ante à adoção de um discurso sincrético que trabalha o *modelo constitucional de processo* em bases socializantes em cuja subjacência repousa o instrumentalismo dissertado nos capítulos 1 e 2 deste trabalho. Não obstante a terminologia adotada seja "modelo constitucional de processo" ou "constitucionalização do processo",[350] tem-se que os estudos iniciados por Fix-Zamudio e Couture ganharam versões distorcidas *a posteriori* que não lograram êxito no enquadramento do processo com a Constituição, variantes dogmáticas sem aderência às valiosas contribuições com *pretensão democrática*[351] ora extraídas nas cogitações levantadas por Fazzalari, Baracho e, destacadamente, em obra singular de Ronaldo Brêtas, no estudo do *processo constitucional*, pela sua "proeminente vinculação do modelo constitucional de processo a uma

---

[348] ZANETI JÚNIOR, Hermes. *A constitucionalização do processo*: o modelo constitucional da justiça brasileira e as relações entre processo e constituição. 2. ed. rev., ampl. e alterada. São Paulo: Atlas, 2014. p. 176.

[349] ZANETI JÚNIOR, Hermes. *A constitucionalização do processo*: o modelo constitucional da justiça brasileira e as relações entre processo e constituição. 2. ed. rev., ampl. e alterada. São Paulo: Atlas, 2014. p. 176-177.

[350] É de se observar que a 1ª edição da obra de Hermes Zaneti Júnior foi publicada em 2007 pela Editora Lumen Juris, com o título *Processo constitucional: o modelo constitucional do processo civil brasileiro*. Segundo o próprio autor, em sua introdução à 2ª edição, "este trabalho exigia um novo título. A versão anterior não foi bem compreendida por força de uma atávica permanência do paradigma constitucional estrangeiro no Brasil" (ZANETI JÚNIOR, Hermes. *A constitucionalização do processo*: o modelo constitucional da justiça brasileira e as relações entre processo e constituição. 2. ed. rev., ampl. e alterada. São Paulo: Atlas, 2014. p. 1). Para o exame crítico das posições de Hermes Zaneti: cf. REZENDE, Marcos. A contribuição da teoria estruturalista para o processo constitucional no Estado Democrático de Direito brasileiro – Reflexões sobre a crítica de Hermes Zaneti Júnior à teoria de Fazzalari. *Revista Brasileira de Direito Processual*, Belo Horizonte, ano 23, n. 87, p. 31-95, jul./set. 2014.

[351] GRESTA, Roberta Maia. *Introdução aos fundamentos da processualidade democrática*. Rio de Janeiro: Lumen Juris, 2014. p. 167.

teorização do Estado Democrático de Direito elaborada *a partir da perspectiva da Cidadania*".³⁵²

A teoria neoinstitucionalista reconhece o esforço científico empreendido pelos juristas que, a partir da segunda metade do século XX, lançaram suas reflexões teóricas para a relação processo-Constituição e sua composição com o exercício dos direitos fundamentais, mas ressalta que a teoria constitucionalista do processo também suplica revisitações e exposição à refutação crítica no sentido de expurgar os conteúdos que ainda encontram-se atrelados ao instrumentalismo processual e afastados da matriz teórica do direito democrático que é encaminhadora do próprio discurso constitucional.

Atento a esse detalhe, Rosemiro Leal sustenta que a teoria constitucionalista pressupõe que o processo é construído e modelado pela Constituição gestada pelo diálogo de especialistas representantes do povo em Assembleia Constituinte, ao passo que a teoria neoinstitucionalista preconiza "uma *teoria da constituição* egressa de um espaço processualizado em que o *povo total* da Comunidade Política é, por direito de ação coextenso ao procedimento, a *causalidade* dos princípios e regras de criação, alteração e aplicação de direitos". Logo, o processo não é modelo construído pela Constituição, mas instituição linguístico-jurídica de construção democrática da Constituição a ser erigida como *"medium* institucional que, na contrafactualidade, há de tornar apto o povo, por direitos fundamentais implementados, a conjecturar, concretizar ou recriar o discurso da Lei Constitucional Democrática".³⁵³

Conforme visto anteriormente, a teoria neoinstitucionalista preconiza fiscalidade incessante e continuada pelo processo nos níveis instituinte, constituinte e constituído do direito, o que a diferença de todas as demais teorias do processo, sobretudo por não revelar o comprometimento ideológico-pragmático do processo como meio de solução de conflitos da sociedade pressupostamente concebida e herdeira de uma Constituição a ser conduzida (manejada) pela figura da autoridade nos níveis de criação (função legislativa), execução (função administrativa) ou aplicação (função jurisdicional) da norma.

À teoria constitucionalista ainda estão jungidos os reclamos da *sociedade pressuposta* que não consegue romper com os ideais liberalizantes e socializantes ainda engastados por razões estratégicas ou pela ausência de instalação de pesquisas comprometidas com a implementação e execução de direitos fundamentais para a redução do sofrimento humano.

---

³⁵² GRESTA, Roberta Maia. *Introdução aos fundamentos da processualidade democrática*. Rio de Janeiro: Lumen Juris, 2014. p. 176.

³⁵³ LEAL, Rosemiro Pereira. *Teoria geral do processo*: primeiros estudos. 12. ed. Rio de Janeiro: Forense, 2014. p. 90-91.

CAPÍTULO 4
A ORDINARIEDADE PROCEDIMENTAL NA PROCESSUALIDADE DEMOCRÁTICA | 143

É por esta razão que a teoria neoinstitucionalista não guarda relação com as chamadas *teorias* do processo que, ao ofertarem propostas para instrumentalizar a solução de conflitos, "não se comprometem com a auto-inclusão processual de todos nos direitos *fundamentais*, sem os quais se praticaria, a nosso ver, a tirania da ocultação dos problemas jurídicos e não sua resolução compartilhada". O processo, neste sentido, "não se estabelece pelas forças imaginosamente naturais de uma de uma Sociedade ideal ou pelo *poder* de uma elite dirigente ou genialmente judicante, ou pelo diálogo de especialistas", mas se estabelece "por conexão teórica com a cidadania (soberania popular) constitucionalmente assegurada, que torna o *princípio da reserva legal do processo*, nas democracias ativas, o eixo fundamental da *previsibilidade das decisões*".[354]

Com efeito, uma teoria somente deveria receber a alcunha de "constitucionalista" se comprometida com os fundamentos teóricos de sua enunciação, expondo o próprio texto constitucional à revisibilidade crítico-discursiva a ser oferecida a todos (controle difuso de constitucionalidade) em contrariedade à jurisdição constitucional (modelo civil do controle concentrado) restrita a uma parcela de intérpretes privilegiados.

A percepção civilista que subjaz o modelo constitucional veda o discurso da processualidade como projeto fundante de uma sociedade "a ser construída na dinâmica da normatividade constitucionalizada (discurso jurídico)" que vincula o Estado e demais instituições à realização de "fins e direitos-garantias compartilhadamente alcançáveis e caracterizadores do modelo de Estado Democrático de Direito na pós-modernidade (espaço normativo processualizado) nas bases epistemológicas da relação teórico-proposicional e mundo humano". Daí a crítica de Rosemiro Leal ao modelo proposto por Andolina e Vignera, exatamente por situarem os princípios constitucionais como marcos positivistas (civis) indemarcados que "não explicitam a modalidade de obtenção de legitimidade nos discursos de aplicação do direito que possam distinguir os direitos em paradigmas diferenciados de Estado Constitucional".[355]

---

[354] LEAL, Rosemiro Pereira. *Teoria geral do processo*: primeiros estudos. 12. ed. Rio de Janeiro: Forense, 2014. p. 91.

[355] LEAL, Rosemiro Pereira. *Processo como teoria da lei democrática*. Belo Horizonte: Fórum, 2010. p. 39. É válido acrescentar que, embora Rosemiro Leal tenha reconhecido que nos estudos de Andolina e Vignera poderia se extrair contornos do processo como instituição constitucionalizada, não se pode concluir que, em tal afirmação, "Andolina e seus seguidores trabalham 'processo' como instituição, mas que, ao sustentar o processo como 'modelo', Andolina faz uma desenvoltura ainda deficiente a exigir uma enunciação institucionalista do processo fora das concepções de 'Justiça Civil', o que se oferece na teoria neoinstitucionalista do processo" (LEAL, Rosemiro Pereira. Modelos processuais e constituição democrática. In: MACHADO, Felipe Daniel Amorim; OLIVEIRA, Marcelo Andrade Cattoni de (Coords.). *Constituição e processo*: a contribuição do processo ao constitucionalismo democrático brasileiro. Belo Horizonte: Del Rey, 2009. p. 286).

Não basta, pois, ofertar rigorosas críticas[356] ao protagonismo judicial e consectários do instrumentalismo (escopos metajurídicos, protagonismo judicial, personalismo hermenêutico, entre tantos elementos que compõem esta esfera secular de dominação do direito) pela *análise* do processo "à luz da Constituição", como se tal amarração já trouxesse consigo uma carga axiológica dos valores éticos e morais da sociedade (civil), sem compreender exatamente o que é a *crítica* em planos epistemológicos de investigação dos fundamentos da própria fala.

Daí por que incursionar em temas de teoria do processo constitucional e Estado Democrático sem os aportes do racionalismo crítico de Karl Popper se torna

> uma empresa inatingível, para não dizer amnésica, ainda mais quando se aprisiona o percurso democrático brasileiro no ciclo teórico processual de Pothier a Fazzalari, com amarras em Andolina, Vignera e Galeotti, onde a *justiça civil* reina de modo imperturbável e altaneiro.[357]

4.1.3 Uma perspectiva conjectural encaminhadora da processualidade democrática

Os apontamentos acima esboçados são elementares para o esclarecimento da *processualidade democrática*, enquanto teoria da linguagem jurídico-processual da constitucionalidade (coinstitucionalidade)[358] regida pelo *devido processo* na construção de uma sociedade democrática liberta do discurso secular e estratégico de dominação pelo Estado. Tal compreensão é bem distinta do *agir comunicativo* habermasiano que, embalado por uma teoria pragmática da linguagem, trabalha o ideal do discurso racional que instala um pleito de engajamento ético dos participantes (os "destinatários") na observância das normas de sinceridade, de dizer a verdade e de sustentar somente o que for racionalmente garantido,[359] como condições de possibilidade desta comunicação,[360] o que seria de fato pressuposto de

---

[356] STRECK, Lênio Luiz. Hermenêutica, Constituição e processo, ou de "como discricionariedade não combina com democracia". In: MACHADO, Felipe Daniel Amorim; OLIVEIRA, Marcelo Andrade Cattoni de (Org.). *Constituição e processo*. Belo Horizonte: Del Rey, 2009. p. 4-27.

[357] LEAL, Rosemiro Pereira. Modelos processuais e constituição democrática. In: MACHADO, Felipe Daniel Amorim; OLIVEIRA, Marcelo Andrade Cattoni de (Coords.). *Constituição e processo*: a contribuição do processo ao constitucionalismo democrático brasileiro. Belo Horizonte: Del Rey, 2009. p. 287.

[358] LEAL, Rosemiro Pereira. *Processo como teoria da lei democrática*. Belo Horizonte: Fórum, 2010. p. 166.

[359] PUTNAM, Hilary. *O colapso da verdade e outros ensaios*. Tradução de Pablo Rubén Mariconda; Sylvia Gemignari Garcia. Aparecida, SP: Ideias & Letras, 2008. p. 152.

[360] É desta forma que Habermas pretende basear a chamada rede de idealizações performativas, na qual "os sujeitos que falam e interagem acham-se envolvidos sem dela poder sair, na mesma

democracia se tal perspectiva não acolhesse o diálogo de especialistas da sociedade civil, resultando desta noção seu caráter excludente, exatamente por não trabalhar a autoinclusão e autoilustração de todos, de forma indistinta, como sujeitos enunciadores do discurso a partir de procedimentos jurídico-processualizados.

Daí a necessidade de se interrogar a linguagem positivista e natural, as ideologias, os dogmas, a *práxis*, o pragma e os despotismos velados nos discursos de suposta democraticidade, como se pode notar no texto da Exposição de Motivos do Código de Processo de 2015, que elege o *modelo constitucional de processo* de Andolina e Vignera (já ultrapassado, em face dos avançados estudos de processo constitucional em terras brasileiras) como "matriz teórica" e percorre um discurso tópico-retórico de salvação do *prestígio do judiciário*[361] na resolução de conflitos, de forma *célere* e *justa*, com a adoção de medidas tendentes ao reforço dos poderes instrutórios do juiz mediante livre manejo do procedimento, à valorização do direito jurisprudencial[362] e à concretização da tutela imediata com a positivação da chamada *tutela de evidência* que, a seu turno, representa a radicalização

---

medida que participam das práticas culturais em questão". Segundo esta premissa, a uma pessoa que estabeleceu sua vida em determinada cultura caberá a observância de certas práticas comunicativas pressupostamente concebidas, não lhe restando alternativa diversa senão aceitá-las (HABERMAS, Jürgen. *A ética da discussão e a questão da verdade*. Tradução de Marcelo Brandão Cipolla. 2. ed. São Paulo: Martins Fontes, 2007. p. 20). Importante lembrar que a ética do discurso guarda em suas bases elementos da pragmática encontrados na teoria dos atos de fala de Austin. É o caso dos atos performativos que trazem consigo o compromisso ético no qual o falante assume diante do ouvinte, como uma promessa ("dar a palavra") que, em sendo descumprida, conduz à perda de credibilidade e quebra da comunicação. Analisando o caráter lógico das implicações desta rede de idealizações performativas de Habermas e Apel, Matthias Kaufmann observa que "quem participa do discurso e, com isso, ingressa numa comunidade comunicacional, concebida antecipadamente e inversamente aos fatos, porém não se atém a essas implicações comete uma contradição performativa e se desqualifica como participante da discussão". Referido filósofo denuncia o caráter *despótico* desta contradição nas implicações de caráter moral de efeito desqualificante, cujas exigências são implícitas, e torna duvidosa a existência de debates racionais entre participantes não tidos como iguais. Busca, de igual modo, demonstrar que o requisito invariável de condições de racionalidade do discurso ético e o seu caráter pretensamente apriorístico pode ser considerado *repressivo*, justamente por se imunizar contra qualquer modificação e "excomungar" aquele que se recusa a cumprir as regras e jogo exigidas, o que refletiria um instrumento despótico de dominação (KAUFMANN, Matthias. Discurso e despotismo. In: MERLE, Jean-Christophe; MOREIRA, Luiz. *Direito e legitimidade*. Tradução de Claudio Molz e Tito Lívio Cruz Romão. São Paulo: Landy, 2003. p. 94-95; 104-105).

[361] FUX, Luiz. *Tutela de segurança e tutela da evidência (fundamentos da tutela antecipada)*. São Paulo: Saraiva, 1996. p. XII.

[362] Para o estudo crítico e demarcado pela matriz epistemológica do Estado Democrático de Direito que envolve a temática das súmulas vinculantes, precedentes judiciais, teses firmadas em incidentes de resolução de demandas repetitivas, julgamento de recursos repetitivos e uniformização da jurisprudência: cf. FREITAS, Gabriela Oliveira. *A uniformização de jurisprudência no Estado Democrático de Direito*. Rio de Janeiro: Lumen Juris, 2014; FARIA, Gustavo de Castro. *Jurisprudencialização do direito*: reflexões no contexto da processualidade democrática. Belo Horizonte: Arraes, 2012.

da antecipação de tutela diante da ausência de técnica procedimental e, sobretudo, de qualquer aderência ao processo democrático.

É pelo fracasso dos modelos liberal e social adotados nos últimos séculos, resultado ainda ignorado (estrategicamente) pelos juristas que se ocupam em dogmatizar e instrumentalizar o direito para o livre manejo das conjecturas estatais, que a teoria neoinstitucionalista apresenta-se como referencial teórico da *processualidade democrática* – bem distinta da *processualização contextual*[363] proposta por Habermas – que se ocupa da implementação do Estado Democrático de Direito como *conquista histórica*[364] afirmada pelo art. 1º da Constituição de 1988. A teoria neoinstitucionalista parte da possibilidade constante de interrogação, desmistificação, desmitificação, ressemantização e revisitação de conteúdos normativos, teóricos e doutrinários que proporcione "resultados de qualidade de *vida humana*, porque o que há de novidade nessa forma de Estado é a concepção de *direito democrático* que, desvencilhando-se da substanciação proclamada dos inatos direitos humanos (vida, liberdade, igualdade-dignidade)", além de guardar atributos de uma *teoria da linguagem* a partir de princípios autocríticos que interrogam o saber solipsista com a abertura hermenêutica de "igual possibilidade interpretativa *(isomenia)*" a todos.[365]

Sobre os princípios autocríticos instituintes do discurso da processualidade democrática (contraditório, ampla defesa e isonomia), cuidar-se-á do seu exame no tópico a seguir.

4.2 Os princípios institutivos do processo na estruturação da ordinariedade procedimental

Tratar da ordinariedade procedimental sem o exame dos chamados *princípios institutivos* do processo remete o jurista a uma tarefa difícil, para não dizer inatingível, no sentido de buscar seu esclarecimento fora da lógica instrumentalista que aloca a jurisdição no centro de gravitação do processo, entregando ao julgador a atribuição dos sentidos da norma ante o seu *caráter oculto*,[366] privilégio que, além de lhe conferir a possibilidade de

---

[363] LEAL, Rosemiro Pereira. *Processo como teoria da lei democrática*. Belo Horizonte: Fórum, 2010. p. 208-209.

[364] ANDRADE, Francisco Rabelo Dourado de. Considerações sobre a conquista do Estado Democrático de Direito como projeto ainda em desenvolvimento. *Revista Jurídica Consulex*, Brasília, ano XIX, n. 439, p. 56-58, maio 2015.

[365] LEAL, Rosemiro Pereira. *Processo como teoria da lei democrática*. Belo Horizonte: Fórum, 2010. p. 18; 26.

[366] LEAL, Rosemiro Pereira. O caráter oculto do sentido normativo do Novo CPC. In: CASTRO, João Antônio Lima; FREITAS, Sérgio Henriques Zandona (Coords.). *Direito processual*: estudo democrático da processualidade jurídica constitucionalizada. Belo Horizonte: PUC Minas, Instituto de Educação Continuada, 2012. p. 185-190.

livre interpretação, o autoriza a *produzir o direito* nas hipóteses de ausência de normas em razão da vedação do *non-liquet*, conforme dispõe o art. 4º da Lei de Introdução das Normas do Direito Brasileiro (Lei nº 12.376/2010).

Os princípios, na teoria neoinstitucionalista do processo, não se apresentam como "marcos dogmáticos que estabelecem a inegabilidade dos pontos de partida dos sistemas jurídicos, porque são eles autocríticos, logo não dogmáticos como interpretantes teóricos e fundantes dos sistemas jurídicos processualmente adotados". Estas noções são importantes para estabelecer que, em direito, o princípio "é marco teórico que, introduzido pela linguagem do discurso legal como *referente* lógico-dedutivo, genérico e fecundo (desdobrável), é balizador dos conceitos que lhe são *inferentes*".[367]

Conforme visto anteriormente, o processo apresenta-se como instituição linguístico-jurídico-autocrítica cuja estrutura é integrada por princípios sem os quais seria impossível a sua própria teorização. Cuidam-se dos *princípios institutivos*[368] do contraditório, isonomia e ampla defesa que, a rigor, são instituintes do discurso jurídico-processual não apenas da atividade jurisdicional, mas igualmente das esferas legiferativa e administrativo-governativa.

Embora o *contraditório* já tivesse sido conjecturado no processualismo clássico, como foi o caso de Adolf Wach, seus seguidores e os demais juristas da chamada Escola Instrumentalista do Processo que, salvo algumas variantes doutrinárias, reduzem o contraditório à mera bilateralidade (dizer e contradizer),[369] pode-se dizer que tal princípio recebeu especial atenção nas obras de Elio Fazzalari, segundo quem o contraditório representa o elemento intrínseco do processo que compõe a "estrutura dialética do procedimento", cuja noção repousa na "participação dos destinatários dos efeitos do ato final em sua fase preparatória; na simétrica paridade de

---

[367] LEAL, Rosemiro Pereira. *Teoria geral do processo*: primeiros estudos. 12. ed. Rio de Janeiro: Forense, 2014. p. 98.

[368] Em sua *Teoria geral do processo*, Rosemiro Leal elenca como *princípios institutivos do processo* o contraditório, a isonomia e a ampla defesa, distinguindo-os dos *princípios informativos do processo* que, "como *variáveis* lógico-jurídicos dos *princípios institutivos*, não podem ser examinados como se fossem princípios gerais do Direito Processual, de vez que estes, sendo mais amplos, não devem, por clareza didática e científica, misturar-se aos princípios informativos do Processo", que são a oralidade, a publicidade, a lealdade processual, a disponibilidade e indisponibilidade, a economia processual e instrumentalidade das formas (LEAL, Rosemiro Pereira. *Teoria geral do processo*: primeiros estudos. 12. ed. Rio de Janeiro: Forense, 2014. p. 98; 110-114). Com esteio na obra supracitada, Dhenis Cruz Madeira leciona que "os princípios institutivos do processo possibilitam um discurso democrático incessante, garantindo uma fiscalidade irrestrita e a não-petrificação do direito. A discussão isonômica, ampla e em contraditório acerca da aplicação ou não de uma norma (bem como em torno da extensão de sua aplicação) fazem com que o *Direito não se dogmatize, não se petrifique*, à medida que sempre haverá reflexão em torno do caso concreto" (MADEIRA, Dhenis Cruz. *Processo de conhecimento & cognição*: uma inserção no Estado Democrático de Direito. Curitiba: Juruá, 2008. p. 131).

[369] Para mais sobre o assunto: cf. BRÊTAS, Ronaldo de Carvalho Dias. *Processo constitucional e Estado Democrático de Direito*. 3. ed. Belo Horizonte: Del Rey, 2015. p. 123-125.

suas posições; na mútua implicação das suas atividades";[370] de André Leal, que, numa perspectiva teórica mais ampla em relação à anterior, propõe a releitura constitucionalizada do contraditório, enquanto referente inafastável na atuação da lei processual desde a reconstrução dos fatos à escolha e interpretação da norma a ser aplicada no caso em debate, entrelaçando-o "com o princípio (requisito) da fundamentação das decisões de forma a gerar bases argumentativas acerca dos fatos e do direito debatido", como meio para se alcançar a racionalidade das decisões no Estado Democrático de Direito;[371] de Dierle Nunes, com a percepção do contraditório como garantia de influência e de não surpresa;[372] e de Ronaldo Brêtas, para quem a completa noção do contraditório no processo constitucionalizado contemporâneo, lastreado no art. 5º da Constituição de 1988, é extraída de um *quadrinômio estrutural* que deve ser instaurado na dinâmica do procedimento a partir da "*informação – reação – diálogo – influência* – como o resultado lógico-formal da correlação do princípio do contraditório com o princípio da fundamentação das decisões jurisdicionais".[373]

Já nas lições de Rosemiro Leal, o contraditório é referente lógico-jurídico do processo em bases democráticas que enseja a necessária dialogicidade entre os "interlocutores (partes) que se postam em defesa ou disputa de direitos alegados, podendo, até mesmo, exercer a liberdade de nada dizerem (silêncio), embora tendo *direito-garantia* de se manifestarem". Nesta vertente, há que se oportunizar às partes a ampla possibilidade técnica de contradizer, mas limitada ao espaço-tempo determinado em lei, cuja inércia (não exercício de tal direito) converter-se-á em ônus processual. Mesmo que à parte seja resguardado o direito de se silenciar, a garantia do contraditório deve invariavelmente ser oportunizada, sob o risco de se converter o processo em mero procedimento inquisitório livremente manejado pela figura despótica do julgador.[374]

---

[370] FAZZALARI, Elio. *Instituições de direito processual*. Tradução de Elaine Nassif. 8. ed. Campinas: Bookseller, 2006. p. 119. Em estudo sobre o tema, Marcelo Andrade Cattoni de Oliveira acrescenta que o contraditório "é uma das garantias centrais dos discursos de aplicação jurídica institucional e é condição de aceitabilidade racional do processo jurisdicional" (OLIVEIRA, Marcelo Andrade Cattoni de. O processo constitucional como instrumento da jurisdição constitucional. *Revista da Faculdade Mineira de Direito*, Belo Horizonte, v. 3, n. 5-6, p. 161-169, 2000. p. 165).

[371] LEAL, André Cordeiro. *O contraditório e a fundamentação das decisões*. Belo Horizonte: Mandamentos, 2002. p. 102-105.

[372] NUNES, Dierle José Coelho. *Processo jurisdicional democrático*. 1. ed. 4. reimpr. Curitiba: Juruá, 2012. p. 227-229.

[373] BRÊTAS, Ronaldo de Carvalho Dias. *Processo constitucional e Estado Democrático de Direito*. 3. ed. Belo Horizonte: Del Rey, 2015. p. 133. Ainda sobre o tema: cf. PAOLINELLI, Camilla Mattos. *O ônus da prova no processo democrático*. Rio de Janeiro: Lumen Juris, 2014. p. 27-30.

[374] LEAL, Rosemiro Pereira. *Teoria geral do processo*: primeiros estudos. 12. ed. Rio de Janeiro: Forense, 2014. p. 99.

A *isonomia*, por sua vez, não decorre da inesclarecida e obscura ideia de se conferir tratamento igual para os iguais e desigual para os desiguais, em usual afirmativa, cuja carga enigmática somente seria decifrável pelo juiz das doutrinas instrumentalistas, mas da compreensão de que "o direito ao Processo não tem conteúdos de criação de direitos diferenciados pela disparidade econômica das partes, mas é direito assegurador de *igualdade de realização construtiva do procedimento*".[375]

Com efeito, a *igualdade de oportunidades* das partes na participação *do* processo (o que vai além da participação *no* processo) não se enquadraria na *simétrica paridade* preconizada por Fazzalari, pois esta igualdade "fetichiza uma abertura 'perante a lei' e não dentro da lei a fruir da compreensão e debate (ampla defesa) de seus conteúdos no espaço da procedimentalidade processualizada pelo tempo lógico-jurídico-discursivo (Prazos)". Para Rosemiro Leal, referido princípio comporta as três vertentes de reflexão já afirmadas anteriormente: *isotopia*, como igualdade de todos perante a lei; *isomenia*, que é a igualdade a todos de exercício da atividade interpretativa; e *isocrítica*, como igualdade de todos de criar, modificar ou substituir a lei.[376]

As noções até aqui expostas são válidas para vislumbrar o que vem a ser *ampla defesa* na processualidade democrática que, assim como os princípios dantes examinados, se apresenta como referente lógico-jurídico constitucionalizado que compõe a base fundante do processo. Ao se falar no princípio institutivo da ampla defesa, deve-se compreender que esta amplitude não se revela de forma indemarcada na estrutura procedimental, mas na ampla possibilidade do seu exercício pelos meios e elementos de provas a serem articulados no espaço-tempo do procedimento.

A ampla defesa está diretamente relacionada aos *limites temporais do procedimento*, dimensão na qual é resguardada a oportunidade de exauriência dos argumentos e de produção de provas em espaço que permita a reflexão cômoda dos aspectos fundamentais para sua realização *efetiva* nos termos legalmente definidos.

Aliás, sobre a *efetividade* do processo (ou do procedimento), expressão que tão bem agrada aos instrumentalistas, cabe destacar que sua compreensão deve relacionar-se ao exercício irrestrito dos princípios institutivos do processo na realização dos direitos e garantias fundamentais

---

[375] LEAL, Rosemiro Pereira. *Teoria geral do processo*: primeiros estudos. 12. ed. Rio de Janeiro: Forense, 2014. p. 99.
[376] LEAL, Rosemiro Pereira. *A teoria neoinstitucionalista do processo*: uma trajetória conjectural. Belo Horizonte: Arraes, 2013. p. 47-48. Ainda sobre a *simétrica paridade*, Rosemiro Leal destaca que se trata de "princípio de conteúdos complexos que, ao seu esclarecimento, suplicam ingresso na demarcação teórica da *Dignidade* que impõe, no plano instituinte-processual da Lei, nas democracias não paideicas, acolhimento como direito líquido e certo de autoilustração, para todos, sobre os fundamentos da existência jurídica" (LEAL, Rosemiro Pereira. *A teoria neoinstitucionalista do processo*: uma trajetória conjectural. Belo Horizonte: Arraes, 2013. p. 48).

da Constituição, entendimento que se contrapõe à supressão da lógica procedimental com a sumarização da *cognitio* e do procedimento, o que somente seria conjecturável em se tratando da tutela imediata dos direitos fundamentais. Sobre o tema, é valioso o reparo de Rosemiro Leal, ao asseverar que as alegações de celeridade processual e efetividade não podem, "de modo obcecado, suprindo deficiências de um Estado já anacrônico e jurisdicionalmente inviável, sacrificar o *tempo* da *ampla defesa* que supõe oportunidade de exaurimento das articulações de direito e produção de prova".[377] É por tais razões que a ampla defesa, como garantia fundamental, assegura

> o direito de argumentação das minorias no mesmo espaço-tempo procedimental processualizado das maiorias e vice-versa. Esse direito é que impede o fechamento dos sistemas (a criação das sociedades fechadas no sentido de Popper). Por isso é que um direito caracterizador da *democracia*, no sentido pós-moderno de não se valer de juízos dispositivos, rompe com o dogma da fala paranoica, se a cada qual se reconhecer constitucionalmente a possibilidade de apontar aporias (*direito ao contraditório*) nos discursos juridicamente normatizados.[378]

Dessas anotações, pode-se concluir que o contraditório, a isonomia e a ampla defesa são princípios estruturantes da ordinariedade procedimental não cambiáveis pelos discursos de sumarização das tutelas de urgência ou de evidência que estejam fora dos direitos fundamentais garantidos no plano instituinte da constitucionalidade (coinstitucionalidade) democrática.

4.3 Devido processo e *cognitio*: bases para uma teoria da prova fora da lógica instrumentalista do processo

Foi observado acima que o embaraço do *modelo constitucional de processo* acaba se tornando inexorável diante do perfil garantista baseado em uma norma pronta (já constituída) sem a prévia instalação de um *medium* linguístico testificador da própria norma (apesar de) *constitucional*.[379] É que

---

[377] LEAL, Rosemiro Pereira. *Teoria geral do processo*: primeiros estudos. 12. ed. Rio de Janeiro: Forense, 2014. p. 100; 190-192.

[378] LEAL, Rosemiro Pereira. *A teoria neoinstitucionalista do processo*: uma trajetória conjectural. Belo Horizonte: Arraes, 2013. p. 73. Para mais sobre o tema, ver: CRUZ, Clenderson Rodrigues da. *A ampla defesa na processualidade democrática*. Rio de Janeiro: Lumen Juris, 2016.

[379] Nesta ordem, torna-se inócuo sustentar "um discurso constitucional, quanto a direitos porventura ali assegurados, se não considerados como conteúdos de um sistema linguístico permanentemente aberto a uma textualização por todos os integrantes de uma *comunidade jurídica* como conjunto total de *legitimados ao processo* e *processo* como o *locus* (interpretante) teórico-jurídico do exercício intertextual do discurso da constitucionalidade segundo princípios

o garantismo não decorre do *compartilhamento dialógico-processual-fiscalizante* do povo (comunidade jurídica constitucionalizada),[380] mas da *atividade tutelar* da autoridade judicante que fará o acertamento dos direitos não apenas com amparo nos conteúdos da lei, mas também segundo juízos de conveniência, razoabilidade e proporcionalidade, resultando desta compreensão que não houve rompimento com a lógica instrumentalista do processo estudada nos capítulos 1 e 2 deste trabalho, como se a sonora defesa do binômio processo-Constituição encaminhasse, *per se*, a compreensão de um *modelo constitucional de processo*.

Forte no estudo sistemático do processo constitucional, Ronaldo Brêtas leciona que sua formatação se dá segundo o princípio do *devido processo constitucional*, que impõe o exercício constitucionalizado da função jurisdicional atrelado ao Estado Democrático de Direito, estando este princípio alicerçado ao *devido processo legal*, como estrutura normativa que envolve uma série de direitos e garantias fundamentais da Constituição que deve ser resguardada aos destinatários dos atos jurisdicionais (o povo), quais sejam: o acesso à jurisdição; a prestação da atividade jurisdicional em tempo útil ou em prazo razoável, sem dilações indevidas; o juízo natural; o procedimento desenvolvido em contraditório; a ampla defesa (com todos os meios e recursos a ela inerentes, notadamente o direito à presença de advogado ou de defensor público); a fundamentação das decisões lastreada na reserva legal (precedência da lei ao fato); o direito ao recurso. Com isto, a integral e irrestrita observância desta estrutura permitirá a legitimação das decisões jurisdicionais.[381]

Segundo Rosemiro Leal, o *devido processo legal* (*dever-ser* normativo – modelos legais) é o prolongamento do *processo constitucional* (*ser* jurídico perpétuo nas democracias plenas) que se concretiza na procedimentalidade nos âmbitos de criação, atuação (aplicação), modificação e extinção do direito.[382] Daí cogitar o *devido processo legislativo*[383] partindo-se de uma hermenêutica isomênica (democrática) extraída da base popular instituinte, constituinte e constituída da normatividade.

---

autocríticos (contraditório, ampla defesa, isonomia) como direitos fundamentais de desconstrução de sentidos (argumentação) ao controle proposicional da normatividade à fundação de uma Sociedade Jurídico-Político-Democrática" (LEAL, Rosemiro Pereira. *A teoria neoinstitucionalista do processo*: uma trajetória conjectural. Belo Horizonte: Arraes, 2013. p. 63-64).

[380] LEAL, Rosemiro Pereira. *Teoria geral do processo*: primeiros estudos. 12. ed. Rio de Janeiro: Forense, 2014. p. 90.

[381] BRÊTAS, Ronaldo de Carvalho Dias. *Processo constitucional e Estado Democrático de Direito*. 3. ed. Belo Horizonte: Del Rey, 2015. p. 164-166.

[382] LEAL, Rosemiro Pereira. *Teoria geral do processo*: primeiros estudos. 12. ed. Rio de Janeiro: Forense, 2014. p. 49.

[383] Para mais sobre o tema: cf. DEL NEGRI, André. *Controle de constitucionalidade no processo legislativo*: teoria da legitimidade democrática. 2. ed. Belo Horizonte: Fórum, 2008. p. 109-177.

Por essas razões, o processo constitucional revela sua importância de legitimação dos atos do Estado não apenas na aplicação do direito pela função jurisdicional, mas, também, no exercício da função administrativa e, de igual modo, no ato da produção legislativa. Isso porque o processo "é visto como *medium* da racionalidade discursiva dos direitos fundamentais garantidos por meio de um espaço-político procedimentalizado aberto a todos" e, por certo, na limitação do poder do próprio Estado, que deve obediência rigorosa ao devido processo. O processo, portanto, é "a própria fonte legitimadora do espaço discursivo de positivação e atuação do direito".[384]

Essas linhas realçam a enunciação do princípio do *devido processo constitucional* como instituto de problematização e testificação teorizada (no sentido popperiano) do discurso normativo, além de ofertar fiscalidade constante da atividade prestada pelo Estado no exercício das funções executiva, legislativa e jurisdicional. É por isto que o Estado Democrático de Direito se revela por meio do

> *povo* (legitimado ao processo) que faz e garante as suas próprias conquistas conceituais pelo *processo constitucional* legiferante do que é *devido* (garantido, assegurado), não o juiz que é funcionário do povo. O juiz não é construtor do direito, mas concretizador do ato provimental de encerramento decisório do *discurso estrutural* do procedimento processualizado pelo *due process* democrático em suas incidências substancial (*substantive*) de garantias implantadas constitucionalmente e procedimental (*procedural*) do modo adequado de aplicação constitucionalmente assegurado.[385]

As concepções acima exibem a importância de se perquirir o *devido processo* em bases democráticas, distintas das concepções históricas do *due process* garantista-ativista manejável livremente pela figura da autoridade, temática que suplica esclarecimento e revisitações fora das ideologias salvacionistas do judiciário, do positivismo kelseniano e dos modelos liberal e social de processo.[386] Daí o acerto proposicional ofertado pela teoria neoinstitucionalista, exatamente por inaugurar

> uma concepção de *devido processo* como *devir* a partir de uma linguisticidade jurídica que é marco *interpretante* de criação (vir-a-ser) e atuação de um sistema normativo de tal modo a permitir a fusão biunívoca de vida-contraditório,

---

[384] DEL NEGRI, André. *Processo constitucional e decisão interna corporis*. Belo Horizonte: Fórum, 2011. p. 76-77.

[385] LEAL, Rosemiro Pereira. *Teoria geral do processo*: primeiros estudos. 12. ed. Rio de Janeiro: Forense, 2014. p. 43; 49.

[386] LEAL, Rosemiro Pereira. O due process e o devir processual democrático. In: SOARES, Carlos Henrique; BRÊTAS, Ronaldo de Carvalho Dias (Coords.). *Direito processual civil latino-americano*. Belo Horizonte: Arraes, 2013. p. 1-7.

liberdade-ampla defesa, isonomia-dignidade (igualdade), como direitos fundantes (fundamentais) de uma coinstitucionalidade instrumental à sua respectiva implantação.[387]

Portanto, a dimensão teórica em exame oferta a possibilidade de rompimento radical com a lógica político-jurídica de dominação e violência social por séculos praticada pelo Estado para, a partir do paradigma teórico-linguístico-autocrítico do *processo*, ensejar a implementação e atuação de um direito democrático que disponha à comunidade jurídica (legitimados ao processo) a possibilidade fiscalizatória do sistema constitucional[388] como recinto fundante (fundamental) dos direitos de contraditório-vida, ampla defesa-liberdade e isonomia-dignidade, vale dizer, direitos fundamentais de *vida, liberdade* e *dignidade* projetados conforme os princípios institutivos do *contraditório, isonomia* e *ampla defesa* que culminam em binômios estruturantes do discurso jurídico no Estado Democrático de Direito.[389]

Tais noções são elementares para compreender a atividade de conhecimento (*cognitio*) desenvolvida na estruturação do procedimento comum que, sendo ordinário ou sumário, se articula em fases lógicas (*postulatória – instrutória – decisória*)[390] não passíveis de supressão, salvo nas hipóteses legais de redução (e não extinção) do módulo do espaço-tempo procedimental sem importar em prejuízo do amplo exercício do devido processo legal e das garantias coextensas que dele são componentes.

A observância das fases lógicas do procedimento, conjugada com a demarcação teórica do *devido processo*, resulta na noção de *ordinariedade procedimental processualizada* estruturada em uma linguagem jurídico-normativa, que impõe o prévio atendimento de pressupostos de formação do procedimento, depois de exercido o direito constitucional de petição (*fase postulatória*), com a imediata abertura ao direito de defesa e instalação do contraditório para, ato contínuo, propiciar a análise dos pontos controvertidos relacionados à defesa contra o mérito e oportunizar às partes a produção de provas pelos meios legais (*fase instrutória*). Daí, finalmente, falar-se em fase conclusiva da *cognitio* (procedimento de conhecimento)

---

[387] LEAL, Rosemiro Pereira. O due process e o devir processual democrático. In: SOARES, Carlos Henrique; BRÊTAS, Ronaldo de Carvalho Dias (Coords.). *Direito processual civil latino-americano*. Belo Horizonte: Arraes, 2013. p. 12.

[388] Segundo Rosemiro Leal, "a melhor *constituição* é aquela que permite o expurgo de suas próprias normas incompatíveis com a *teoria* linguístico-jurídico-processual (paradigma) escolhida como eixo (e, na democracia contemporânea, o *devido processo*) instituinte do sistema jurídico que a qualifica, funda e caracteriza" (LEAL, Rosemiro Pereira. *A teoria neoinstitucionalista do processo*: uma trajetória conjectural. Belo Horizonte: Arraes, 2013. p. 61).

[389] LEAL, Rosemiro Pereira. *Processo como teoria da lei democrática*. Belo Horizonte: Fórum, 2010. p. 41-42.

[390] LEAL, Rosemiro Pereira. *A teoria neoinstitucionalista do processo*: uma trajetória conjectural. Belo Horizonte: Arraes, 2013. p. 99.

com o acertamento de direitos como decorrência lógica da observância dos princípios institutivos do processo (*fase decisória*), os quais, conforme visto, não abonam flexibilizações, distinções ou postergações pelo juiz, salvo se se tratar de direitos constitucionalmente líquidos, certos e exigíveis, o que será objeto de reflexão mais adiante.

Ocorre que os contornos da *cognitio* necessários para a configuração do procedimento processualizado recebem críticas (não teorizadas, portanto, meramente ideológicas) pela dogmática instrumentalista, conforme visto no estudo apresentado sobre as tutelas de urgência e de evidência no início deste trabalho. Em boa síntese, sustenta-se o rompimento da ordinariedade como medida de *defesa da jurisdição*[391] pois, em se tratando de *tutelas* desta natureza, estaria em jogo a própria função do Estado na realização eficaz dos direitos. Chega-se, com isto, à estranha conclusão da atividade tutelar como resultante dos "poderes implícitos do Poder Judiciário".[392]

A esse respeito, Dhenis Madeira relembra que a cognição é conceituada pela maioria dos processualistas como sendo uma "*atividade, técnica, método* ou *operação lógica* do juiz para a valoração dos argumentos e provas suscitados pelas partes, para que o julgador possa, por ato de *inteligência* e após a formação de um *juízo de valor*", decidir sobre as questões processuais e matéria de mérito em um recinto instrumental que autoriza juízos subjetivistas de justiça, intuição, sensibilidade, equidade, bom senso e de "*outros fatores psicológicos, volitivos, vivenciais, culturais, humanísticos* e *sociais* para se auxiliar na atividade cognitiva". Referido jurista concorda que a cognição compreende a apreciação de provas e argumentos, no entanto, rechaça a ideia de que a *cognitio* se resume a mera técnica à disposição do juiz em que são manifestados seus juízos de valor ou atos de inteligência.[393] Esta compreensão revela que, no Estado Democrático de Direito,

> a cognição eleva-se à categoria de instituto jurídico e que, por isso, abriga princípios afins. Obviamente, a cognição liga-se à própria função jurisdicional e ao processo, razão pela qual muitos de seus princípios regentes orientam também a jurisdição e o processo. Em Direito, não existe cognição fora do exercício da jurisdição e da regência principiológica do *devido processo*. Desta forma, no atual paradigma constitucional do Estado Democrático de Direito, a *COGNIÇÃO* pode ser conceituada como *instituto jurídico regido pelos princípios diretivos da função jurisdicional e institutivos do processo, que permite a valoração e valorização compartilhada dos argumentos e provas estruturados no procedimento e*

---

[391] FUX, Luiz. *Tutela de segurança e tutela da evidência (fundamentos da tutela antecipada)*. São Paulo: Saraiva, 1996. p. 26.

[392] MARINONI, Luiz Guilherme. *Efetividade do processo e tutela de urgência*. Porto Alegre: Sérgio Antônio Fabris Editor, 1994. p. 70.

[393] MADEIRA, Dhenis Cruz. *Processo de conhecimento & cognição*: uma inserção no Estado Democrático de Direito. Curitiba: Juruá, 2008. p. 105-106; 116.

retratados fisicamente nos autos (cartulares ou eletrônicos), cujo exercício resulta na elaboração dos provimentos.[394]

Não cabe, pois, falar em sumarização *do procedimento* ou *da atividade cognitiva* sem a distribuição isonômica do espaço-tempo procedimental para as partes, mas de sumarização *do tempo* sem a quebra das etapas lógicas do procedimento. Na processualidade democrática, não se acolhe discursos de vedação ou flexibilização do devido processo legal – tese sustentada pela doutrina instrumentalista do processo – exatamente em face da propugnada (ou inconsciente) defesa da violência estatal institucionalizada, o mesmo que jurisdição sem processo.

Nesse sentido, Rosemiro Leal leciona, em sua singular teoria da prova, que "seria uma incongruência assegurar AMPLA DEFESA pela sumarização cognitiva, isto é: estrangulamento ou supressão do tempo-espaço de PROVAR como se faz nos regimes autocráticos", porquanto o direito à produção da prova no processo democrático decorre do próprio devido processo legal, como modelo legal que oferta a possibilidade de participação lógico-procedimental na preparação do ato decisório judicante.[395] Portanto,

> o comando da prova, quando se faz pela índole onisciente, sensibilidade e suposto poder do juiz para dizer o que é ou não é conveniente, cabível ou oportuno, a pretexto de um Judiciário "célere", é retrocesso histórico e científico em que a técnica do julgamento se coloca a serviço das conjunturas estatais, com estrangulamento de direitos fundamentais. Ora, se o Estado é deficiente, o que se tem a fazer é consertar o Estado ou substituí-lo por outro e não compactuar-se com ele para negar cidadania cujo suporte é o DEVIDO PROCESSO LEGAL CONSTITUCIONAL.[396]

Agregado ao direito de *participação* no âmbito da *cognitio*, cuja atividade, conforme visto, não se resume a uma série de atos desenvolvidos no procedimento pelo (e para) o juiz, acrescenta-se ainda a garantia de *fiscalização ampla e incessante* de modo a afastar as arbitrariedades que possam invalidar o regular desenvolvimento e conclusão do procedimento processualizado. Disto resulta o equívoco que a dogmática processual confere ao tratamento do instituto da prova, como se esta fosse mero instrumento prestante ao *livre convencimento motivado* do juiz, como *destinatário da prova*, que possibilitaria o alcance da *verdade, certeza, probabilidade* ou

---

[394] MADEIRA, Dhenis Cruz. *Processo de conhecimento & cognição*: uma inserção no Estado Democrático de Direito. Curitiba: Juruá, 2008. p. 119.

[395] LEAL, Rosemiro Pereira. *Relativização inconstitucional da coisa julgada*: temática processual e reflexões jurídicas. Belo Horizonte: Del Rey, 2005. p. 54.

[396] LEAL, Rosemiro Pereira. *Relativização inconstitucional da coisa julgada*: temática processual e reflexões jurídicas. Belo Horizonte: Del Rey, 2005. p. 55.

verossimilhança das alegações fáticas, "as quais se destinariam exclusivamente ao julgador, a quem caberia apreciá-las de acordo com os critérios legalmente estipulados pelos sistemas de avaliação probatória da Prova Legal, da Livre Convicção ou da Persuasão Racional".[397]

A ausência de democraticidade da lógica instrumentalista decorre exatamente da defesa de uma atuação ampla e ativa pelo juiz no procedimento, em favor do qual, para a busca da verdade ou certeza, são atribuídos poderes discricionários e amplos critérios de produção e valoração da prova. Nesta ordem, sustenta-se ser "certo que o juiz deve buscar se convencer da verdade. Mas essa convicção se faz com base na argumentação ou nas provas trazidas ao processo, inclusive as determinações de ofício, o que gera uma verdade construída no processo".[398]

Com isto, resta patente um terreno perigoso, precário na proteção de direitos fundamentais, porém fértil em outorgar prerrogativas arbitrárias para a livre e descriteriosa atuação do juiz, razão por que não se pode mais falar em julgamento com base em "senso comum ou máximas de experiência"[399] na vigência do Estado Democrático de Direito. Trata-se de discurso que parte de aptidões *pressupostas* e não extraídas da estrutura procedimental-processualizada, portanto, não suscetíveis à crítica ou refutação pelas partes. Por certo, "um fundamento não extraído da plataforma procedimental, como o é a experiência ou a qualidade individual do magistrado, é imprestável à motivação do provimento, eis que não se oferta à crítica, tornando a decisão ilegítima juridicamente".[400]

---

[397] THIBAU, Vinícius Lott. *Presunção e prova no direito processual democrático*. Belo Horizonte: Arraes, 2011. p. 94. Ainda com relação à notícia histórica exposta por Vinícius Thibau, vale destacar a divergência de Ronaldo Brêtas diante da concepção instrumentalista segundo a qual o juiz é o destinatário da prova, pois, a seu ver, "o destinatário principal e direto da prova não é o juiz ou juízo, mas sim, o próprio processo, por uma questão de coerência lógico-formal. Assim considero, porque é no processo – entendido como espaço procedimental compartilhado, cognitivo e argumentativo – que cada parte apresenta suas narrativas fáticas e respectivas provas, tomando ciência das narrativas fáticas e das provas apresentadas pela outra que lhe é contrária, impugnando-as, rebatendo-as, apontando-lhes inconsistências, precariedades e eventuais vícios de natureza formal, além de lhes fazer as devidas valorações, com a finalidade de influenciar a valoração e o convencimento motivado do juiz, em prol das suas teses, no ato decisório final" (BRÊTAS, Ronaldo de Carvalho Dias. Noções de teoria e técnica do procedimento da prova. In: BRÊTAS, Ronaldo de Carvalho Dias; SOARES, Carlos Henrique (Coords.). *Técnica processual*. Belo Horizonte: Del Rey, 2015. p. 190-191).

[398] MARINONI, Luiz Guilherme; ARENHART, Sérgio Cruz. *Prova*. São Paulo: Revista dos Tribunais, 2009. p. 92.

[399] CAMBI, Eduardo. *A prova civil*: admissibilidade e relevância. São Paulo: Revista dos Tribunais, 2006. p. 342.

[400] MADEIRA, Dhenis Cruz. *Processo de conhecimento & cognição*: uma inserção no Estado Democrático de Direito. Curitiba: Juruá, 2008. p. 172.

O mesmo pode-se dizer quanto à busca da *verdade*[401] como um dos objetivos da prova, que possibilitaria *decisões justas*,[402] temática tormentosa que não pode ser tratada sem demarcação e devida pesquisa científica. Da forma como esta questão é defendida pelos instrumentalistas, abre-se uma imensurável margem para a atuação isolada, subjetiva e solipsista do julgador, o que por certo é rejeitado pela Constituição de 1988.

Nesse ponto, Carlos Henrique Soares e Ronaldo Brêtas asseveram que "a busca da *verdade* dos fatos não é responsabilidade do juiz, nem do processo, muito menos da prova", ressaltando que o art. 131 do Código de Processo Civil de 1973, o qual autoriza ao juiz a livre apreciação da prova segundo os fatos e circunstâncias constantes dos autos, deve ser reinterpretado ou até modificado para se adequar às bases democráticas do processo constitucional. Por conseguinte, o que se busca em um processo de conhecimento é a *reconstrução argumentativa* da prova em um espaço discursivo e cognitivo-procedimental.[403] Para Rosemiro Leal,

---

[401] Em singular pesquisa sobre o tema, Camilla Paolinelli ressalta que o problema da verdade deu ensejo a equívocas compreensões pelos processualistas, muitos dos quais chegaram a introduzir a *verdade real* como escopo do processo a ser buscado pelo juiz. Buscar-se-ia com tal desígnio uma tutela jurisdicional rápida, célere e justa com a revelação da verdade, no sentido de cumprir o propósito de pacificação social da jurisdição. Segundo a autora, "no direito processual, o recrudescimento das visões socializadoras do processo (especialmente nas décadas de 1970 a 1990) contribuiu para o fortalecimento da relação verdade-processo. A perspectiva social-instrumental que conferiu peculiar missão social e ética à função jurisdicional, tornou o processo jurisdicional uma espécie de máquina reprodutora da verdade institucionalizada pelo Estado" (PAOLINELLI, Camilla Mattos. *O ônus da prova no processo democrático*. Rio de Janeiro: Lumen Juris, 2014. p. 211; 229). Ainda neste sentido, Dhenis Cruz Madeira afirma que, "por mais que isso provoque estarrecimento e a perplexidade de muitos juristas, é preciso dizer de início: em Direito, a prova não é (e nunca será) capaz de reproduzir uma verdade. E mais: a Ciência Jurídica não é capaz de tocar a verdade". Com base na teoria de Karl Popper, o autor observa que "a verdade não pode pertencer a alguém e o discurso normativo deve admitir a falibilidade de seus próprios apontamentos. Nenhum cientista do Direito ou operador jurídico aponta a verdade, mas tão somente, apresenta proposições falseáveis e provisórias" (MADEIRA, Dhenis Cruz. *Processo de conhecimento & cognição*: uma inserção no Estado Democrático de Direito. Curitiba: Juruá, 2008. p. 179).

[402] Em severa crítica à *Escola Instrumentalista do Processo*, que acolhe o termo *justiça* de forma não esclarecida, limitando-se a apresentá-la como um objetivo a ser alcançado pela jurisdição (visão teleológica), Rosemiro Leal aponta que "não se sabe se *justiça* é o Poder Judiciário, se é o resultado de um julgamento popularmente aplaudido, se um valor só perceptível pelo solipsismo da jurisdição ou um valor que esteja acima da lei e que seja o fim último de uma sociedade ideal e carismática ainda a se construir sobre princípios não esclarecidos de uma eticidade social de vocação hegeliana". Deste modo, a aceitar sem reservas tais colocações, "o processo se transfigura em estranha ritualística de judicância carismática, num retrocesso desalentador que chega às raias do hermetismo, porque só plenamente operável por uma sensibilidade superior e imanente ao bom juiz, como donativo da divindade" (LEAL, Rosemiro Pereira. *Teoria geral do processo*: primeiros estudos. 12. ed. Rio de Janeiro: Forense, 2014. p. 53; 178).

[403] SOARES, Carlos Henrique; BRÊTAS, Ronaldo de Carvalho Dias. *Manual elementar de processo civil*. 2. ed. Belo Horizonte: Del Rey, 2013. p. 418. Digno de nota que a crítica formulada pelos eminentes processualistas parece ter sido parcialmente acolhida com a nova redação dada pelo art. 371 do Código de Processo Civil de 2015. Pelo referido texto legal, "o juiz apreciará a prova constante dos autos, independentemente do sujeito que a tiver promovido, e indicará

a hermenêutica desenvolvida no procedimento processualizado, nas democracias plenas, não se ergue como técnica interpretativa do juízo de aplicação vertical (absolutista) do direito, mas como exercício democrático de *discussão horizontal* de direitos pelas partes no *espaço-tempo* construtivo da estrutura procedimental fixadora dos argumentos encaminhadores (preparadores) do provimento (sentença) que há de ser "a conclusão" das alegações das partes e não um ato eloquente e solitário de realização de *justiça*. Diga-se o mesmo da atividade construtora da *lei* que, no Estado de Direito Democrático (se algum dia alcançado e aqui a expressão "Estado de Direito Democrático" significa *Estado de Direito não Dogmático*), há de passar, à sua legitimidade, pela principiologia do *Processo Constitucional* procedimentalizado, em que maiorias e minorias estejam em isonomia discursiva para o exercício do contraditório e ampla defesa de suas ideias.[404]

Em um Estado que se qualifica como Democrático de Direito, são inconcebíveis todas as perspectivas doutrinárias que acolhem o *ativismo judicial* nas tutelas de urgência com rompimento da ordinariedade procedimental, pois a atuação do magistrado, além de se submeter à rigorosa principiologia constitucional anteriormente estudada, deve irrestrita obediência à *reserva legal*, como referente lógico-jurídico da legitimidade democrática, que "erigiu-se em princípio constitucional de racionalidade

---

na decisão as razões da formação de seu convencimento". Nota-se em tal redação a exclusão do termo "livremente" do art. 131 do Código de 1973. No entanto, a retirada desta expressão, como suposta medida de redução dos poderes do juiz, mostra-se tímida em face da manutenção explícita no referido Código das velhas e autocráticas doutrinas positivistas que ainda sustentam a relação jurídica de subordinação entre partes e destas perante o juiz em um processo que se afigura como mero instrumento da jurisdição. Demonstração disto é o texto do art. 372, ao dispor que "o juiz *poderá* admitir a utilização de prova produzida em outro processo, *atribuindo-lhe o valor que considerar adequado*, observado o contraditório". O mesmo se pode falar do art. 373, que, em seu parágrafo primeiro, determina que "nos casos previstos em lei ou diante de peculiaridades da causa relacionadas à impossibilidade ou à excessiva dificuldade de cumprir o encargo nos termos do *caput* ou à maior facilidade de obtenção da prova do fato contrário, *poderá o juiz atribuir o ônus da prova de modo diverso*, desde que o faça por decisão fundamentada, caso em que deverá dar à parte a oportunidade de se desincumbir do ônus que lhe foi atribuído". Encontra-se nestes textos o retórico discurso do *modelo constitucional de processo* (afirmado na Exposição de Motivos) com a menção do contraditório e fundamentação das decisões, mas sem qualquer aderência com a processualidade democrática, já que em tais artigos também é atribuído (mantido) o controle do procedimento pelo juiz com a mesma carga subjetivista sustentada por "poderes" de *livre convicção* e *livre apreciação* (para "atribuir à prova o valor que julgar adequado!"), haja vista a sua posição como *destinatário da prova*. Esta breve análise demonstra o embaraço causado pelo legislador diante de absurdo sincretismo (jurisdição *mais* Estado Democrático de Direito?), além de explicitar a completa indigência teórico-científica pela recusa ao direito democrático com o não deslocamento *da jurisdição* para o eixo teórico *do processo*.

[404] LEAL, Rosemiro Pereira. *Teoria geral do processo*: primeiros estudos. 12. ed. Rio de Janeiro: Forense, 2014. p. 45-46.

na prolatação das decisões judiciais, o que torna imprescindível a *fundamentação* do ato jurisdicional em leis que lhe sejam precedentes".[405] Isto porque o juiz

> não *cria* (ou *inventa*) direito algum no processo que possa ser considerado democrático, visto não ser seu protagonista, transformando as partes em mero receptáculo de sua vontade pessoal, à margem da inarredável garantia constitucional da reserva legal, eliminando, reduzindo ou menosprezando a participação dos interessados na formação do ato decisório final, cujos efeitos suportarão.[406]

Quando Rosemiro Leal sustenta o "perfil procedimental do *Processo de Conhecimento* como estrutura prototípica de atuação de direitos",[407] está a dizer que a recusa à dimensão principiológica e instituinte do contraditório, isonomia e ampla defesa na estruturação da *cognitio* acarreta a mutilação do *devido processo* como eixo teórico fundante do direito democrático.

Tem-se, portanto, que merece atenção a análise dos discursos de uma *justiça rápida* a pretexto de pronta realização das tutelas de urgência (cautelares e antecipadas) e de evidência quando, a rigor, deve-se teorizar de forma compartilhada a própria estruturação dos procedimentos legalmente dimensionados ao atendimento dos direitos e garantias fundamentais, o que somente seria possível a partir da demarcação linguístico-autocrítica do processo.

4.4 A crítica como atividade intelectiva estruturante da ordinariedade procedimental processualizada

Os fundamentos teóricos apresentados nos tópicos anteriores são válidos para melhor compreensão do processo, ou, em linhas mais precisas, para uma leitura epistemológica do processo em níveis crítico-científicos direcionada ao desenvolvimento e concretização do Estado Democrático de Direito.

Mas o estudo proposto permite desdobramentos pelo método científico proposto por Karl Popper, como perspectiva conjectural de relevante importância para o exame das teorias do processo, pois não há teoria que seja imune à crítica científica, sobretudo em razão da vigente Constituição brasileira de 1988, que oferta as bases principiológicas para a construção

---

[405] LEAL, Rosemiro Pereira. *Teoria geral do processo*: primeiros estudos. 12. ed. Rio de Janeiro: Forense, 2014. p. 121.
[406] BRÊTAS, Ronaldo de Carvalho Dias. *Processo constitucional e Estado Democrático de Direito*. 3. ed. Belo Horizonte: Del Rey, 2015. p. 115.
[407] LEAL, Rosemiro Pereira. *Teoria geral do processo*: primeiros estudos. 12. ed. Rio de Janeiro: Forense, 2014. p. 147.

de uma sociedade aberta (democrática) pelos próprios sujeitos enunciadores do seu discurso: o povo. Embasado no referido método, Rosemiro Leal afirma que

> a crítica, como veículo lógico de aferição do grau de certeza do conhecimento científico, é que, ao associar o pensamento abstrato ao pensamento dialógico da verificação intelectiva, como pressupostos necessários ao esclarecimento do discurso científico, acrescenta-se a si mesma a imposição de analisar as conclusões do discurso da ciência em planos de maior infinitude possível em confronto com os conhecimentos já selecionados e acumulados pela atividade científica. Portanto, a ciência sem a crítica seria a alavanca sem o ponto de apoio, não teria força de razoável demonstrabilidade em função da ausência de justificação prolongadamente testificada. A crítica é a atividade intelectiva testificadora, enquanto a ciência é atividade relevantemente esclarecedora, embora não seja de se esperar que a própria conclusão crítica obtenha, necessariamente, crescimento de conhecimentos, mas é certo que poderá escaloná-los em termos comparativos.[408]

Na processualidade democrática, o *devido processo* instala uma razão crítica não dimensionável pela indemarcada pragmática linguística de Habermas, mas pela atuação de uma racionalidade procedimentalizada em que, aos sujeitos do processo, é ofertada a possibilidade do apontamento de falhas tanto no plano de criação da norma como no âmbito da sua atuação, cujas aporias poderão ser supridas pelo contraditório e ampla defesa, como direitos ao enfrentamento do dogmatismo *comportamental e decisional*.[409]

Pela *problematização* e *testificação teorizada* do discurso normativo por uma linguagem jurídico-democratizante, torna-se possível romper a vedação do *non-liquet* que, estrategicamente, torna a atividade procedimental uma concatenação retórica de atos segundo a qual, pouco importando a lógica temporal (sequencial) nele desenvolvida, torna o contraditório uma mera *busca verificacionista* apenas para preencher o espaço daquilo que já está pré-decidido pelo juiz, como é o caso da tutela de evidência. A compulsoriedade das decisões diante da ausência de normas revela a carga de dogmatismo alojada no direito e a recusa ao seu encaminhamento por uma processualmente democrática em que os princípios do contraditório, isonomia e ampla defesa devem estruturar o procedimento e formatar o conteúdo lógico-jurídico (fundamentação) das decisões.

O decisionismo representa essa linguagem de dominação que se aproveita da anomia legislativa para autorizar o julgador solipsista a

---

[408] LEAL, Rosemiro Pereira. *Teoria geral do processo*: primeiros estudos. 12. ed. Rio de Janeiro: Forense, 2014. p. 36-37.

[409] LEAL, Rosemiro Pereira. *Processo como teoria da lei democrática*. Belo Horizonte: Fórum, 2010. p. 219.

criar a norma por uma via oblíqua e diversa daquela institucionalizada na Constituição. É por isto que

qualquer conquista crítico-teórico-constitucional que se possa fazer (como o *devido processo* construtivo de uma normatividade não repressiva) é distorcida em seus conteúdos epistemológicos em prol do romanismo arcaico da *ars inveniendi* que pela tópica e retórica elege o autoritarismo do *Estado-juiz*, aplicador e intérprete exclusivo do direito, como operador das ficções de liberdade e dignidade, que alardeiam assegurar para todos (positivismo pragmático-semântico dos direitos humanos).[410]

Mas para que haja "o acolhimento dos direitos fundamentais inerentes ao *devido processo legal*, fundamentalmente o contraditório (fala teórico-construtiva), a ampla defesa (plenitude proposicional) e a isonomia (simétrica paridade de direitos iguais de vida e liberdade)",[411] a garantia constitucional de representação por *advogado*[412] não pode ser tolhida aos sujeitos do processo, aberração jurídica que é encontrada nos chamados Juizados Especiais e Justiça do Trabalho, como tendência instrumentalista (pragmatista) que se estende, de forma velada, para o CPC/2015, que é o *Código da Jurisdição Brasileira*. Em boa síntese, quanto mais jurisdição, menos processo e, por decorrência, menos direitos e garantias fundamentais como pilares para a construção de um Estado Democrático de Direito.

Com efeito, a capacidade postulatória, a habilitação técnico-jurídica e a isenção emocional são alguns dos atributos que justificam a indispensabilidade do advogado no processo (e não "à administração da justiça", expressão enigmática equivocadamente estampada no art. 133, CB/1988), notadamente na interpretação e atuação dos direitos no nível constituído da norma. Em direito democrático, o advogado compõe a estruturação da ordinariedade procedimental processualizada, cuja atividade cognitiva (*cognitio*) se revela pela oferta da crítica como possibilidade dialógica (e não dialética, que tem um comprometimento com a tópica e a retórica) de testabilidade, refutação, falseabilidade e fiscalidade tanto dos argumentos e provas apresentados no procedimento (garantia fundamental do *contraditório, isonomia* e *ampla defesa*), como dos atos decisórios judicantes (garantia fundamental ao *recurso*).

---

[410] LEAL, Rosemiro Pereira. *A teoria neoinstitucionalista do processo*: uma trajetória conjectural. Belo Horizonte: Arraes, 2013. p. 75-76.

[411] FARIA, Gustavo de Castro. *Jurisprudencialização do direito*: reflexões no contexto da processualidade democrática. Belo Horizonte: Arraes, 2012. p. 138.

[412] SOARES, Carlos Henrique. *Estatuto da advocacia e processo constitucional*. Belo Horizonte: Del Rey, 2014.

Com acerto, Rosemiro Leal leciona que o procedimento processualizado é a *prova das provas*,[413] o que significa acolher o *devido processo* como linguisticidade constitucionalizada definida por uma metodologia que possibilita o exercício da crítica na arguição dos enunciados normativos. Portanto,

> um direito caracterizador da democracia, no sentido pós-moderno de não se valer de juízos dispositivos, rompe com o dogma da fala paranoica, se a cada um se reconhecer constitucionalmente a possibilidade de apontar aporias (direito ao contraditório) nos discursos juridicamente normatizados. Advindo o homem de línguas que originariamente não criou, há de ser posto um direito que lhe permita ser autor de si mesmo pela possibilidade de contrariar linguagens pré-unificantes e fundar linguisticidades habilitadas a legislar suas opiniões e vontades por critérios continuadamente obtidos em bases processualizadas.[414]

E isto se dá porque "uma *teoria do processo* como instituinte e coinstituinte do *status* democrático se edifica numa linguagem crítica e autocrítica pela admissão de falibilidades na estrutura do discurso formativo da normatividade", teoria que se edifica como um *médium linguístico* que trabalha o processo como "o referente lógico discursivo democrático (*princípio da democracia*), que se descreve como possibilidade positivada (decidida) de manejamento irrestrito de correição ou confirmação processual do sistema jurídico adotado", sendo este o fundamento teórico da *processualidade democrática*.[415]

---

[413] LEAL, Rosemiro Pereira. *Relativização inconstitucional da coisa julgada*: temática processual e reflexões jurídicas. Belo Horizonte: Del Rey, 2005. p. 56.

[414] LEAL, Rosemiro Pereira. Direitos fundamentais do processo na desnaturalização dos direitos humanos. *Revista da Faculdade Mineira de Direito*, Belo Horizonte, v. 9, n. 17, p. 89-100, 1º sem. 2006. p. 98.

[415] LEAL, Rosemiro Pereira. *Teoria processual da decisão jurídica*. São Paulo: Landy, 2002. p. 197-198.

CAPÍTULO 5

A TUTELA DE EVIDÊNCIA COMO INSTRUMENTO DE DESPROCESSUALIZAÇÃO

5.1 Premissas elementares para a tutela imediata na processualidade democrática

5.1.1 Tutela da lei e jurisdição

É muito comum encontrar nos manuais de direito processual a expressão *tutela jurisdicional* e outras que dela são derivadas, tais como *prestação jurisdicional, tutelas diferenciadas, tutelas de urgência* e, mais recentemente, a *tutela de evidência* como novidade no sistema processual brasileiro, que certamente ainda suscitará muitos debates pela doutrina. No entanto, não há uma ocupação em esclarecer o conteúdo de tais designações, limitando-se os juristas a associá-las como meras locuções destinadas a representar a finalidade da *jurisdição* como atividade exercida pelo Estado de "dizer o direito" (*jurisdictio*) tendente à tutela do direito material. Ademais, a própria ideia de *tutela* advém da posição de preeminência que o Estado assume ao receber o monopólio da jurisdição, "utilizando-se de meios de sub-rogação capazes de conferir à parte a mesma utilidade que obteria pelo cumprimento espontâneo".[416]

---

[416] FUX, Luiz. *Tutela de segurança e tutela da evidência (fundamentos da tutela antecipada)*. São Paulo: Saraiva, 1996. p. 138.

Nota-se que a *tutela jurisdicional dos direitos*[417] ainda segue a anacrônica concepção de atividade estatal de "dizer o direito" pelo juiz que, diante do "jurisdicionado" (consumidor dos serviços jurisdicionais), deve preocupar-se com o resultado efetivo (substancial) do processo em favor da parte que tem razão. Disto se extrai a velha parêmia latina *da mihi factum, dabo tibi jus*, que, em boa tradução, representa: "dê-me os fatos, que te darei o direito".

Logo, a posição jurídica de superioridade do Estado, com *poderes* para dizer e aplicar o direito em grau de definitividade, inclusive para satisfazê-lo pela via da executividade, aproxima a jurisdição a uma atividade tutelar, protetiva, vigilante, garantista. Neste sentido, Teori Albino Zavascki leciona que "nenhum obstáculo pode ser posto ao direito de acesso ao Poder Judiciário, que fará a '*apreciação*' de qualquer '*lesão ou ameaça de direito*', segundo dispõe o art. 5º, XXXV, do Texto Constitucional", razão pela qual, "quando se fala em tutela jurisdicional se está a falar exatamente na assistência, no amparo, na defesa, na vigilância, que o Estado, por seus órgãos jurisdicionais, presta aos direitos dos indivíduos".[418]

Não obstante a centralidade da jurisdição já emoldurada no Estado Liberal, os contornos de poder dessa *atividade tutelar garantidora da paz social*[419] ganharam maior relevo após a Segunda Guerra Mundial, por força das bases ideológicas do Estado Social de Direito que foram integralmente mantidas pelo Código de Processo Civil de 2015, com a manutenção (e reforço) do protagonismo judicial, condição que traduz a ideia taumaturga dos contornos de veneração religiosa[420] e carismática da representação da *justiça* na figura do juiz.

---

[417] MARINONI, Luiz Guilherme. *Efetividade do processo e tutela de urgência*. Porto Alegre: Sérgio Antônio Fabris Editor, 1994. p. 11.

[418] ZAVASCKI, Teori Albino. *Antecipação da tutela*. São Paulo: Saraiva, 1997. p. 5.

[419] FUX, Luiz. *Tutela de segurança e tutela da evidência (fundamentos da tutela antecipada)*. São Paulo: Saraiva, 1996. p. 3-4.

[420] Nesta ordem, Ingeborg Maus, ao situar criticamente o judiciário alemão como *superego da sociedade órfã*, discorre acerca do crescimento no século XX do chamado *Terceiro Poder*, figura na qual são reconhecidas todas as características tradicionais da imagem do pai. "Não se trata simplesmente da ampliação objetiva das funções do Judiciário, com o aumento de poder da interpretação, a crescente disposição para litigar ou, em especial, a consolidação do controle jurisdicional sobre o legislador, principalmente no continente europeu após as duas guerras mundiais. Acompanha essa evolução uma representação da Justiça por parte da população que ganha contornos de veneração religiosa. [...] A eliminação de discussões e procedimentos no processo de construção política do consenso, no qual podem ser encontradas normas e concepções de valores sociais, é alcançada por meio da centralização da 'consciência' social da Justiça. [...] Quando a Justiça ascende ela própria à condição de mais alta instância moral da sociedade, passa a escapar de qualquer mecanismo de controle social – controle ao qual normalmente se deve subordinar toda instituição do Estado em uma forma de organização política democrática" (MAUS, Ingeborg. Judiciário como superego da sociedade: o papel da atividade jurisprudencial da "sociedade órfã". Tradução de Martônio Lima e Paulo Albuquerque. *Revista Novos Estudos CEBRAP*, São Paulo, n. 58, p. 183-202, nov. 2000. p. 185-187).

A equívoca compreensão do que vem a ser *tutela* e suas derivações atreladas à atividade jurisdicional conduzem invariavelmente à conclusão de que os modelos de Estado Liberal e Social de Direito permanecem arraigados no discurso jurídico brasileiro, mediante uma irrefletida louvação aos parâmetros teóricos deixados por Wach e Bülow não mais acolhíveis na vigência da principiologia instituinte do processo constitucional demarcada a partir da consagração do Estado Democrático de Direito (art. 1º, CB/88).

Numa tentativa de ressemantização da temática ora apresentada segundo os estudos orientados para o encaminhamento de um direito constituído e atuado em bases democráticas, propõe-se que expressão *tutela jurisdicional* seja substituída por *tutela da lei pelo processo* como resultante da aplicação dos *conteúdos da lei* e não como *atividade de decidir* que submete o autor à posição de suplicante e eleva o juiz à figura carismática que "dará" a sentença ao final do procedimento. Daí falar-se em *jurisdição* como "atividade de julgar com vinculação plena" à lei a ser exercida pelo Estado por meio do órgão jurisdicional (o juízo de direito)[421] ou como "*resultado* da interpretação compartilhada do texto legal pelo procedimento regido pela principiologia constitucional do processo (contraditório, ampla defesa e isonomia)", passando a jurisdicionalidade a ter como critério referencial o grau de legitimidade decisória extraído do procedimento processualizado e não a própria atividade do julgador.[422]

Neste sentido, Ronaldo Brêtas leciona que, em uma concepção estruturante do Estado Democrático de Direito, deve-se compreender a jurisdição (ou função jurisdicional) como

> atividade-dever do Estado, prestada pelos órgãos competentes indicados no texto da Constituição, somente exercida sob petição da parte interessada (direito de ação) e mediante a garantia do devido processo constitucional. Em outras palavras, a jurisdição somente se concretiza por meio de processo instaurado e desenvolvido em forma obediente aos princípios e regras constitucionais, dentre os quais avultam o juízo natural, a ampla defesa, o contraditório e a fundamentação dos pronunciamentos jurisdicionais baseada na reserva legal,

---

[421] LEAL, Rosemiro Pereira. *Teoria geral do processo*: primeiros estudos. 12. ed. Rio de Janeiro: Forense, 2014. p. 261-262. Ainda nesse sentido, "a jurisdição não tutela ou cria (apenas reconhece, define) direitos vigentes, processuais ou materiais, pelo provimento. A não ser nas autocracias, não há técnicas para manejo da cognição, antecipação e atuação de direitos, que escapem à principiologia constitucional do PROCESSO e do PROCEDIMENTO e que, privilegiadamente, pertençam à órbita de uma lucidez especialíssima do juiz, de vez que, se assim o fosse, retornar-se-ia ao romantismo clássico-liberal por aceitar-se a ingênua fatalidade da lacuna da lei [...]" (LEAL, Rosemiro Pereira. *Relativização inconstitucional da coisa julgada*: temática processual e reflexões jurídicas. Belo Horizonte: Del Rey, 2005. p. 65).

[422] LEAL, André Cordeiro. *Instrumentalidade do processo em crise*. Belo Horizonte: Mandamentos, 2008. p. 151.

com o objetivo de realizar imperativa e imparcialmente os preceitos das normas componentes do ordenamento jurídico.[423]

Nota-se que o juiz não se expressa segundo senso de justiça, de proteção ou por valores sociais, éticos ou moralmente esperados, mas expende seus atos no exercício da função para a qual foi investido segundo o princípio da reserva legal (garantia de julgamento em bases normativas prévias).

Por sua vez, o termo *prestação jurisdicional* deve enquadrar-se à compreensão de *serviço público*, não obstante ser considerado equivocadamente como sinônimo jurídico de tutela por parte da doutrina, terminologia somente adequada se dissociada dos vínculos de subordinação entre partes e destas perante o juiz, vale dizer, se integralmente rejeitada a relação jurídica teorizada por Bülow e aprimorada tecnologicamente (técnica + ciência = *tecnologia da jurisdição*)[424] pela Escola Instrumentalista do Processo a fim de fortalecer os "poderes do juiz" no exercício da função jurisdicional.

Atento a esse critério, Ronaldo Brêtas apresenta importante acréscimo ao alertar o equívoco na expressão "prestação jurisdicional", sendo tecnicamente mais adequado falar-se em "prestação *da atividade* jurisdicional".[425] Há aqui um rompimento com a antiga ideia de *tripartição dos poderes* a partir de concepções teóricas que sustentam a existência de três *funções* fundamentais (executiva, legislativa e jurisdicional) do Estado. Logo, o que deve ser considerado repartido "é a atividade e não o poder do Estado que resulta uma diferenciação de funções exercidas pelo Estado por intermédio de órgãos criados na estruturação da ordem jurídica constitucional, nunca a existência de vários poderes do mesmo Estado".[426]

Portanto, partindo-se de uma concepção epistemologicamente mais adequada ao Estado Democrático de Direito, afigura-se oportuno cogitar a *tutela da lei* em lugar da expressão *tutela jurisdicional*, acolhendo-se a posição democratizante do processo na estruturação dos procedimentos que, a seu turno, serão encerrados pelo ato decisório final chamado *sentença*, cuja teorização[427] demanda completa revisitação dos institutos do direito processual, no sentido de retirar a carga de autocracia e ideologia ainda

---

[423] BRÊTAS, Ronaldo de Carvalho Dias. *Processo constitucional e Estado Democrático de Direito*. 3. ed. Belo Horizonte: Del Rey, 2015. p. 38.

[424] LEAL, André Cordeiro. *Instrumentalidade do processo em crise*. Belo Horizonte: Mandamentos, 2008. p. 65.

[425] BRÊTAS, Ronaldo de Carvalho Dias. Projeto do Novo Código de Processo Civil aprovado pelo Senado: exame técnico e constitucional. In: ROSSI, Fernando *et alii* (Coords.). *O futuro do processo civil no Brasil*: uma análise crítica ao Projeto do Novo CPC. Belo Horizonte: Fórum, 2011. p. 560.

[426] BRÊTAS, Ronaldo de Carvalho Dias. *Processo constitucional e Estado Democrático de Direito*. 3. ed. Belo Horizonte: Del Rey, 2015. p. 22.

[427] LEAL, Rosemiro Pereira. *Teoria processual da decisão jurídica*. São Paulo: Landy, 2002. p. 159-199.

alojada nos textos doutrinários e legais. É que "a *tutela* tem fonte na lei preexistente e não na atividade jurisdicional", compreensão que rompe com o processualismo clássico e com a lógica instrumentalista que, ao sustentar o caráter teleológico do processo ao atendimento da jurisdição, vinculam a sua prestabilidade na atuação do ainda cognominado "direito material". Ao contrário, nas democracias plenas, o balizamento da tutela da lei se faz pelo *processo* e não pelos critérios encaminhados pela jurisdição. Com isto, "a jurisdição estatal é que é *meio* de obediência ao *processo*, não o processo um meio de obediência (serventia) à jurisdição".[428]

A ausência de compreensão da tutela da lei e *jurisdição* como conteúdos da lei atuados no (e pelo) procedimento processualizado (estrutura procedimental regida pelo *devido processo*) demonstra que as noções de *tutela* jurisdicional mediante *tutelas* diferenciadas, *tutelas* de urgência, *tutelas* cautelares, antecipadas ou de evidência, todas como atividade do juiz "boca da lei" (e não atividade *do juízo* como órgão de atuação da lei *pelo processo*) ainda não estão descoladas dos ranços autoritários secularmente mantidos, funcionando o direito, lembrando a denúncia de Weber, como instrumento legal de dominação do Estado.

Ao se considerar a instituição do processo constitucionalizado como "referente jurídico-discursivo de estruturação dos procedimentos", não há mais como falar, no Estado Democrático de Direito, em "tutela jurisdicional pela jurisdição", mas em "tutela legal pelo processo".[429]

5.1.2 Liquidez e certeza dos direitos fundamentais

Revela-se de igual importância a revisitação do *direito líquido e certo* constitucionalmente assegurado (art. 5º, inc. LXIX, CB/88) que assume significados diversos pela doutrina instrumentalista, conforme visto anteriormente, embora convergentes na entrega da *cognitio* ao julgador solipsista que, movido pelo *senso de justiça* retórico e ideologicamente exigido no exercício de sua *atividade tutelar*, encontra-se estranhamente autorizado pela lei (Lei do Mandado de Segurança) a interditar o *devido processo legal* (art. 5º, inc. LIV, CB/88) diante de fato incontestável ou direito evidente aferidos mediante prova pré-constituída.

A pretexto da concessão do *mandamus* com obtenção de *liminar* para qualquer direito deduzido como se a liquidez e certeza fossem apreensíveis pela demonstração imediata de sua *robustez* (evidência), veda-se a *cognitio* (pressuposto de legitimidade das decisões no direito democrático) e, diante

---

[428] LEAL, Rosemiro Pereira. *Teoria geral do processo*: primeiros estudos. 12. ed. Rio de Janeiro: Forense, 2014. p. 151-152.

[429] LEAL, Rosemiro Pereira. *Teoria geral do processo*: primeiros estudos. 12. ed. Rio de Janeiro: Forense, 2014. p. 90; 154.

da *urgência* que suplica imediata resposta do juízo, imprescindível seria a compulsoriedade decisória mesmo diante da ausência de normas (vedação do *non-liquet*)[430] associada ao uso dos expedientes (e não princípios) ainda enigmáticos da razoabilidade e proporcionalidade.

A ausência de esclarecimento epistemológico sobre a liquidez e certeza dos direitos fundamentais mantém o discurso das tutelas de urgência alojado nas concepções dogmáticas (irrefutáveis) de *tutela jurisdicional* avessas à teorização dos direitos fundamentais e sua concreção no Estado Democrático. O mesmo se pode dizer em relação à tutela (também jurisdicional!) dos chamados *direitos evidentes* (art. 311, CPC/2015) que, segundo leciona Luiz Fux, também dispensa a *cognitio* pelo procedimento interdital-mandamental contra particulares. O procedimento ordinário, segundo esta concepção, deveria somente ser direcionado às "incertezas e não às evidências".[431]

A incompossibilidade do discurso dogmático com o direito democrático demonstra não ser possível alcançar o *salto* da filosofia da consciência para a filosofia da linguagem sem a prévia teorização do processo como *medium linguístico*[432] fundante da normatividade (níveis instituinte e constituinte) e estruturante da procedimentalidade, fiscalidade e dialogicidade no exercício do nível constituído.

Nesse aspecto, embora tenha Jürgen Habermas se dedicado à teorização do direito e democracia no sentido de encaminhar o esperado salto para a filosofia da linguagem, observa-se que suas conjecturas tiveram assento na filosofia *pragmática* da linguagem que, engendrada por um discurso sociológico (não jurídico), teria o condão de resultar numa racionalidade comunicativa pela intersubjetividade discursiva.[433] Todavia, a teoria habermasiana mostrou-se deficitária exatamente por não ter ofertado uma teoria da lei democrática que, pelo *devido processo*, impediria o encaminhamento

---

[430] LEAL, Rosemiro Pereira. *Relativização inconstitucional da coisa julgada*: temática processual e reflexões jurídicas. Belo Horizonte: Del Rey, 2005. p. 34.

[431] FUX, Luiz. *Tutela de segurança e tutela da evidência (fundamentos da tutela antecipada)*. São Paulo: Saraiva, 1996. p. 333.

[432] LEAL, Rosemiro Pereira. *Teoria processual da decisão jurídica*. São Paulo: Landy, 2002. p. 192; 198.

[433] Ainda sobre o tema, Habermas afirma que "nossa capacidade de conhecer não pode mais, como supunha o mentalismo, ser analisada independentemente da capacidade de falar e agir, pois nós, também enquanto sujeitos cognoscentes, sempre já nos encontramos no horizonte de nossas práticas do mundo da vida. A linguagem e a realidade interpenetram-se de uma maneira indissolúvel para nós. Cada experiência está linguisticamente impregnada, de modo que é impossível um acesso à realidade não filtrado pela linguagem. Essa descoberta constitui um forte motivo para atribuir às condições intersubjetivas de interpretação e entendimento mútuo linguísticos o papel transcendental que Kant reservara para as condições subjetivas necessárias da experiência objetiva. No lugar da subjetividade transcendental da consciência entra a intersubjetividade destranscendentalizada do mundo da vida" (HABERMAS, Jürgen. *Verdade e justificação* – Ensaios filosóficos. Tradução de Milton Camargo Mota. São Paulo: Loyola, 2004. p. 38-39).

do discurso numa esfera pública indemarcada (espaço nu), disponível somente à sociedade civil pressuposta e excludente. Para Rosemiro Leal, a virada pretendida por Habermas é "pragmático-contextualista-linguageira" e não linguística, pois, "sem um médium linguístico pré-escolhido entre 'teorias' concorrentes, os 'contextos' como concha acústica de saberes historicamente acumulados, não testificados ao longo de suas enunciações, repetiriam catástrofes advindas do inesclarecimento intercorrente de seus fundamentos".[434] Assim, colhe-se que o autor da virada linguística na pós-modernidade foi Karl Popper na teorização de uma *interenunciatividade* pelo conhecimento objetivo e não de uma *intersubjetividade* pragmatista, como queria Habermas ao laborar o mito do contexto.[435]

Se a "compreensão da democracia envolve o conhecimento da *teoria do processo*" para a construção de uma *teoria processual linguístico-democratizante*, a qualidade jurídica da liquidez e certeza de direitos somente seria aferível no plano constituinte da norma com prévio acertamento (a *cognitio* no plano procedimental coinstituinte) dos direitos de vida, liberdade e dignidade fundamentados pelo *devido processo*, apenas alcançáveis se assegurados a todos o exercício contraditório, a ampla defesa e a isonomia. Os direitos fundamentais, enquanto "direitos fundamentados pelo devido processo como discurso do decidir juridicamente adotado na criação e aplicação de direitos", devem ser situados como direitos constitucionalizados já acertados por uma *liquidez* e *certeza* pré-decididas processualmente no

---

[434] LEAL, Rosemiro Pereira. *A teoria neoinstitucionalista do processo*: uma trajetória conjectural. Belo Horizonte: Arraes, 2013. p. 45.

[435] Segundo Karl Popper, o mito do contexto decorre do *relativismo*, enquanto doutrina que trabalha o contexto como fator determinante para o modo de pensar. Para esta doutrina componente do *irracionalismo*, a verdade mudaria de acordo com o contexto examinado, assim como o atendimento a padrões (históricos, culturais, éticos, tradicionais) exigidos entre os participantes sem os quais o entendimento não seria possível. O problema do relativismo é desafiado pela exigência de padrões (condições ideais de fala) tendentes a vedar confronto, o que para Popper intimida o aumento do conhecimento, o que não significa a defesa da violência pela "guerra das armas", mas a oferta da discussão, argumentação e crítica mútua pela "guerra das palavras". Se de um lado seria exagero afirmar que o alcance de uma *discussão proveitosa* seria impossível se os seus participantes não partilhassem do mesmo contexto (pressupostos básicos), de outro seria crível admitir que a discussão entre participantes de contextos distintos não seria nada fácil. No entanto, a existência de discordância em razão de opiniões ou contextos distintos pode ser igualmente proveitosa para o conhecimento, o que não é oferecido pelo relativismo. Contra o mito do contexto, a lição de Popper: "Creio que podemos afirmar que uma discussão foi tanto mais proveitosa quanto mais os participantes com ela puderam aprender. Significa isto que quanto mais interessantes e difíceis tenham sido as questões levantadas tanto mais induzidos eles foram a pensar respostas novas, tanto mais abalados terão sido nas suas opiniões, pois foram levados a ver essas questões de forma diferente após a discussão – em resumo, os seus horizontes intelectuais alargaram-se" (POPPER, Karl Raimund. *O mito do contexto*: em defesa da ciência e da racionalidade. Tradução de Paula Taipas. Lisboa: Edições 70, 2009. p. 67-71).

plano constituinte, o que lhe garante uma executividade incondicionada.[436] Portanto, "sem a aplicação líquida, certa e exigível (eficácia imediata) dos direitos fundamentais (vida, liberdade, dignidade, contraditório, ampla defesa e isonomia) não se rompe com a sociedade civil burguesa".[437]

Observa-se pelas linhas acima que o embate entre *garantismo* (primazia da Constituição) e *ativismo* (atuação judicial jurisprudencializada) acaba por se tornar inócuo pelo fato de seus defensores depositarem "a *interpretação do direito* nos dogmas de certeza do sentido normativo ditado pela *auctoritas*", esquecendo-se de que, no Estado Democrático de Direito, o juiz é "mero operador, como as demais partes e interessados, do sistema jurídico criado e estabilizado por *direitos fundamentais líquidos e certos* do PROCESSO (não por cláusulas pétreas do discurso prático-moral) desde seus âmbitos instituinte e constituinte".[438]

O rompimento com a lógica da *proteção jurisdicional (tutela garantista-ativista*) possibilitou que Rosemiro Leal pudesse cogitar o *garantismo processual precognitivista* que retira a jurisdição do centro do sistema jurídico-processual. Ao se considerar o *devido processo* como instituição constitucionalizante, passa-se a vislumbrar a *democracia* fora da lógica iluminista que *assegura* direitos de ir e vir, liberdade de expressão e aquisição da cidadania pelo voto, mas ignora os direitos de *criar, estabelecer, criticar, fiscalizar* ou *implementar*.[439]

A par dessas proposições, Rosemiro Leal afirma que sua teoria busca conjecturar, a partir do exercício da hermenêutica isomênica (direito igual de interpretação e argumentação), a estabilização dos sentidos normativos concernentes a direitos fundamentais consagrados previamente na base instituinte da Constituição, visto que

> pré-decididos em suas bases instituintes e constituintes, como *líquidos, certos* e *exigíveis*, isto é, não mais suscetíveis ao pleonasmo da cognitividade jurisdicional, porque assegurados (pré-cognitos) e amparados (pré-decididos) pela "coisa julgada constituinte", não podendo sofrer interpretações engenhosas e reconsiderações solipsista da autoridade judicante.[440]

---

[436] LEAL, Rosemiro Pereira. O garantismo processual e direitos fundamentais líquidos e certos. In: MERLE, Jean-Christophe; MOREIRA, Luiz (Coords.). *Direito e legitimidade*. São Paulo: Landy, 2003. p. 335.

[437] ALMEIDA, Andréa Alves de. *Espaço jurídico processual na discursividade metalinguística*. Curitiba: CRV, 2012. p. 109.

[438] LEAL, Rosemiro Pereira. *Teoria geral do processo*: primeiros estudos. 12. ed. Rio de Janeiro: Forense, 2014. p. 247.

[439] LEAL, Rosemiro Pereira. *A teoria neoinstitucionalista do processo*: uma trajetória conjectural. Belo Horizonte: Arraes, 2013. p. 11; 18; 21.

[440] LEAL, Rosemiro Pereira. *A teoria neoinstitucionalista do processo*: uma trajetória conjectural. Belo Horizonte: Arraes, 2013. p. 10.

Infere-se desse estudo que a liquidez e certeza de direitos fundamentais já foram acertados no plano da cognitividade constituinte, não demandando novo acertamento por juízos de verossimilhança, evidência ou inequivocidade vinculados a escopos metajurídicos (políticos, sociais e econômicos),[441] mas da apreensão do mandado de segurança como procedimento em que o juízo do cognição deriva de "alegações jurídicas *ab-initio* demonstradas e consoantes com os direitos econômicos fundamentais constitucionalmente criados", portanto, trata-se de juízo normativo-principiológico de tutela liminar e sumária, inclusive *inaudita altera parte*, de direitos fundamentais.[442]

Nota-se, pois, a possibilidade de existência de *tutela imediata* na processualidade democrática, desde que seja ressemantizada e reconhecida como *tutela da lei* em que direitos fundamentais estejam instituídos e constituídos democraticamente no plano da normatividade, vinculando a Administração Governativa à sua prévia concretização *ex officio*. Com isto, a recusa à imediata satisfação dos direitos fundamentais pelo Estado não conduz à chamada *lesão ou ameaça* ensejadora da impetração do mandado de segurança, mas ao *inadimplemento* de direitos líquidos e certos cuja existência institucional reclama "execução ininterrupta de *mérito* pressuposto já pré-julgado (decidido) no horizonte instituinte do legislador originário da constitucionalidade vigente".[443]

Portanto, não há falar em juízo cognitivo solipsista de direitos fundamentais pela função jurisdicional, quando se verifica o inadimplemento pelo Estado de direitos fundamentados de vida, liberdade e dignidade, pois a Constituição

> é provimento de *mérito* não rescindível ou afastável por juízos cognitivos ou de conveniência ou equidade da decidibilidade judicial, cabendo a esta tão-somente cumprir e conduzir a execução dessa fundamentalidade jurídica titularizada ou protegê-la e ilegalidades supervenientes. Com efeito, a qualidade de *liquidez e certeza*, ao se liberar de conotações comercialistas, é asseguradora de presentificação contínua, em âmbito constitucional, de procedibilidade vinculante de *mérito* pré-decidido no nível constituinte pelos *direitos fundantes* (devido processo instituinte) da base conceptual da democracia.[444]

---

[441] ANDRADE, Francisco Rabelo Dourado de. Processo constitucional: o processo como espaço democrático-discursivo de legitimação da aplicação do direito. *Revista da Faculdade de Direito do Sul de Minas*, Pouso Alegre, v. 31, n. 1, p. 281-296, jan./jun. 2015. p. 293.

[442] LEAL, Rosemiro Pereira. *Relativização inconstitucional da coisa julgada*: temática processual e reflexões jurídicas. Belo Horizonte: Del Rey, 2005. p. 34.

[443] LEAL, Rosemiro Pereira. O garantismo processual e direitos fundamentais líquidos e certos. In: MERLE, Jean-Christophe; MOREIRA, Luiz (Coords.). *Direito e legitimidade*. São Paulo: Landy, 2003. p. 338.

[444] LEAL, Rosemiro Pereira. O garantismo processual e direitos fundamentais líquidos e certos. In: MERLE, Jean-Christophe; MOREIRA, Luiz (Coords.). *Direito e legitimidade*. São Paulo: Landy, 2003. p. 339.

Há aqui um giro epistemológico de compreensão dessa temática, pois a dimensão da *lesão ou ameaça* de *direitos pré-cognitos* (fundamentados constitucionalmente por uma vontade processualmente demarcada) se configuraria *após a concretização* dos direitos fundamentais pelo Estado, no plano da Administração Governativa, ou pela via das ações constitucionais, na esfera da tutela da lei no âmbito da função jurisdicional. Já a *não concretização* de tais direitos no plano de execução continuada do mérito pré-julgado indica a *ilegalidade da sua inadimplência* que vai legitimar a *tutela imediata* em face da chamada "autoridade coatora". Se a *liquidez* se relaciona com a autoexecutividade, ao passo que *certeza* se vincula à infungibilidade do direito, na teoria neoinstitucionalista do processo a Constituição escrita (cartularizada) equivale a um título executivo extrajudicial quanto a direitos fundamentais já acertados pela *coisa julgada constituinte*.[445]

Desse modo, as perspectivas doutrinárias que trataram da liquidez e certeza sob a ótica do instrumentalismo processual, situando tais direitos no eixo garantista-ativista da jurisdição, embora respeitáveis, tornaram-se desvaliosas depois da vigência constitucional do Estado Democrático de Direito (art. 1º, CB/88) cuja pesquisa, teorização e concretização ainda sofrem muita resistência no Brasil.

Se os direitos fundamentais fossem adimplidos de forma ininterrupta pelo Estado brasileiro, acredita-se que a massa de conflitos seria substancialmente reduzida, transferindo-se para a função jurisdicional o acertamento dos direitos que, fora da órbita dos direitos *pré-cognitos*, demandariam prévia instalação do contraditório, isonomia e ampla defesa na relativização "do caráter irrefutável que esse binômio vocabular (liquidez-certeza) pudesse pretender".[446]

Tais premissas é que possibilitam romper com os velhos modelos de Estado Liberal e Social que situam a função jurisdicional como *locus* privilegiado da tutela do texto constitucional com a alienação do povo (comunidade jurídica) à espacialidade (*status*) jurídica-constitucional de direito, em total dissonância com a constitucionalidade democrática. Portanto, no Estado Democrático de Direito já constitucionalizado, a comunidade jurídica

> está em vias de consolidação pela garantia plenária do *devido processo constitucional* e, uma vez concluído esse estágio de auto-integração processual ao sistema é que se despontaria uma *sociedade político-jurídica* de compartilhamento efetivo de garantias, direitos e deveres, co-instituídos na

---

[445] LEAL, Rosemiro Pereira. O garantismo processual e direitos fundamentais líquidos e certos. In: MERLE, Jean-Christophe; MOREIRA, Luiz (Coords.). *Direito e legitimidade*. São Paulo: Landy, 2003. p. 338-339.
[446] LEAL, Rosemiro Pereira. *Relativização inconstitucional da coisa julgada*: temática processual e reflexões jurídicas. Belo Horizonte: Del Rey, 2005. p. 37.

procedimentalidade do *devido processo legal*, a serem objeto de uma correição e fiscalização processuais continuadas às pretensões de validade de atuação normativa da juridicidade produzida.[447]

Pelo estudo empreendido, constata-se que não há qualquer elemento da *teoria dos direitos líquidos e certos* a justificar a chamada "tutela de evidência" positivada por meio do art. 311 do Código de Processo Civil de 2015, cujas hipóteses de cabimento, que serão objeto de exame ao final desse capítulo, não guardam aderência com os direitos fundamentais de vida, liberdade e dignidade aptos a autorizar a tutela da lei com imediata executividade, portanto, a novidade legislativa encontra-se fora da processualidade democrática. Como o "direito evidente" – cuja carga enigmática somente seria apreensível pela leitura especializada da autoridade judicante – não se confunde com os direitos *pré-cognitos* já acertados no plano instituinte e constituinte da normatividade, impossibilitada estará a interdição da ordinariedade pelas hipóteses do art. 311, ressaltando-se uma vez mais que, na vigência do Estado Democrático de Direito, a tutela da lei pela jurisdição demanda o acertamento do mérito pela *cognitio* e em observância dos princípios institutivos do processo, inclusive nas chamadas *tutelas de urgência*, como exigência de legitimidade dos atos decisórios expendidos no procedimento processualizado.

5.2 A tutela de urgência no Estado Democrático de Direito

Depois de apresentadas e demarcadas as noções elementares atinentes à *tutela da lei, jurisdição* e *direitos líquidos e certos* como condição legitimadora da *tutela imediata* no procedimento processualizado, exsurge o seguinte questionamento: como seria possível cogitar a *tutela de urgência* no Estado Democrático de Direito, por assim dizer, fora do eixo da jurisdição?

O início dessa reflexão, segundo o referencial teórico adotado na pesquisa, certamente não passaria pelas linhas retóricas, ideológicas, demagógicas e superadas do discurso praticado pela Escola Instrumentalista do Processo que, alheias à sua própria *crise*[448] e imunes à crítica teórico-científica (daí o seu caráter dogmático!), ainda insistem no critério teleológico do processo como instrumento de uma jurisdição salvacionista e corretiva da realidade social, política e econômica (escopos metajurídicos), canalizando na figura do juiz toda esta carga mítica de *fazer justiça* de forma *rápida* e *efetiva* ao atingimento da *paz social*, conforme visto nos capítulos 1 e 2. Em boa síntese, para os instrumentalistas, o tempo é hostil à *justiça*

---

[447] LEAL, Rosemiro Pereira. *Teoria processual da decisão jurídica*. São Paulo: Landy, 2002. p. 197.

[448] LEAL, André Cordeiro. *Instrumentalidade do processo em crise*. Belo Horizonte: Mandamentos, 2008. p. 28-33.

e a ordinariedade procedimental (o *processo*!) seria o grande embaraço da *efetividade* e *celeridade* da *tutela jurisdicional*.

Foi visto anteriormente que a ação constitucional (procedimento) do mandado de segurança configurar-se-ia como a medida legal apta a tutelar os direitos fundamentais de vida, liberdade e dignidade, cuja liquidez e certeza encontram-se configuradas na coinstitucionalidade pelo exaurimento da *cognitio* nos planos instituinte e constituinte da norma. No entanto, ao se considerar que a Constituição foi guindada à condição de título executivo extrajudicial quanto a direitos fundamentais, tal compreensão também recobre os desdobramentos procedimentais que comportam as *liminares*,[449] como é o caso das tutelas antecipada e cautelar que, no Código de Processo Civil de 2015, são espécies do gênero *tutelas de urgência* (arts. 300 a 310).

Não faltam vozes no sentido de associar a "urgência" alegada pelo autor (na instauração do procedimento ou de forma incidental) como elemento subjacente aos *juízos de probabilidade* ou *verossimilhança* pela *inequivocidade da prova* a serem exercidos pelo juiz, pois, ao se considerar que o Estado assumiu o monopólio da jurisdição, não poderia se escusar da apreciação de lesão ou ameaça de direito (art. 5º, XXXV, CB/88), sendo que, por meio das *liminares* ou *execução antecipada*, cumpriria o papel tutelar da *administração da justiça*.[450]

Não obstante esta perspectiva, nota-se que o próprio texto legal do Código de Processo Civil de 1973 chegou a estabelecer distinções entre os pressupostos para concessão liminar das tutelas de urgência. Enquanto que a tutela cautelar objetiva resguardar o resultado útil do processo (propósito acautelatório de bens, pessoas e provas), bastando o postulante demonstrar a plausibilidade do direito alegado (*fumus boni iuris*) e o fundado receio de lesão grave ou de difícil reparação (*periculum in mora*), conforme arts.

---

[449] LEAL, Rosemiro Pereira. *Relativização inconstitucional da coisa julgada*: temática processual e reflexões jurídicas. Belo Horizonte: Del Rey, 2005. p. 37-38.

[450] MARINONI, Luiz Guilherme. *Efetividade do processo e tutela de urgência*. Porto Alegre: Sérgio Antônio Fabris Editor, 1994. p. 66-68. Buscando estabelecer a diferenciação entre os juízos de verossimilhança e de probabilidade, Ovídio Baptista esclarece que "o juízo simples de *verossimilhança* desempenha, na verdade, uma função de relevância mais profunda, relativamente à tutela cautelar e, de um modo geral, com relação a todo o fenômeno jurisdicional. Pode-se dizer que o *juízo de probabilidade* do direito para cuja proteção se invoca a tutela assecurativa (cautelar) é não apenas pressuposto, mas igualmente exigência desta espécie de atividade jurisdicional. Com efeito, a proteção não apenas pressupõe a simples *aparência* do direito a ser protegido, mas exige que ele não se mostre ao julgador como uma realidade *evidente* e indiscutível. Quer dizer, a tutela cautelar justifica-se porque o juiz não tem meios de averiguar, na premência de tempo determinada pela urgência, se o direito realmente existe. Se o direito apresenta-se como uma realidade de indiscutível evidência, a resposta jurisdicional não deveria mais ser a tutela de simples segurança, e sim alguma forma de tutela definitiva e satisfativa" (SILVA, Ovídio A. Baptista da. *Curso de processo civil*: processo cautelar (tutela de urgência). 3. ed. São Paulo: RT, 2000. p. 77. v. 3).

798 a 804, a tutela antecipatória teria o condão de adiantar os efeitos do mérito (conotação satisfativa) mediante a apresentação de prova inequívoca a demonstrar a verossimilhança das alegações nas situações em que haja fundado receio de dano irreparável ou de difícil reparação ou fique caracterizado o abuso do direito de defesa ou ainda o manifesto propósito protelatório do réu (art. 273, I e II).

A respeito dos requisitos mencionados e da doutrina instrumentalista que se ocupou sobre o tema, inigualável foi o exame do tema empreendido por Rosemiro Leal,[451] no sentido de submetê-los à testabilidade teórico-crítica na tentativa de verificar sua provável resistência frente ao referencial teórico do processo constitucional (constitucionalizante). Por certo, os elementos legais e doutrinários em teste sucumbiram exatamente por ainda estarem abrigados nas matrizes ainda existentes (e resistentes) do Estado Liberal e Social de Direito.

É que a pretexto das urgencialidades se instala o *fetiche da justiça rápida* com aumento de poderes do juiz para livre interpretação, valoração e valorização sumária das alegações e provas, se isto realmente fosse admissível sem o estabelecimento do contraditório, aportando-se na garantia constitucional do *acesso à jurisdição* (art. 5º, XXXV, CB/88) como sendo a base constitucional das tutelas de urgência isolada das garantias inerentes ao devido processo legal (art. 5º, LIV e LV, CB/88). Segundo Rosemiro Leal, entende-se anacronicamente "que as *tutelas de urgência* têm amparo na atuação do *Judiciário* e não pela garantia do *devido processo legal*", portanto, à margem do direito democrático suprime-se o *processo* e até mesmo o *procedimento*.[452] É o que se nota no Código de Processo Civil de 2015, que, buscando "simplificar" a compreensão das tutelas de urgência, promoveu a unificação dos pressupostos em seu art. 300, até então distintos no Código de 1973, ao dispor que "a tutela de urgência será concedida quando houver *elementos* que *evidenciem* a *probabilidade do direito* e o *perigo de dano ou risco* ao resultado útil do processo".

A análise irrefletida da unificação dos requisitos poderia conduzir à sua exaltação pelo jurista, não percebendo os embaraços criados para a própria teorização dessas modalidades procedimentais de tutela de urgência. Sobre a tutela cautelar, nota-se que não houve significativas mudanças a este respeito, já que a probabilidade do direito (*fumus boni iuris*) e o perigo de dano ou risco de resultado útil do processo (*periculum in mora*) permanecem idênticos ao sistema processual anterior, apenas

---

[451] LEAL, Rosemiro Pereira. *Teoria geral do processo*: primeiros estudos. 12. ed. Rio de Janeiro: Forense, 2014. p. 150-167.

[452] LEAL, Rosemiro Pereira. A judiciarização do processo nas últimas reformas do CPC brasileiro. In: BRÊTAS, Ronaldo de Carvalho Dias; NEPOMUCENO, Luciana Diniz (Coords.). *Processo civil reformado*. 2. ed. Belo Horizonte: Del Rey, 2009. p. 536.

com alterações de ordem procedimental quanto à *tutela cautelar requerida em caráter antecedente*, destacando-se a eliminação da autonomia procedimental da cautelar (autos apartados) em relação à ação principal (arts. 305 a 310). Mas no que tange à *tutela antecipada requerida em caráter antecedente*, afora a aberração da *estabilidade da tutela* criada pelo art. 304 com *extinção do processo*[453] na ausência de interposição de recurso, extinção que ocorre sem sentença (ato provimental final que extingue o procedimento com ou sem resolução do mérito), exsurge a seguinte dúvida: se a antecipação da tutela atinge o mérito (objeto mediato do pedido), como seria possível o seu deferimento *in limine litis* pela mera probabilidade do direito conjugada com o elemento urgência?

A relevância desse questionamento se justifica pela retirada das expressões "prova inequívoca" e "verossimilhança das alegações" até então existentes no Código de 1973 que, embora tenham sido objeto de ampla análise pelos processualistas e, sobretudo, submetidas a conjecturas na tentativa de esclarecer e ressemantizar os seus conteúdos a partir de uma teoria da prova assentada na processualidade democrática,[454] percebe-se que novos esforços deverão ser empreendidos no sentido de elucidar o disposto no art. 300 do Código de 2015, porquanto os pressupostos da probabilidade do direito e do perigo de dano ou o risco ao resultado útil do processo, agora equiparados para as modalidades de tutelas de urgência em tela, serão configurados quando houver *elementos* que os *evidenciarem* no procedimento.

Nota-se que a reflexão sobre o tema não pode ser encaminhada sem o percurso por uma teoria da prova que, segundo o referencial teórico demarcado no capítulo anterior, esteja comprometida com o processo constitucional,[455] portanto, fora da lógica instrumentalista do processo.

O instituto jurídico-processual da prova, como preconiza Rosemiro Leal, comporta em suas bases morfológicas as noções de *elemento* (objeto da prova: ato, fato, coisa ou pessoa), *meio* (métodos intelectivos indicados pela lei aptos a demonstrar licitamente a existência dos elementos de prova) e *instrumento* (materialização dos elementos de prova obtidos pelos meios

---

[453] Conforme observado anteriormente, a extinção "do processo" na vigência do Estado Democrático de Direito é algo impossível, o que demonstra a ignorância teórico-científica dos responsáveis pela elaboração do texto do Código de 2015, sabendo-se que, depois de Fazzalari, os institutos do processo e procedimento assumiram rigorosas distinções sob o prisma da técnica processual.

[454] LEAL, Rosemiro Pereira. *Teoria geral do processo*: primeiros estudos. 12. ed. Rio de Janeiro: Forense, 2014. p. 155-157. Para mais sobre o tema: cf. ANDRADE, Francisco Rabelo Dourado de; COSTA, Lauro Mendonça. Linguagem e verdade: correlações lógicas e suas implicações no direito probatório democrático. In: BRÊTAS, Ronaldo de Carvalho Dias *et alii* (Orgs.). *Direito probatório*: temas atuais. Belo Horizonte: D'Plácido, 2016. p. 165-186.

[455] BRÊTAS, Ronaldo de Carvalho Dias *et alii*. *Estudo sistemático do NCPC (com as alterações introduzidas pela Lei nº 13.256, de 4/2/2016)*. 2. ed. Belo Horizonte: D'Plácido, 2016. p. 156-160.

de prova), cogitáveis conforme as dimensões do espaço, tempo e forma, respectivamente, "em que o *espaço* seria a condição de existência do *elemento* de prova, o *tempo* seria o *meio* de consciência da *existência* do elemento de prova e a *forma* seria o modo de concretização instrumental (verbal ou documental)" dos elementos de prova nos autos do procedimento (dimensão sensorial física ou eletronicamente formalizada).[456] Neste sentido, a análise da prova não remete apenas à fase instrutória, como sendo uma das etapas lógico-jurídicas da *cognitio*, mas apresenta-se como fator estruturante do procedimento que, apoiada nos binômios do *espaço-elemento*, *tempo-meio* e *forma-instrumento*, viabiliza a adequada compreensão de tal instituto na processualidade democrática.

Superada a tarefa de situar as bases morfológicas da prova no campo teórico, cabe agora o desafio de verificar se, pelo *elemento* de prova, seria possível *evidenciar* as alegações do sujeito processual que postula determinada tutela de urgência de natureza antecipatória a ensejar uma tutela imediata *in limine litis*. Embora o elemento aponte o espaço da existência da prova, a sua "evidenciação", segundo o texto do art. 300 do Código de 2015, seria aferida pelo juiz e não como decorrência de uma *procedimentação compartilhada*[457] entre os sujeitos processuais, o que revela a permanência da histórica e despótica visão instrumentalista do juiz como destinatário da prova.

A temática da evidência, pelas proposições já aventadas, não recebe guarida em direito processual democrático se situada fora do campo do conhecimento objetivo, exatamente por não comportar o espaço procedimental de interenunciatividade com a oferta da refutabilidade, testabilidade, falseabilidade e de produção compartilhada (copartilhada) entre os sujeitos processuais. Seria absurdo, portanto, falar-se em *elemento* de prova *evidenciado* de plano a autorizar medida liminar *inaudita altera parte*, pois a *"prova é instituto* jurídico de demonstração, e *não* a evidência em si mesma",[458] concepção que rompe com a radicalização dos princípios da celeridade e efetividade do processo sustentados pelos juristas idealizadores da elaboração do novo Código.

Se, por um esforço hermenêutico, fossem relacionadas a evidenciação dos elementos de prova (art. 300, CPC/2015) com a prova inequívoca (art. 273, CPC/1973), como se ambas representassem o mesmo fenômeno, ainda assim o texto legal em debate não estaria a salvo de críticas.

---

[456] LEAL, Rosemiro Pereira. *Teoria geral do processo*: primeiros estudos. 12. ed. Rio de Janeiro: Forense, 2014. p. 185.

[457] LEAL, Rosemiro Pereira. *Teoria geral do processo*: primeiros estudos. 12. ed. Rio de Janeiro: Forense, 2014. p. 191.

[458] LEAL, Rosemiro Pereira. *Teoria geral do processo*: primeiros estudos. 12. ed. Rio de Janeiro: Forense, 2014. p. 155.

A inequivocidade, segundo Rosemiro Leal, "seria a presença lógico-jurídica do *elemento* de prova (fato, ato, coisa, pessoa) articulada pelo *meio* legal de prova (alegações ensejadas em lei) e expresso no *instrumento* (documento formal) de prova", como pressuposto procedimental caraterizador da *verossimilhança* da alegação que, vale dizer, não seria aquilo que fosse semelhante à *verdade*.[459] Se na teoria do processo a prova não revela a verdade, a verossimilhança (*semelhança* à verdade) somente poderia ser esclarecida pelas conjecturas a respeito da verossimilitude (*proximidade* à verdade) que, segundo as conjecturas de Karl Popper, decorre do aumento dos conteúdos de verdade e decréscimo dos conteúdos de falsidade no plano da concorrencialidade teórica a possibilitar o confronto entre teorias concorrentes até atingir aquela que possua maior conteúdo explicativo. Considera-se, portanto, potencialmente verdadeira aquela teoria que, depois de submetida à testificação e refutação perante outras teorias, alcança maior *poder explicativo* e, como tal, representa a de conteúdo mais forte.[460] Em processo, esta concorrencialidade teórica (de fatos e fundamentos jurídicos) se desenvolve exatamente pelo *devido processo* no espaço-tempo procedimental. Portanto, não se alcança a verossimilitude sem a oferta da refutação e testificação argumentativo-dialógica dos argumentos e provas exibidas no procedimento, sob o risco de se acatar imunização à crítica, traço marcante da dogmática jurídica e das ideologias de dominação pela figura da autoridade (despotismo).

Desta forma, o texto do art. 300 do Código de Processo Civil de 2015, acolhendo expressamente a *tutela jurisdicional de urgência*, além de manter a mesma lógica do sistema processual de 1973 que desconsidera o *devido processo legal* ao possibilitar medidas liminares em situações não envolvendo direitos fundamentais, sem o prévio estabelecimento do contraditório, isonomia e ampla defesa, nota-se que a *unificação dos requisitos* para a concessão das tutelas de natureza cautelar e antecipada representa, efetivamente, uma medida para a *simplificação da atividade do juiz* na valoração da prova para dela extrair, subjetivamente, sua evidenciação.

Não é crível, na constitucionalidade democrática, cogitar a "evidenciação de elementos de prova" sem a prévia estabilização dos sentidos pelo *devido processo*. A aferição da inequivocidade da prova deve ser alcançada no procedimento processualizado e não na análise (dogmática) do juiz que, movido pelo senso de justiça, clarividência, sensibilidade e abalizada capacidade intelectiva para a livre interpretação da lei, estaria autorizado a exercer jurisdição sem procedimento nas tutelas de urgência.

---

[459] LEAL, Rosemiro Pereira. *Teoria geral do processo*: primeiros estudos. 12. ed. Rio de Janeiro: Forense, 2014. p. 155-156.

[460] POPPER, Karl Raimund. *Conhecimento objetivo*: uma abordagem evolucionária. Tradução de Milton Amado. Belo Horizonte: Itatiaia, 1999. p. 54-59.

A perplexidade desse estudo da tutela antecipada em novos contornos fica ainda mais acentuada com o estabelecimento de expedientes procedimentais a serem observados antes da apresentação da defesa. Com efeito, somente depois de concedida a tutela antecipada (art. 303) e o aditamento da petição inicial (art. 303, I) é que o réu será citado e intimado para comparecer em audiência de conciliação (art. 303, II) para, caso não haja composição entre as partes, iniciar o seu prazo para contestar (art. 303, III). Nota-se que o réu somente aparece na fase intermediária do *iter* procedimental para apresentar defesa, enquanto que o objeto mediato do pedido já foi antecipado e estranhamente debatido *a posteriori* em audiência de conciliação. Ao promover uma campanha retórica de autocomposição em que se espera a *boa-fé*[461] e *cooperação*[462] (arts. 5º e 6º) dos sujeitos processuais, o Código de Processo Civil de 2015 mantém a posição *civilista* adotada desde os mais arcaicos métodos de solução de conflitos[463] em que o réu é convocado para *apresentar sua defesa perante o juiz* e não para *exercer a ampla defesa pela via do processo*, como exigência principiológica congênita ao Estado Democrático de Direito.

Torna-se, portanto, inócuo dispor sobre *paridade de tratamento* se, ao mesmo tempo, restou estabelecido o encargo do juiz de "zelar pelo efetivo contraditório" (art. 7º), garantia constitucional que reside na quadra *do processo* e não da atividade tutelar *da jurisdição*, demonstrando que o Código de 2015 traz em seu bojo traços marcantes do garantismo-ativismo imprestáveis à concretização do processo democrático. A este respeito, cabe lembrar a crítica ofertada por Rosemiro Leal à época da inclusão do art.

---

[461] Sobre o tema, torna-se indispensável o exame da obra de Sílvio de Sá Batista que, em estudo pioneiro no Brasil, submeteu a temática da má-fé e boa-fé em direito processual a rigorosos testes epistemológicos demarcados pela processualidade democrática, na tentativa de expurgar os altos níveis de obscuridade decorrentes do dogmatismo e ideologização que envolvem o tema (BATISTA, Sílvio de Sá. *Má-fé e boa-fé na processualidade democrática*. Rio de Janeiro: Lumen Juris, 2015).

[462] Em recente artigo, Ronaldo Brêtas manifesta sua desconfiança com relação ao dever de cooperação, impropriamente chamado de *princípio* por parcela da doutrina, cuja noção não faz parte da tradição do direito processual brasileiro. Embora a cooperação indique a ideia de colaboração, ajuda ou auxílio mútuo, Brêtas destaca que, "a rigor, o trabalho ou a atividade em comum dos sujeitos do processo limita-se tão somente à obtenção de um pronunciamento decisório no processo. [...] A partir desse tenso cenário dialético, resta muito difícil a possibilidade de que os sujeitos do processo – juiz e partes – possam trabalhar em comum, plenamente acordados, colaborando gentilmente uns com os outros ou se auxiliando fraternal e mutuamente, em todos os atos e etapas procedimentais, rumo à decisão final de mérito". De todo modo, a boa técnica recomenda que o dever de cooperação pressuponha que os atos processuais sejam praticados pelas partes em rigorosa observância do contraditório e, consequentemente, exerça influência direta na fundamentação das decisões jurisdicionais (BRÊTAS, Ronaldo de Carvalho Dias. Novo Código de Processo Civil e processo constitucional. *Revista Brasileira de Direito Processual – RBDPro*, Belo Horizonte, ano 23, n. 92, p. 225-240, out./dez. 2015. p. 232-233).

[463] LEAL, Rosemiro Pereira. *Teoria geral do processo*: primeiros estudos. 12. ed. Rio de Janeiro: Forense, 2014. p. 18-26.

273 no Código de 1973 pela Lei nº 8.952/1994 que, com extrema atualidade, se presta também para o exame da tutela de urgência que

> lesa frontalmente o princípio constitucional de *isonomia* (art. 5º da CF/1988), porquanto não cogita de aspectos de constitucionalidade democrática e não põe autor e réu em plano de igualdade defensiva de seus direitos, além de provocar polissemias incontornáveis na teorização do Direito Processual brasileiro, que se vem fazendo pelo laconismo da lei, causador de grandes perplexidades aos processualistas (não aos idólatras do praxismo judiciário).[464]

É pelo desconhecimento ou descompromisso com a teorização da prova que se prega a descaracterização da estrutura procedimental por discursos de celeridade e efetividade tendentes à sumarização (ou interdição) da *cognitio* ou do próprio procedimento em contornos de *desprocessualização*,[465] como é o caso dos ritos sumaríssimos praticados nos chamados Juizados Especiais e Justiça do Trabalho. O que era para ser enquadrado como conteúdo basilar da *eficiência sistêmica*[466] na tutela da lei, o binômio celeridade-efetividade se tornou um *topoi* (raciocínios dialéticos e retóricos)[467] doutrinário para o livre manejo da atividade jurisdicional e, bastando falar em *urgência* atrelada à suposta prova pré-constituída, que a configuração do procedimento transmutar-se-ia em rito sumaríssimo (interdição da *cognitio*) pelo juiz. Neste sentido, Andréa Alves de Almeida afirma que,

---

[464] LEAL, Rosemiro Pereira. *Teoria geral do processo*: primeiros estudos. 12. ed. Rio de Janeiro: Forense, 2014. p. 157-158.

[465] LEAL, Rosemiro Pereira. A judiciarização do processo nas últimas reformas do CPC brasileiro. In: BRÊTAS, Ronaldo de Carvalho Dias; NEPOMUCENO, Luciana Diniz (Coords.). *Processo civil reformado*. 2. ed. Belo Horizonte: Del Rey, 2009. p. 537.

[466] LEAL, Rosemiro Pereira. *Teoria geral do processo*: primeiros estudos. 12. ed. Rio de Janeiro: Forense, 2014. p. 109.

[467] VIEHWEG, Theodor. *Tópica e jurisprudência*. Tradução de Tércio Sampaio Ferraz Jr. Brasília: Editora Universidade de Brasília, 1979. p. 26-27. Em pesquisa sobre o tema, Sílvio de Sá Batista leciona que "a dialética no processo, ao contrário do que atestam diversos processualistas, não é um mecanismo que assegura aos participantes do processo judicial um maior grau de democraticidade na construção das decisões jurisdicionais. Muito menos elimina os problemas jurídicos; ao contrário, permite a sobrevivência e a perpetuação de um sistema estratégico de dominação legal estabilizado, por juízos de *boa-fé* ou por juízos de *má-fé* advindos de um saber fundado em algum tipo de *crença*. É que a dialética processual em contraditório não enfrenta os sentidos normativos da legalidade, e condiciona que os destinatários normativos apenas se coloquem perante a lei, sem poder jamais interagir, de maneira intertextual, com os fundamentos estratégicos de validade e legitimidade da linguagem jurídica. Se houver, no discurso da legalidade, conceitos ou 'termos abertos', apenas à autoridade tem a prerrogativa de preencher tais lacunas, por meio de um saber não teorizado linguisticamente. Nessa perspectiva a dialética no processo não passa de um discurso retórico afirmativo, para preservar ou reforçar os fundamentos ideológicos do sistema jurídico" (BATISTA, Sílvio de Sá. *Má-fé e boa-fé na processualidade democrática*. Rio de Janeiro: Lumen Juris, 2015. p. 181).

infelizmente, o direito brasileiro tem acatado a irracionalidade dessa concepção instrumentalista e estratégica, conforme se observa na criação de procedimentos que abreviam a passagem da cognição para a execução (antecipação de tutela, liminares *inaudita altera pars*, procedimentos sumaríssimos, juizados especiais), violando drasticamente a isonomia processual e a amplitude da defesa na construção da *cognitio*.[468]

Ao discorrer sobre o tema, José Marcos Rodrigues Vieira pondera que o ônus do tempo – dimensão necessária à tramitação do procedimento – não deve ser suportado somente pelo autor nas tutelas de urgência, mas, de igual modo, pelo réu, ressaltando que em tais casos há uma inversão do ônus do tempo que demanda *estruturação*, sob pena de estranhamente "converter-se a regra de ônus da prova quanto às alegações do pedido inicial em presunção favorável ao autor".[469] Com isto, reconhece-se que a dimensão do tempo é necessária à depuração do objeto litigioso (fixação dos pontos controvertidos), razão pela qual o direito à tutela postulado pelo autor não pode se chocar com a garantia do contraditório, salvo nas hipóteses de liminares em que haverá de se fazer sob "sacrifício (tutela sumária negativa) de algum direito".[470]

Entretanto, qualquer que seja o estudo a respeito da flexibilização da ordinariedade diante das urgencialidades, se encaminhado com referenciais sociológicos, políticos, econômicos ou tecnológicos, não se cogita, nas democracias plenas, a supressão da principiologia componente do *devido processo constitucional*, mas tão somente a adequação lógico-jurídica da estruturação legal do procedimento a possibilitar a redução do *tempo procedimental*[471] no sentido de possibilitar a eficiência sistêmica da atuação dos órgãos jurisdicionais no devido cumprimento da lei (tutela legal).

Assim, afigura-se possível no direito democrático a *tutela da lei* cuja urgência suplica a abreviação do espaço-tempo procedimental processualizado (*devido processo*), mas não a sumarização da *cognitio* com tutela imediata mediante execução judicial que, vale reiterar, apenas seria cogitável em se tratando de ilegalidade pelo inadimplemento de direitos fundamentais de vida, liberdade e dignidade,[472] com oferta postecipada do contraditório

---

[468] ALMEIDA, Andréa Alves de. *Processualidade jurídica e legitimidade normativa*. Belo Horizonte: Fórum, 2005. p. 100.
[469] VIEIRA, José Marcos Rodrigues. *Da ação cível*. Belo Horizonte: Del Rey, 2002. p. 157.
[470] VIEIRA, José Marcos Rodrigues. *Da ação cível*. Belo Horizonte: Del Rey, 2002. p. 164.
[471] BRÊTAS, Ronaldo de Carvalho Dias. *Processo constitucional e Estado Democrático de Direito*. 3. ed. Belo Horizonte: Del Rey, 2015. p. 211.
[472] LEAL, Rosemiro Pereira. O garantismo processual e direitos fundamentais líquidos e certos. In: MERLE, Jean-Christophe; MOREIRA, Luiz (Coords.). *Direito e legitimidade*. São Paulo: Landy, 2003. p. 340. Ademais, cabe ainda acrescentar que "o estudo dos direitos fundamentais na atualidade se faz num plano de asseguramento jurídico de autossatisfaticidade que é teleológica à teoria da *Execução*, por isso a nossa convicção de que a constituição, nas democracias,

à parte contrária. Logo, o Estado-judiciário não pode servir-se de tutelas interditais para a "pronta entrega" do mérito com total desnivelamento entre as partes. Ademais,

> muito se fala em *tutelas de urgência*, com sentido de pronto-socorro jurídico aos que se dirigem a um Poder Judiciário oneroso e ineficiente de uma nação miserabilizada como a nossa, do que em *urgência de tutelas* de direitos fundamentais de dignidade, liberdade (cidadania), ampla defesa, contraditório, isonomia, que são, enfim, institutos-princípios que colocam o *processo* como *"centro"* do sistema jurídico de garantias de produção e aplicação do direito e não como mero instrumento da *jurisdição* manejada pelo juiz-salvador, como querem os instrumentalistas.[473]

A urgência de tutela, como pleito decorrente de alegação cuja necessidade demandaria imediata apreciação e resposta pelo juiz no procedimento, não induz a "supressão do tempo do pensar em prol da rapidez e 'justiça' olímpicas da decisão"[474] a pretexto da garantia constitucional da "razoável duração do processo e os meios que garantam a celeridade de sua tramitação" (art. 5º, LXXVIII, CB/88) sem o prévio atendimento dos princípios instituintes do contraditório, ampla defesa e isonomia coextensos ao *devido processo legal* (art. 5º, LIV e LV, CB/88).

Em segura análise sobre o tema, Ronaldo Brêtas leciona:

> a exigência constitucional de se obter a prestação da atividade jurisdicional em tempo útil ou prazo razoável, o que significa adequação temporal da jurisdição, mediante processo sem dilações indevidas, não permite o Estado impingir ao povo a aceleração dos procedimentos pela diminuição das demais garantias processuais constitucionais. Exemplificando, não pode o Estado suprimir o contraditório ou olvidá-lo na construção normativa dos procedimentos, como também lhe é defeso dispensar a presença do advogado ou do defensor público no processo, eliminar o duplo grau de jurisdição, abolir a instrumentalidade das formas, restringir o acesso das partes à produção de provas lícitas ou dispensar o órgão jurisdicional de fundamentar racionalmente suas decisões. A restrição de quaisquer dessas garantias processuais constitucionais, sob a canhestra justificativa de agilizar ou tornar célere o procedimento, revela-se

---

equivale a um título executivo extrajudicial quanto a direitos fundamentais não se estiola à medida que assistimos ao fracasso do *furor sanandi* de um judiciário alheio à implementação desses direitos que, em não sendo mais suscetíveis de cognitividade, porque *líquidos, certos e exigíveis*, requerem execução imediata (art. 5º, §1º, da CB/88) e o instituto da execução imediata, como visto, implica tutelas de urgência a serem emitidas contra uma administração governativa secularmente omissiva e repressoramente comissiva" (LEAL, Rosemiro Pereira. *A teoria neoinstitucionalista do processo*: uma trajetória conjectural. Belo Horizonte: Arraes, 2013. p. 94).

[473] LEAL, Rosemiro Pereira. *Teoria geral do processo*: primeiros estudos. 12. ed. Rio de Janeiro: Forense, 2014. p. 145.

[474] LEAL, André Cordeiro. *Instrumentalidade do processo em crise*. Belo Horizonte: Mandamentos, 2008. p. 30.

inconstitucional e antidemocrática, somente prestando para estimular o arbítrio dos juízes, fomentar a insegurança jurídica e escarnecer da garantia fundamental do devido processo legal [...].[475]

Ademais, os *meios* tendentes a garantir a celeridade da tramitação do procedimento decorrem da lei democrática (princípio da reserva legal), o que não é visto no Código de Processo Civil de 2015 com o reforço dos *poderes* do juiz na direção do procedimento, como é o caso do art. 139 que dispõe sobre a direção do processo pelo juiz (*caput*), incumbindo-lhe "*velar pela duração razoável do processo*" (inc. II) e "*determinar* todas as medidas indutivas, coercitivas, mandamentais ou sub-rogatórias necessárias para assegurar o cumprimento de ordem judicial, inclusive nas ações que tenham por objeto prestação pecuniária" (inc. IV). Vale também lembrar a manutenção do inconstitucional *poder geral de cautela* nas tutelas provisórias no art. 297: "O juiz poderá determinar as medidas que considerar adequadas para efetivação da tutela provisória".

Esse obscuro cenário de fetichização das urgencialidades, que, atrelado a discursos não esclarecidos de celeridade e efetividade que consideram o *tempo como inimigo da jurisdição*[476], marca o "desmonte da Constituição"[477] com a aceleração do procedimento *secundum conscientiam* e não com base no devido processo legal. Desta forma, a garantia da razoável duração do processo não autoriza a interdição da *cognitio*, como se a ordinariedade procedimental fosse uma obstrução ao pleito de *justiça rápida* em razão da sua morosidade, o que não significa sustentar a "intocabilidade do Processo de Conhecimento, mas o óbice jurídico de concebê-lo segundo juízos de conveniência (vidência) e equidade vedados pelo art. 5º, II, da CF/1988".[478]

Cabe finalmente destacar que o *processo*, como *paradigma linguístico-discursivo constitucionalizante e constitucionalizado*, não é conjecturável por *relações métrico-temporais e espaciais* por configurar-se como

interpretante que atua ao longo da validade e legitimidade do sistema jurídico sempre aberto a um *devir di-alógico* (crítico) procedimental construtivo,

---

[475] BRÊTAS, Ronaldo de Carvalho Dias. *Processo constitucional e Estado Democrático de Direito*. 3. ed. Belo Horizonte: Del Rey, 2015. p. 209.

[476] LEAL, André Cordeiro. *Instrumentalidade do processo em crise*. Belo Horizonte: Mandamentos, 2008. p. 25.

[477] LEAL, Rosemiro Pereira. A judiciarização do processo nas últimas reformas do CPC brasileiro. In: BRÊTAS, Ronaldo de Carvalho Dias; NEPOMUCENO, Luciana Diniz (Coords.). *Processo civil reformado*. 2. ed. Belo Horizonte: Del Rey, 2009. p. 535.

[478] LEAL, Rosemiro Pereira. *Teoria geral do processo*: primeiros estudos. 12. ed. Rio de Janeiro: Forense, 2014. p. 148.

reconstrutivo, desconstrutivo, afirmativo ou extintivo dos conteúdos de legalidade que possam ameaçá-lo ou lesá-lo (contrapor-se ao Processo).[479]

Assim, mensurável é o *procedimento*, enquanto estrutura técnica (Fazzalari) legalmente definida, regida e atuada pelo processo, comportando

uma *ratio* interlocutória de durabilidade (relação jurídica espácio-temporal) que só pode ser uma Razão egressa dos conteúdos da Lei (*ratio legis*) processualmente produzida *ex-ante* e que só é célere enquanto Efetivo (assegurador de *eficiência sistêmica* redutora da massa de conflitos nas bases políticas da comunidade jurídico-democrática de direito). Não há, nas democracias jurídico-político-processualizadas, assegurar celeridade sem *ampla* defesa (esgotamento da *cognitio*) e isonomia (simétrica paridade de tempo procedimental e em direitos fundamentais já pré-cognita e processualmente garantidos na base instituinte da constitucionalidade).[480]

Portanto, "o instituto da tutela antecipada, se não examinados os aspectos da constitucionalidade democrática, é fiel e velho companheiro das ditaduras no direito processual brasileiro", disfarçando-se nas liminares das tutelas de urgências, ações mandamentais, possessórias e nas chamadas tutelas diferenciadas a serviço do *direito material*.[481] Em boa síntese, no direito democrático sumariza-se o tempo procedimental e não a *cognitio*.

5.3 Direito evidente, despotismo do intérprete e a recusa ao direito democrático

Todo o conjunto doutrinário exposto neste trabalho a respeito das tutelas de urgência encaminha a base teórica para a implantação da tutela de evidência no sistema processual civil brasileiro (art. 311, CPC/2015), como medida de tutela satisfativa imediata fundada não na aparência (pressuposto da tutela cautelar), mas na evidência do direito cuja indiscutibilidade demonstrada pelas circunstâncias do caso concreto torna desnecessária a demora na resposta da *tutela jurisdicional*. Neste sentido, "se o juiz, ao receber o pedido de tutela jurídica, já pode, com toda segurança, proclamar a existência do direito, a demora em protegê-lo, a partir

---

[479] LEAL, Rosemiro Pereira. *A teoria neoinstitucionalista do processo*: uma trajetória conjectural. Belo Horizonte: Arraes, 2013. p. 49.
[480] LEAL, Rosemiro Pereira. *A teoria neoinstitucionalista do processo*: uma trajetória conjectural. Belo Horizonte: Arraes, 2013. p. 50.
[481] LEAL, Rosemiro Pereira. *Teoria geral do processo*: primeiros estudos. 12. ed. Rio de Janeiro: Forense, 2014. p. 150.

daí, seria injustificada. A tutela em tal caso deveria ser satisfativa, e não apenas cautelar".[482]
A tutela de evidência apresenta-se como desdobramento da tutela antecipada até então situada no art. 273 do CPC/1973 e com novos contornos na quadra das tutelas provisórias no CPC/2015, mas sem o estabelecimento dos pressupostos já estudados anteriormente. Diferentemente, buscou o legislador já estabelecer como direito evidente as hipóteses do art. 311 que, independentemente de demonstração do perigo de dano ou risco ao resultado útil do processo (requisito de urgência), serão concedidas pelo juiz quando demonstradas de plano pela parte requerente.

Acontece que nesse cenário fica oculta a teoria da ação como direito concreto à sentença favorável preconizada por Wach, tornando o processo um mero instrumento de tutela do direito existente (pressuposto) que, em sendo violado, legitima a propositura de ação *contra* o adversário visando à sua confirmação (declaração) pelo juiz e ulterior execução.

Embora o CPC/2015 tenha delineado nos incisos do art. 311 as hipóteses do que seria "direito evidente", conferindo uma suposta e enganosa democraticidade dos conteúdos da lei a limitar a atividade do juiz na tutela de evidência, percebe-se que esta modalidade procedimental de radicalização da tutela antecipada não apenas assegura, como eleva a carga de autocracia interpretativa do juiz (personalismo hermenêutico)[483] em total descompasso com o *devido processo* como base principiológica da criação, atuação, modificação e extinção de direitos.

Com efeito, estabelecer novo instituto que nega a ordinariedade procedimental processualizada e não acolhe a teoria da prova lastreada no direito democrático é entregar ao juiz, propositalmente, a livre escolha dos sentidos ou a atribuição de significados daquilo que o próprio *texto* atribuiu a respeito do que vem a ser *direito evidente*. Ao juiz, portanto, atribui-se o *privilégio da interpretação* que, segundo a leitura de Edward Lopes, é aquele que

> manipula os sentidos do discurso, transforma-se no árbitro todo-poderoso da comunidade para a qual define o que venha a ser valor e antivalor; é ele quem assinala os objetivos a serem perseguidos pelo grupo, dita as regras de comportamento que hão de dirigir a ação singular dos indivíduos na tentativa de realização de seus valores, pune e recompensa. Pois como os mitos de sempre demonstraram, só o que sabe quer, só o que sabe pode, só o que sabe faz.[484]

---

[482] SILVA, Ovídio A. Baptista da. *Curso de processo civil*: processo cautelar (tutela de urgência). 3. ed. São Paulo: RT, 2000. p. 77. v. 3

[483] LEAL, Rosemiro Pereira. *Teoria geral do processo*: primeiros estudos. 12. ed. Rio de Janeiro: Forense, 2014. p. 42.

[484] LOPES, Edward. *Discurso, texto e significação*: uma teoria do interpretante. São Paulo: Cultrix, 1978. p. 4.

Na teoria do *discurso jurídico*, torna-se inócuo o dogma liberal de que "todos são iguais perante a lei" se esta igualdade não se traduz em uma hermenêutica isomênica como igual direito assegurado a todos de interpretar a lei (e não de interpretação igual da lei, o que seria juridicamente impossível). Na medida em que se acolhe uma igualdade interpretativa isotópica (espacial), mas *cognitivamente assimétrica*,[485] o Estado-jurisdição não está adstrito a julgar somente com base na precedência da lei ao fato (princípio da reserva legal), porquanto também lhe é imposto apresentar resposta decisória mesmo na hipótese de ausência de normas (vedação do *non-liquet*). Ao juiz, nesta perspectiva, são atribuídos o encargo de *intérprete* do texto legal que dele irá extrair os seus sentidos (normativos)[486] e de *criador* de direitos, tal qual preconizava Bülow,[487] no exercício da *tutela jurisdicional*.

Buscando estabelecer a distinção entre *discurso* e *texto* com base na proveitosa teoria do interpretante de Edward Lopes, Rosemiro Leal leciona que a compatibilidade de ambas as noções não passaria pelas "multissignificações de sentidos advindas da mente do locador e sublocador do *discurso*" produzido a partir de *textos* já alojados na consciência deste intérprete, mas pela possibilidade de "decodificação do sentido do *discurso* a partir de um *código* que se presta à própria definição do discurso", o que, para a teoria neoinstitucionalista do processo, representa a coexistência do texto com o discurso se acontecidos no plano coinstituinte (constituinte) "como se uma '*obra*' ali estivesse sendo editada (constitucionalizada)".[488] A obra a que se refere configura-se como o espaço operacional da significação e "um produto social, o resultado da colaboração entre o fazer discursivo do destinador e o fazer textual do destinatário, compondo, ambos, o autor da obra". Trata-se, pois, de uma *escritura* resultante do jogo dialógico estabelecido entre discurso e texto, relação na qual se deduz que "o texto diz aquilo que o discurso quer dizer".[489] Já na leitura de Rosemiro Leal,

> a metalinguagem se empreende no movimento entre texto e discurso com vínculo ao código (interpretante como regulador do sentido intradiscursivo),

---

[485] LEAL, Rosemiro Pereira. *Processo como teoria da lei democrática*. Belo Horizonte: Fórum, 2010. p. 271.

[486] LEAL, Rosemiro Pereira. O caráter oculto do sentido normativo do Novo CPC. In: CASTRO, João Antônio Lima; FREITAS, Sérgio Henriques Zandona (Coords.). *Direito processual*: estudo democrático da processualidade jurídica constitucionalizada. Belo Horizonte: PUC Minas, Instituto de Educação Continuada, 2012. p. 185-190.

[487] LEAL, André Cordeiro. *Instrumentalidade do processo em crise*. Belo Horizonte: Mandamentos, 2008. p. 59.

[488] LEAL, Rosemiro Pereira. *Processo como teoria da lei democrática*. Belo Horizonte: Fórum, 2010. p. 274-275.

[489] LOPES, Edward. *Discurso, texto e significação*: uma teoria do interpretante. São Paulo: Cultrix, 1978. p. 6-7.

impedindo que o texto (sempre de origem precompreensiva ao discurso) possa desgarrar-se do interpretante (referente-código) intradiscursivo que dá suporte a uma prática de simétrica paridade interpretativa para todos.[490]

Isto quer dizer que, em direito dogmático (não democrático), o discurso encaminhado pelo intérprete é baseado de acordo com a analogia, os costumes, os princípios gerais do direito, os fins sociais e as exigências do bem comum (arts. 4º e 5º do Decreto-Lei nº 4.657/1942) que ofertam uma abertura de sentidos (*multissignificações*)[491] para os juízos de equidade, probabilidade, razoabilidade, conveniência, probabilidade e verossimilhança. Opera-se, portanto, um *discurso* situado fora do *texto* ou com base em numa *plurissignificação de textos* não extraídos de uma "fonte de sentidos coletivamente construída".[492]

Logo, tanto o texto quanto o discurso assumem contornos autocráticos se produzidos e atuados sem um *interpretante* que, na teoria neoinstitucionalista, é o *devido processo* como referente lógico-jurídico-discursivo da construção de um *sistema normativo* adequado ao Estado Democrático de Direito em que os destinatários normativos (intérpretes) encontram-se situados "em simétrica posição ante idêntico referente lógico-jurídico construtivo, aplicativo, modificativo ou extintivo do sistema jurídico (LEIS)", resultando destas noções a isomenia interpretativa, como método de balizamento dos limites hermenêuticos de "uma interpretação em condições iguais para os sujeitos do procedimento".[493]

A correspondência entre texto e discurso, se encaminhada pelo *devido processo* (o *código* em Edward Lopes), permitirá incursões ao instituto da prova no direito democrático, porquanto é na *escritura* do *procedimento*

---

[490] LEAL, Rosemiro Pereira. *Processo como teoria da lei democrática*. Belo Horizonte: Fórum, 2010. p. 275.

[491] Nesse sentido, "o dado da multissignificação do discurso estava, então – e ainda está, para aqueles que nisso acreditam –, a serviço de um *privilégio da significação* que é a camuflagem do privilégio do mando de uma *auctoritas* única e indiscutível. Um dos maiores serviços prestados pela Linguística à ciência moderna foi, certamente, o de ter contribuído tão poderosamente para modificar essa situação, ao insistir no fato de que a semântica deve se preocupar com o sentido do discurso tal como ele se deixa decodificar no interior do código que serviu para sua codificação. O desenvolvimento do conceito de função metalinguística permitiu compreender o sentido como uma propriedade do código, não de uma pessoa, e possibilitou, em consequência, na medida em que os códigos são bens coletivos, possuídos, igualmente, pelo destinador e pelo destinatário da mensagem, denunciar o monopólio do sentido que era exercido pelo sujeito da enunciação. Sabe-se, hoje, que se um discurso admite *n* sentidos, eles podem ser reduzidos, todos, em um nível superior, a um meta-sentido que os reabsorva conjuntamente, estando eles, portanto, hierarquizados por relações de dominação intradiscursiva" (LOPES, Edward. *Discurso, texto e significação*: uma teoria do interpretante. São Paulo: Cultrix, 1978. p. 5).

[492] LEAL, Rosemiro Pereira. *Processo como teoria da lei democrática*. Belo Horizonte: Fórum, 2010. p. 274-275.

[493] LEAL, Rosemiro Pereira. *Processo como teoria da lei democrática*. Belo Horizonte: Fórum, 2010. p. 271.

processualizado (código-referente) em que o *texto* e *discurso – lei* e *teoria –* já se encontram *predefinidos (pré-cognitos)* na base instituinte e constituinte da normatividade. Disto extrai-se que "o *procedimento* teria suas *bases epistemológicas* na *teoria da prova* que, pelo conteúdo dos critérios legais de sua produção (autocráticos ou dialéticos), indicaria o grau de avanço histórico no asseguramento dos *direitos fundamentais* de liberdade e dignidade humana".[494]

Deste modo, com acerto o aceno de Edward Lopes ao afirmar que entre "todos os modos de dominação que o homem inventou ao longo dos séculos para relacionar-se com o seu próximo, nenhum é mais eficiente do que o da manipulação dos sentidos",[495] conclusão que fatalmente se extrai da tutela de evidência, considerando-se que o *texto legal* do art. 311 do CPC/2015 encontra-se dissociado do *discurso jurídico*. Enquanto o texto (*caput* e incisos) assume conteúdos implícitos e multissignificações de sentidos, o discurso do intérprete (e não do interpretante) irá extrair os sentidos fora do texto ou, diante do *caráter oculto do significado*, acolher-se-á um excesso de sentidos continente de *"n textos"* cuja carga enigmática é perturbadora do discurso, autorizando o intérprete à busca do sentido segundo aquilo que ele possa dominar, resultando disso o *desejo de dominação*.[496] Daí o privilégio da significação da tutela de evidência assegurado à *auctoritas* (juiz) para a manipulação dos sentidos para dizer o vem a ser direito evidente.

Tais linhas revelam a íntima relação entre o enigmático *direito evidente* e o *despotismo jurisdicional*[497] com imposição dos sentidos pelo juiz na sua atividade tutelar que, vale ressaltar, foi reforçada pelo CPC/2015 ao permitir em seu art. 297 a atuação *ex officio* na adoção de medidas que considerar adequadas para a efetivação da tutela provisória,[498] temática há muito defendida por Luiz Fux, para quem esta atuação advém da "ampla possibilidade que o juiz detém de prover, 'inominadamente', isto é, de deferir providências idôneas e adequadas à defesa da jurisdição, através do que se convencionou denominar *poder cautelar genérico*".[499] É que o

---

[494] LEAL, Rosemiro Pereira. *Teoria geral do processo*: primeiros estudos. 12. ed. Rio de Janeiro: Forense, 2014. p. 186.

[495] LOPES, Edward. *Discurso, texto e significação*: uma teoria do interpretante. São Paulo: Cultrix, 1978. p. 4.

[496] LOPES, Edward. *Discurso, texto e significação*: uma teoria do interpretante. São Paulo: Cultrix, 1978. p. 3-4.

[497] LEAL, Rosemiro Pereira. *Teoria geral do processo*: primeiros estudos. 12. ed. Rio de Janeiro: Forense, 2014. p. 149.

[498] Lembrando que a tutela de evidência, juntamente com as tutelas de urgência, encontra-se situada na quadra das tutelas provisórias, conforme art. 294 do CPC/2015.

[499] FUX, Luiz. *Tutela de segurança e tutela da evidência (fundamentos da tutela antecipada)*. São Paulo: Saraiva, 1996. p. 26.

caráter oculto do sentido normativo preservado pelo CPC/2015 serve bem ao judiciário nos modelos liberal e social de processo na interpretação do direito que, "extrapolando o sujeito da enunciação da norma (o legislador), só adquire *inteligibilidade fora* do próprio discurso normativo (LEI) que é o lugar extraceptivo (estado textual de exceção) no qual a *auctoritas* interdita o sentido da lei por consentimento da própria lei". Trata-se de artifício autoritário herdado da norma fundamental kelseniana que coloca o *princípio da reserva legal* como garantia de julgamento com base em leis preexistentes e, ao mesmo tempo, está, por lei, autorizado a dispensar a própria lei nas hipóteses de ausência de normas específicas para a solução compulsória de conflitos.[500] A absurda constatação deste engodo advém da vedação de prévia pactuação de sentidos pelo *devido processo* (vedação do *non-liquet*) mediante a oferta do contraditório no âmbito das lacunas da lei (testificação teorizada pela crítica).

Com efeito, a supressão do exercício de uma *metalinguagem* (processo) transforma o Código de Processo Civil de 2015 em "peça exclusiva do manipulador do sentido normativo (juiz) pela *auctoritas* de que está investido", acatando-se um *saber interpretar* fora do discurso jurídico processualizado e da "cognitividade probatícia de democratização decisória".[501] Desta forma,

> quando se fala na ausência de *medium* linguístico, não se reclama uma linguagem pragmática (a mudez dos laços sociais, aceitação tácita ou histórica de significados ou a tagarelice dos sujeitos falados), mas uma linguisticidade constitucionalizada por critérios que propiciem arguir os fundamentos de caracterização dos elementos teóricos (conjecturas, asserções) institutivos dos enunciados normativos (devido processo). Ao se assegurar a ampla defesa como direito fundamental, assegura-se o direito de argumentação das minorias e vice-versa. Esse direito é que impede o fechamento dos sistemas (a criação das sociedades fechadas, segundo Popper).[502]

Na medida em que se confunde *processo* com jurisdição, tutela jurisdicional ou atividade do juiz (garantista ou ativista), exclui-se a possibilidade de fuga do despotismo do intérprete situado na figura da autoridade, como é o caso da tutela de evidência que, numa palavra, pode ser sintetizada como a *radicalização da tutela antecipada* diante da pronta entrega do objeto mediato do pedido sem o *devido processo*.

---

[500] LEAL, Rosemiro Pereira. *A teoria neoinstitucionalista do processo*: uma trajetória conjectural. Belo Horizonte: Arraes, 2013. p. 19.

[501] LEAL, Rosemiro Pereira. *A teoria neoinstitucionalista do processo*: uma trajetória conjectural. Belo Horizonte: Arraes, 2013. p. 18.

[502] LEAL, Rosemiro Pereira. Direitos fundamentais do processo na desnaturalização dos direitos humanos. *Revista da Faculdade Mineira de Direito*, Belo Horizonte, v. 9, n. 17, p. 89-100, 1º sem. 2006. p. 98.

As tendências de desprocessualização defendidas pela Escola Instrumentalista que, diga-se de passagem, se ocupa em estudar *direito jurisdicional* e não *direito processual*, asseguraram no CPC/2015 o personalismo hermenêutico do juiz (*filosofia da consciência*), traço caraterístico da matriz liberal-social de processo, vedando-se o salto para o direito democrático (*filosofia da linguagem*). É que o

> inconformismo acadêmico que leva ao desprezo a democracia por entendê-la inatingível em suas propostas de realização dos direitos fundamentais decorre, nas sociedades complexas que marcam a modernidade, da resistência pedagógica inibidora do salto qualitativo para a filosofia da linguagem. É óbvio que enquanto perdurar, por uma jurisprudência de eruditos, a filiação proselitista a uma dogmática solitária e taumaturga de salvação do direito pelo decisor, é mesmo impensável esperar de um intérprete-julgador, ainda não convencido do esgotamento do paradigma da filosofia da consciência, a teorização de um espaço processualizado de autoincludência, legitimado a todos, ao exercício de *direitos líquidos e certos* já acertados no plano constituinte originário.[503]

Portanto, não há como legislar sobre *direito evidente* sem prévia pactuação dos sentidos normativos nos planos instituinte e constituinte do direito pelo código interpretante do *devido processo*, quanto menos alcançar a alegada *evidência do direito* no procedimento se em sua estrutura, fundada pelo nível constituído da norma, não se oferta a abertura dialógica do discurso para que os sujeitos processuais possam estabilizar os sentidos no espaço-tempo orientado pelo contraditório, isonomia e ampla defesa (ordinariedade procedimental processualizada).

5.4 Tutela de evidência como técnica irracional

O estudo sobre a *técnica processual* ganhou relevo no Brasil com a obra de Aroldo Plínio Gonçalves, cuja fecundidade comporta desdobramentos válidos para interrogar a relação entre a técnica e o instrumentalismo processual, como corrente do pensamento jurídico advinda das proposições da teoria do processo como relação jurídica de Oskar von Bülow.

Numa passagem inicial a respeito da *ciência*, que se divide entre *ciências teóricas* (especulativas) e *ciências práticas,* Aroldo Plínio afirma que tal qualificação tem sido utilizada de forma imprópria pela doutrina jurídica, servindo-se tão somente para afirmar que "as primeiras estão ligadas à produção do conhecimento e as segundas para a aplicação dos resultados adquiridos". Tais denominações foram substituídas, em parâmetros mais

---

[503] LEAL, Rosemiro Pereira. O garantismo processual e direitos fundamentais líquidos e certos. In: MERLE, Jean-Christophe; MOREIRA, Luiz (Coords.). *Direito e legitimidade*. São Paulo: Landy, 2003. p. 337.

adequados, por *ciências teóricas* e *ciências aplicadas*, embora não mais se discuta que "qualquer ciência é sempre teórica, embora a atividade humana encontre procedimentos para a aplicação prática das aquisições do conhecimento". A ciência, em sendo natural, social ou cultural, "divisões que se fazem pelo critério do objeto da investigação, pode ser entendida como um conjunto de conhecimentos fundamentados, ou como uma atividade criadora de conhecimento".[504]

Da ideia de conhecimento obtido à compreensão de atividade desenvolvida para se obter conhecimento, a *ciência* se revela como produto de certa atividade ou a própria atividade capaz de produzir o conhecimento em que se pressupõe uma investigação na tentativa de melhor compreender o objeto de estudo de forma racionalizada.

Já no estudo da *técnica*, Aroldo Plínio apresenta a sua noção geral como sendo "o conjunto de meios adequados para a consecução dos resultados desejados, de procedimentos idôneos para a realização de finalidades". Partindo das lições de Eduardo García Máynez, Aroldo Plínio ressalta a importância de não se deslembrar que a técnica genuinamente considerada deve ser sofrer os influxos da ciência, já que "toda técnica é de índole científica, pois uma técnica não científica não é técnica, porque se torna incapaz de cumprir seu destino", malgrado seja admissível a existência de bases científicas no sentido de se afirmar que haviam técnicas produzidas antes da ciência (a precedência da técnica à ciência), não se podendo negar que, em tempos primitivos, o homem já desenvolvia técnicas a partir de um saber desorganizado ou até mesmo irracional.[505]

Na relação entre técnica e ciência, pode-se dizer que a técnica se vale dos conhecimentos da ciência para a obtenção de resultados práticos (desejáveis), correspondendo, portanto, a um *saber aplicado* como conquista decorrente do processo de racionalização conectada com a ciência que contribui para a criação e desenvolvimento de novos conhecimentos para sua aplicação. Mas quando se fala em conhecimentos científicos em favor da técnica, igualmente é possível a existência de técnicas que colaboram para o desenvolvimento da própria ciência. Segundo Max Weber, na leitura de Aroldo Plínio, a racionalização da técnica decorre de conhecimentos apreendidos cumulativamente no curso da história do homem com repercussões no campo do direito, embora se deva cogitar a respeito das técnicas irracionais que, enquanto nos primórdios da história humana não distinguiam o rito religioso do pensamento jurídico, como era o caso da justiça de Salomão, das Ordálias e dos linchamentos em praça pública,

---

[504] GONÇALVES, Aroldo Plínio. *Técnica processual e teoria do processo*. 2. ed. Belo Horizonte: Del Rey, 2012. p. 11-12.

[505] GONÇALVES, Aroldo Plínio. *Técnica processual e teoria do processo*. 2. ed. Belo Horizonte: Del Rey, 2012. p. 16-17.

ainda subsistem com novas vestes e coexistem com as formas racionais na esfera jurídica.[506] Sobre estas formas racionais e irracionais, Rosemiro Leal destaca que Weber conseguiu fazer a distinção de ambas no direito material e formal (processual), da seguinte forma:

1. *Direito material irracional* fundado no sentimento do julgador (déspota). 2. *Direito material racional* com base no princípio da reserva legal. 3. *Direito formal (processual) irracional* expresso em sentenças com base no talento, sensibilidade, clarividência, magnanimidade, bom-senso (senso comum) do juiz ou numa revelação pelo RITO (magicismo). Como arte inefável de "fazer justiça" rápida (instantânea). 4. *Direito formal (processual) racional*: julgamento centrado em leis processuais preexistentes aos fatos ou atos a serem examinados pelo julgador.[507]

Na apresentação dos *tipos puros de dominação legítima*, Max Weber revela as faces das relações de subordinação existentes na sociedade, a saber: 1. Dominação legal, que se dá em virtude do *estatuto* (lei ou regulamento) e o dever de obediência encontra-se estruturado numa hierarquia de cargos em que, logicamente, os inferiores sujeitam-se às ordens dos superiores. Logo, o seu tipo mais puro é a *dominação burocrática* dentro da qual a obediência ao superior não se legitima devido ao seu direito próprio, mas à *regra estatuída* (legalidade formal); 2. Dominação tradicional em razão da *crença* na santidade das ordenações e dos poderes senhoriais desde sempre existentes, modalidade cujo tipo mais puro é a *dominação patriarcal*, porquanto supõe a submissão dos subordinados ao senhor, ao pai ou chefe de família e ao soberano, estabelecendo-se uma completa dependência pessoal em razão de tais figuras, bem como a *dominação estamental* na qual a investidura em cargos se dá por privilégio ou concessão do senhor ou em razão de negócio jurídico – compra, penhora ou arrendamento – que confere ao detentor um direito próprio ao cargo. Logo, a obediência ao superior se dá pela sua dignidade própria, tradição, privilégios, honra estamental e pelo vínculo de fidelidade ou patrimonial; 3. Dominação carismática que se assenta na *devoção afetiva* à pessoa do senhor diante das suas qualidades sobrenaturais advindas de faculdades mágicas, revelações, heroísmo, poder intelectual e eloquência daquele que se apresenta como o

---

[506] GONÇALVES, Aroldo Plínio. *Técnica processual e teoria do processo*. 2. ed. Belo Horizonte: Del Rey, 2012. p. 17-19. Ainda sobre a obra de Max Weber, Jürgen Habermas esclarece que "a racionalização progressiva da sociedade depende da institucionalização do progresso científico e técnico. Na medida em que a técnica e a ciência pervadem as esferas institucionais da sociedade e transformam assim as próprias instituições, desmoronam-se as antigas legitimações" (HABERMAS, Jürgen. *Técnica e ciência como "ideologia"*. Tradução de Artur Morão. Lisboa: Edições 70, 2011. p. 45).

[507] LEAL, Rosemiro Pereira. *Teoria geral do processo*: primeiros estudos. 12. ed. Rio de Janeiro: Forense, 2014. p. 259. Ainda nesse sentido: cf. GONÇALVES, Aroldo Plínio. *Técnica processual e teoria do processo*. 2. ed. Belo Horizonte: Del Rey, 2012. p. 18-19.

sempre novo, inaudito e que provoca arrebatamento emotivo, elementos de natureza carismática que constituem a fonte da devoção pessoal. Para Weber, os tipos mais puros dessa espécie são a *dominação do profeta*, do *herói guerreiro* e *do demagogo*, razão pela qual a pessoa do líder encontra obediência exatamente por suas qualidades excepcionais e não em virtude de sua posição estatuída ou de sua dignidade tradicional. Nessa ordem, a locução "está escrito, porém eu lhes digo..." se presta ao profeta, ao herói e ao demagogo, desvinculando-se dos textos ou da tradição.[508]

Nota-se que Weber não apenas expôs cada tipo puro de dominação, mas igualmente afirmou que as *bases de legitimidade* da dominação se acham sincreticamente entrelaçadas. Observa-se que, embora cada forma pura possua uma estrutura própria (hierarquia, estamentos ou imanência do próprio líder), encontra-se algo em comum que é a *dominação*, ou seja, "a probabilidade de se encontrar obediência a um determinado mandato, pode fundar-se em diversos motivos de submissão".[509]

A par dessas considerações, Rosemiro Leal atenta para a própria base do texto de Weber, já que as *formas puras* sintetizam vazios enunciativos insuscetíveis de testificação teorizada exatamente pela sua carga mítica (falta de apoio na consciência esclarecida), além de vedar qualquer possibilidade de esclarecimento ou discussão crítica. Ademais, a *dominação legítima* é exercida segundo um princípio que também é mítico: a imanência do próprio líder, o que leva a crer que o sincretismo declarado por Weber revela uma amarração de técnica, ciência, mítica, religião, culturas, costumes e política (conteúdos não suscetíveis de compreensão imediata para todos) na construção do direito.[510]

Como o direito é constantemente "construído" sincreticamente por formas racionais e irracionais de dominação com a tirania do sentido da norma sempre a favor da autoridade, como é o caso do "novo" Código de Processo Civil, há uma perda não apenas de *racionalidade* no sentido informado por Aroldo Plínio, mas também de *democraticidade* pela ausência do processo como instituição constitucionalizante (teoria neoinstitucionalista).

Na epistemologia do direito processual, a *técnica jurídica*, em sendo operada fora dos influxos da *ciência jurídica* e, principalmente, da *teoria jurídico-científica* e da *crítica jurídico-científica*, elementos componentes de sua base quadripartite que se entrecruzam por meio de cargas e retrocargas,[511]

---

[508] WEBER, Max. Três tipos puros de dominação legítima. In: COHN, Gabriel (Org.). *Max Weber*: sociologia. Tradução de Amélia Cohn e Gabriel Cohn. 7. ed. São Paulo: Ática, 2004. p. 128-137.
[509] WEBER, Max. Três tipos puros de dominação legítima. In: COHN, Gabriel (Org.). *Max Weber*: sociologia. Tradução de Amélia Cohn e Gabriel Cohn. 7. ed. São Paulo: Ática, 2004. p. 128.
[510] LEAL, Rosemiro Pereira. *Teoria geral do processo*: primeiros estudos. 12. ed. Rio de Janeiro: Forense, 2014. p. 259.
[511] LEAL, Rosemiro Pereira. Da técnica procedimental à ciência processual contemporânea. In: BRÊTAS, Ronaldo de Carvalho Dias; SOARES, Carlos Henrique (Coords.). *Técnica processual*. Belo Horizonte: Del Rey, 2015. p. 13-20.

apresenta-se como mecanismo estratégico-ideológico-instrumental de dominação pela autoridade.

A esse respeito, Nicola Abbagnano faz distinção entre as *técnicas racionais*, "que são relativamente independentes de sistemas particulares de crenças, podem levar à modificação desses sistemas e são autocorrigíveis", e as *técnicas mágicas ou religiosas* (*técnicas irracionais*), "que só podem ser postas em prática com base em determinados sistemas de crenças; não podem, portanto, modificar esses sistemas e apresentar-se também como não-corrigíveis ou não modificáveis". Ademais, observa que as técnicas irracionais formam os elementos fundamentais das religiões e são também indicadas com o nome genérico de *ritos*. O rito, nessa ordem, apresenta-se como técnica irracional "que visa a obter sobre as forças naturais um controle que as técnicas racionais não podem oferecer, ou a obter a manutenção ou conservação de alguma garantia de salvação em relação a essas forças".[512]

Por essas linhas, denota-se que a adoção de *técnicas*[513] ou *ritos*[514] tendentes à sumarização e interdição da *cognitio* é coerente com a proposta instrumentalista que sobrepuja o direito brasileiro sem qualquer vinculação ao *devido processo* mediante o manejo sincrético de técnicas racionais (procedimentos) e irracionais (ritos) ao atendimento dos escopos metajurídicos (políticos, sociais e econômicos) a serem atingidos pela jurisdição por meio do processo. Tal cenário fica ainda mais nebuloso diante da confusão instalada entre *técnica processual* e o *formalismo processual* a respeito da qual a doutrina[515] se propõe a interrogar ideologicamente (portanto, sem teoria) o procedimento como sendo o obstáculo à realização dos direitos materiais.

A saída para esta desordem doutrinária, conforme refutação crítica ofertada por Ronaldo Brêtas, deve inicialmente passar pela *teoria estruturalista do processo* (Fazzalari) e ser bem encaminhada com a leitura de Aroldo Plínio a respeito da técnica processual.[516] Isto porque o procedimento jurisdicional,

> como atividade disciplinada por uma estrutura normativa voltada para a preparação do provimento, com a participação, em contraditório, de seus destinatário, é uma técnica criada pelo ordenamento jurídico, e trabalhada

---

[512] ABBAGNANO, Nicola. *Dicionário de filosofia*. 5. ed. rev. e ampl. São Paulo: Martins Fontes, 2007. p. 859; 939-940.

[513] MARINONI, Luiz Guilherme. *Efetividade do processo e tutela de urgência*. Porto Alegre: Sérgio Antônio Fabris Editor, 1994. p. 15-26.

[514] FUX, Luiz. *Tutela de segurança e tutela da evidência (fundamentos da tutela antecipada)*. São Paulo: Saraiva, 1996. p. 33; 36.

[515] BEDAQUE, José Roberto dos Santos. *Efetividade do processo e técnica processual*. 3. ed. São Paulo: Malheiros, 2010. p. 92-95; 100-103.

[516] BRÊTAS, Ronaldo de Carvalho Dias. Noções de teoria e técnica do procedimento da prova. In: BRÊTAS, Ronaldo de Carvalho Dias; SOARES, Carlos Henrique (Coords.). *Técnica processual*. Belo Horizonte: Del Rey, 2015. p. 184.

pela ciência do Direito Processual, que, em sua função de formular conceitos, categorias e institutos concernentes a toda a atividade da jurisdição, deve se esmerar em fornecer o melhor instrumental teórico para que o processo se torne a técnica mais idônea possível no cumprimento de sua finalidade.[517]

A tutela de evidência, concebida como instrumento de desprocessualização, não se encontra adequada aos fundamentos teóricos de uma técnica processual alinhada ao processo constitucional. Para tanto, buscar-se-á nas linhas seguintes demonstrar, com base nos estudos já desenvolvidos, que tal modalidade de tutela se associa a uma técnica irracional não procedimentalizada fundada nas formas de dominação ainda ideologicamente mantidas pela ciência dogmática do direito.

1 Restou ilustrado nos capítulos anteriores que os próprios teorizadores da tutela de evidência sustentam a interditalidade da *cognitio*, condição que, *per se*, já dispensaria a existência de procedimentos (estrutura técnica legalmente dimensionada) a serem observados pelo juiz e sujeitos do processo. A propósito, o CPC/2015 não dispõe acerca de procedimentos tanto na parte geral das tutelas provisórias (arts. 294 a 299) como no art. 311 que cuida especificamente da tutela de evidência. Referido Código não explicitou as fases procedimentais posteriores à concessão da tutela de evidência, restando a dúvida se seguirá pelo procedimento comum, se o juiz irá definir os procedimentos ou em conjunto com as partes (negócios processuais – art. 190) ou se adotará o estranho expediente da "estabilização da tutela antecipada", já que a tutela de evidência é uma antecipação de tutela sem o requisito da urgência.

2 Não se observa na *estruturação técnica do Código* a prévia "participação indispensável de pessoas versadas na ciência jurídica, visando aos objetivos principais de se organizar sistemática e racionalmente" sobre a procedimentalização da tutela de evidência no sentido de torná-la acessível "ao conhecimento de todos, e de se conferir estabilidade aos inúmeros institutos jurídicos",[518] como é o caso dos estranhos *direitos evidentes* (ou hipóteses autorizativas da tutela de evidência) definidos nos incisos do art. 311.

3 A definição da tutela de evidência como espécie do gênero tutela provisória (art. 294) aumenta ainda mais a sua obscuridade legislativo-doutrinária ao passo que, se a doutrina sustenta tal modalidade como "tutela imediata", seja em cognição sumária seja por cognição exauriente, como poderia ser "provisória" se a satisfatividade encontra-se a ela

---

[517] GONÇALVES, Aroldo Plínio. *Técnica processual e teoria do processo*. 2. ed. Belo Horizonte: Del Rey, 2012. p. 147.
[518] BRÊTAS, Ronaldo de Carvalho Dias. Exame técnico e sistemático do Código de Processo Civil reformado. In: BRÊTAS, Ronaldo de Carvalho Dias; NEPOMUCENO, Luciana Diniz (Coords.). *Processo civil reformado*. 2. ed. Belo Horizonte: Del Rey, 2009. p. 410.

subjacente? Poder-se-ia se aduzir que a imediatidade não se relaciona com definitividade da tutela a ser confirmada na sentença, todavia, como o art. 304 criou a "estabilidade da tutela" sem o ato decisório final, certamente há que se duvidar da tutela de evidência não procedimentalizada. De igual modo, apesar de a provisoriedade estar relacionada com a possibilidade de reversão pela via recursal, podendo, ainda, "a qualquer tempo, ser revogada ou modificada" (art. 296), o propósito do novo texto legal é exatamente dar a imediata tutela, transferindo-se todo o ônus do tempo para o réu, o qual deverá buscar a reversão da medida pela via recursal ou, nas palavras de Fux, em caso de "eventual injustiça resolve-se em perdas e danos sob a iniciativa do demandado".[519]

4 Digno de nota que a própria expressão "tutela *da evidência*" contida no CPC/2015 padece de vício antagônico ao direito democrático, pois já acolhe uma evidência pressupostamente concebida sem qualquer pactuação de sentidos a ser *tutelada jurisdicionalmente* fora do *devido processo*. Quando se fala em tutela *da evidência* parte-se do pressuposto da sua indiscutibilidade *a priori*, o que não é concebível na processualidade democrática. Menos autocrático seria cogitar uma "tutela *de evidência*" como *tutela da lei* que, tratando de direitos que não estejam na quadra dos direitos fundamentais (direitos *pré-cognitos*), comporta a sumarização do tempo procedimental sem interdição da *cognitio* (estrangulamento das etapas lógico-jurídicas do procedimento). Ao se cogitar a tutela *de evidência*, acata-se a lógica da *provisoriedade* da proposição (fatos e provas) de início apresentada, estando dependente da abertura à refutação crítica (contraditório) em iguais condições discursivas de interpretação (isonomia) no espaço-tempo a possibilitar meios e elementos de prova (ampla defesa) tendentes a atingir maior conteúdo explicativo e racional daquilo que, inicialmente, se cogitava como evidência ou direito evidente. Somente assim seria possível vislumbrar a tutela *de evidência* como tutela *provisória*.

5 Dada a característica da provisoriedade, perde sentido o deferimento *in limine litis* da tutela de evidência com conotação satisfativa de direitos que suplicam acertamento cognitivo. Portanto, torna-se retórico o prévio estabelecimento do contraditório no CPC/2015 (art. 9º, *caput*) se esta oferta traz exceções em seu bojo (art. 9º, inc. II e art. 311, parágrafo único) ao abrir expressamente a possibilidade de deferimento, sem que uma das partes seja previamente ouvida, nas hipóteses dos incs. I e IV do art. 311. Não havendo evidência de direito sem prévia pactuação coinstitucionalizada dos seus sentidos normativos (pressuposto de interenunciatividade do discurso jurídico), incabível seria a decisão liminar de todas as hipóteses

---

[519] FUX, Luiz. *Tutela de segurança e tutela da evidência (fundamentos da tutela antecipada)*. São Paulo: Saraiva, 1996. p. 66-67.

dimensionadas pelo art. 311. Em linhas distintas, mas em atenção à perplexidade que envolve o tema, Leonardo Greco leciona que a tutela de evidência deferida liminarmente é *irremediavelmente inconstitucional*, pois, no seu entender, somente a urgência que envolve o perigo iminente de lesão grave ou de difícil reparação a "bem da vida de especial valor pode justificar a postergação, jamais a supressão completa, do contraditório ou do exercício do direito de defesa, que são garantias constitucionais cujo respeito se afigura absolutamente imperioso e inafastável".[520]

6 A tutela de evidência, além de não estar amparada epistemologicamente por uma teoria da prova comprometida com o direito democrático, não traz em seu bojo qualquer *técnica do procedimento da prova*[521] nos parâmetros alinhados pelo processo constitucional. É que a ausência propositada de procedimentos será suprida pelo *princípio da adequação (legal e jurisdicional) do processo* que, segundo Fredie Didier, confere "ao magistrado, como diretor do processo, poderes para conformar o procedimento às peculiaridades do caso concreto, tudo como meio de mais bem tutelar o direito material". Referida adequação também se revela nos enigmáticos *princípios da adaptabilidade* e da *elasticidade* que denotam o amoldamento do processo (procedimento) pelo juiz, já que o legislador, "em razão da natural abstração do texto normativo, pode ignorar peculiaridades de situações concretas somente constatáveis caso a caso".[522] O juiz, neste passo, assemelha-se ao pajé indígena que, valendo-se de sua sensibilidade, poderes míticos e excelsos, estabelece os *ritos* hábeis a atingir objetivos específicos (*efetividade*) para cada situação (*caso concreto*) com tal desenvoltura de modo a trazer a imediata cura (*celeridade*).

7 Os pontos críticos acima esboçados revelam aquilo que há muito já estava sendo denunciado por juristas comprometidos com o estudo do *processo na construção de um Estado Democrático de Direito*: a ausência do *devido processo legislativo* na criação do CPC/2015 como referente lógico-jurídico de regência da técnica empreendida no procedimento legislativo democraticamente encaminhado pelo povo (sujeito do processo). Desta forma, a mera previsão legal de procedimentos não significa a sua racionalidade se não embasada por uma *técnica como procedimento legislativo*[523]

---

[520] GRECO, Leonardo. A tutela da urgência e a tutela da evidência no Código de Processo Civil de 2014/2015. *Revista Eletrônica de Direito Processual*, ano 8, v. 14, n. 1, p. 296-330, jul./dez. 2014. p. 319.

[521] BRÊTAS, Ronaldo de Carvalho Dias. Noções de teoria e técnica do procedimento da prova. In: BRÊTAS, Ronaldo de Carvalho Dias; SOARES, Carlos Henrique (Coords.). *Técnica processual*. Belo Horizonte: Del Rey, 2015. p. 187-192.

[522] DIDIER JR., Fredie. *Curso de direito processual civil*: introdução ao direito processual civil e processo de conhecimento. 16. ed. Salvador: JusPodivm, 2014. p. 80-83. v. 1.

[523] DEL NEGRI, André. Técnica legislativa e teoria do processo. In: BRÊTAS, Ronaldo de Carvalho Dias; SOARES, Carlos Henrique (Coords.). *Técnica processual*. Belo Horizonte: Del Rey, 2015. p. 35.

comprometida com o processo constitucional de legitimação democrática da base instituinte das normas procedimentais (estrutura técnica). Daí o acerto de Rosemiro Leal ao lecionar que a *"técnica jurídico-processual seria essa criteriologia desenvolvida a serviço da criação, estruturação, sistematização e aplicação das normas procedimentais no âmbito do Direito Processual"*.[524]

Com base em tais digressões pode-se concluir que, se no *rito* não é possível desenvolver uma técnica racionalmente estabelecida, a tutela de evidência apresenta-se como técnica irracional a serviço da jurisdição exatamente pela ausência de técnica processual. Com isto, não obstante tenha o CPC/2015 estabelecido em seu art. 318 que o procedimento comum será aplicado a todas as causas, extinguindo-se o *procedimento sumário* até então regulado pelos arts. 275 a 281 do CPC/1973, cabe pontuar que a tutela de evidência deixa oculto no código a implantação de um *rito sumaríssimo* ainda mais despótico que aquele praticado nos chamados Juizados Especiais e Justiça do Trabalho. Aliás, a própria expressão "rito sumaríssimo" é paradoxal, pois, na quadra da processualidade democrática, não existe "procedimento sumaríssimo" exatamente pela supressão da *cognitio* e, se "rito" é, por natureza, uma técnica irracional, ambas as expressões atingem o mesmo significado na teoria do processo: *jurisdição sem procedimento*.

A tutela de evidência traz em si a *pureza* típica do sincretismo de Weber pela vedação ao espaço-tempo do pensar e, como tal, se revela como *forma instrumental e estratégica*[525] de dominação pela autoridade do juiz. Daí a importância do enfrentamento do obscurantismo que permeia a *dogmática processual*,[526] ainda alojada na quadra da técnica e da ciência (tecnologia) por uma *ideologia de dominação* que não se oferta à problematização pela via da epistemologia quadripartite encaminhada pela teoria neoinstitucionalista do processo. É a partir dos contornos lógicos da *técnica, ciência, teoria* e *crítica científica*, refletidos juridicamente em escala progressiva com influências recíprocas (cargas e retrocargas), que se torna possível "teorizar, praticar, pensar, repensar, testificar, falsear, sistematizar, semantizar, ressemantizar,

---

[524] LEAL, Rosemiro Pereira. Da técnica procedimental à ciência processual contemporânea. In: BRÊTAS, Ronaldo de Carvalho Dias; SOARES, Carlos Henrique (Coords.). *Técnica processual*. Belo Horizonte: Del Rey, 2015. p. 20.

[525] LEAL, Rosemiro Pereira. *Teoria geral do processo*: primeiros estudos. 12. ed. Rio de Janeiro: Forense, 2014. p. 259.

[526] LEAL, André Cordeiro; THIBAU, Vinícius Lott. A dogmática processual e a exceção cotidiana. *Revista Brasileira de Direito Processual – RBDPro*, Belo Horizonte, ano 23, n. 92, p. 13-29, out./dez. 2015.

ordenar e esclarecer o *direito*, continuamente criado pela humanidade, na dinâmica da complexidade das interações humanas".[527] A positivação da tutela de evidência no CPC/2015 representa a radicalização da técnica bülowiana de atuação de juízes[528] e, para que a *crença* na legitimidade da autoridade advinda das formas sincréticas de dominação (Weber) seja abolida do direito, com consequências de grande alcance pela quebra da submissão imposta por uma ideologia (e não teoria) da relação jurídica, o *processo constitucional (constitucionalizante)*, como conquista recente do povo ao estabelecer em 1988 o Estado Democrático de Direito como modelo de criação a atuação dos direitos fundamentais, apresenta-se como a saída para os fracassados Estados Liberal e Social de Direito, que se revelam pelo protagonismo, despotismo e dogmatismo como elementos interditais da democraticidade. Portanto,

> ao povo, num Estado democrático de direito, não cabe mobilizar-se para conferir maiores poderes ao Judiciário com vistas a realizar justiça, porque a democracia não se apoia na taumaturgia do reforço ao idealismo mítico, mas no induvidoso asseguramento, numa proposição constitucional explícita, do devido processo como forma isonômica de inserção imperativa do julgador como um dos elementos figurativos procedimentais, em conjunto com as partes, na rede discursiva da normatividade procedimental, a fim de buscar uma decisão preparada pelo compartilhamento estrutural de todos os figurantes do processo, segundo o modelo do *due process of law* que é o instrumento da legitimidade (relativização argumentativa) dos conteúdos da decidibilidade no direito democrático. O Estado, nessas linhas, deve "ser atuado e legitimado pelo DEVIDO PROCESSO CONSTITUCIONAL".[529]

Assim, a tutela de evidência representa o *absurdo kafkiano* (submissão ao imaginário, surreal, incompreensível)[530] enquanto rito (*técnica irracional*)[531] não recepcionado pelo Estado Democrático de Direito, o que é inadmissível quando se acolhe o *processo* como eixo teórico de criação e atuação do *procedimento* segundo um perfil lógico-jurídico da "ordinariedade estrutural em que se possam distinguir, de modo linear e sucessivo, as fases postulatória, instrutória e decisória, ensejando às partes o

---

[527] LEAL, Rosemiro Pereira. Da técnica procedimental à ciência processual contemporânea. In: BRÊTAS, Ronaldo de Carvalho Dias; SOARES, Carlos Henrique (Coords.). *Técnica processual*. Belo Horizonte: Del Rey, 2015. p. 6; 20.

[528] LEAL, André Cordeiro. *Instrumentalidade do processo em crise*. Belo Horizonte: Mandamentos, 2008. p. 29.

[529] LEAL, Rosemiro Pereira. *Teoria processual da decisão jurídica*. São Paulo: Landy, 2002. p. 136-137.

[530] KAFKA, Franz. *O processo*. Tradução de Marcelo Backes. Porto Alegre: L&PM, 2013.

[531] Conforme visto no capítulo 3, a evidência está diretamente relacionada com o rito, a profecia (vidência), a alucinação, a fé ou a crença, elementos que dão suporte ao discurso da autoridade. Para mais: cf. GIL, Fernando. *Tratado da evidência*. Lisboa: Imprensa Nacional-Casa da Moeda, 1996. p. 27-52.

exaurimento da *cognitio* como já dispõem os incisos LIV e LV do art. 5º da CB/88".[532] Portanto, a questão não é demonizar o procedimento ordinário como suposta gênese do problema da jurisdição e responsabilizar o Código de Processo Civil pela excessiva demora dos processos, sem qualquer cogitação do princípio constitucional da eficiência.[533] O que deve ser revisto é a própria jurisdição e adequá-la ao processo que, conforme visto, é instituição regenciadora da ordinariedade procedimental (sequência lógico-jurídica de atos legalmente dimensionados) a ser operacionalizada fora da lógica da ciência dogmática do direito que vem fornecendo, há séculos, as matrizes para manutenção de um direito despótico, estratégico e resistente à construção de uma sociedade democrática (não pressuposta).

5.4.1 Exame das hipóteses legais autorizativas da tutela de evidência

Ao estabelecer o que seriam "direitos evidentes" nos incs. I a IV do art. 311, o CPC/2015 dá a falsa impressão de democraticidade com o delineamento prévio das hipóteses autorizativas de tutela imediata, malgrado esteja explicitada em cada uma delas a tirania dos sentidos da norma pelo Estado-jurisdição.

Cabe advertir que o exame de tais hipóteses, pelas linhas a seguir apresentadas, decorre das conclusões extraídas com base no referencial teórico eleito para o estudo crítico-científico da tutela de evidência, podendo-se desde já concluir que todas residem na quadra da *tutela interdital* que, no Estado Democrático de Direito, não se afigura possível sem o crivo da ordinariedade processualizada.

O inc. I do art. 311 dispõe que a tutela de evidência será concedida quando "ficar caracterizado o abuso do direito de defesa ou manifesto propósito protelatório da parte", conservando o mesmo conteúdo normativo do inc. II do art. 273 do CPC/1973. Contudo, além de manter esta hipótese que, já no sistema processual anterior, mostrava-se avessa ao devido processo legal,[534] o seu deslocamento da tutela antecipada para a esfera da tutela de evidência tornou tal questão ainda mais perniciosa ao eliminar qualquer análise de prova inequívoca que demonstre a verossimilhança da alegação da parte.

---

[532] LEAL, Rosemiro Pereira. *A teoria neoinstitucionalista do processo*: uma trajetória conjectural. Belo Horizonte: Arraes, 2013. p. 99.

[533] BRÊTAS, Ronaldo de Carvalho Dias. Exame técnico e sistemático do Código de Processo Civil reformado. In: BRÊTAS, Ronaldo de Carvalho Dias; NEPOMUCENO, Luciana Diniz (Coords.). *Processo civil reformado*. 2. ed. Belo Horizonte: Del Rey, 2009. p. 453.

[534] LEAL, Rosemiro Pereira. *Relativização inconstitucional da coisa julgada*: temática processual e reflexões jurídicas. Belo Horizonte: Del Rey, 2005. p. 60.

CAPÍTULO 5
A TUTELA DE EVIDÊNCIA COMO INSTRUMENTO DE DESPROCESSUALIZAÇÃO

Para Luiz Guilherme Marinoni, a noção de abuso de defesa da parte se defronta com a tempestividade, segurança e efetividade do juízo, guardando estreita similaridade com o instituto do *référé provision* do direito francês, segundo o qual "é possível a antecipação, mediante a *provision*, na hipótese em que 'a obrigação não seja seriamente contestável' (*l' obligation ne soit pas sérieusement contestable*, artigos 771 e 809 do Código de Processo Civil Francês)". Com efeito, o requisito da *provision* não demanda o requisito da urgência e, na sua aplicação, o juiz não deve exigir absoluta incontestabilidade do direito sob pena de restringir o alcance de tal instituto que, a seu turno, apresenta-se como um instrumento de tutela dos direitos evidentes. Para Marinoni, o direito é evidente quando demonstrado de plano pelo requerente da tutela e, para que a tutela antecipatória seja baseada no abuso do direito de defesa, "são necessárias a evidência do direito do autor e a fragilidade da defesa do réu, não bastando apenas a caracterização do primeiro".[535]

Em análise do inc. I do art. 311, Daniel Mitidiero busca encaminhar a noção de *defesa inconsistente* nas situações "em que a defesa do réu se mostre *frágil* diante da *robustez* dos argumentos do autor – e da prova por ele produzida – na petição inicial", hipótese que permite, nessa ordem, a antecipação de tutela sem o elemento da urgência.[536]

Se de um lado considera-se abusivo o uso do direito de defesa pela fragilidade constatada pelo juiz diante de direito manifestamente evidenciado pelo autor, por outro o manifesto propósito protelatório permeia o campo da lealdade processual, passando a tutela de evidência a figurar no CPC/2015 como instrumento *sancionador da má-fé processual*[537] que supõe a prática de atos contrários à boa-fé (art. 5º) ou ao dever de cooperação no sentido de obter, em tempo razoável, decisão de mérito justa e efetiva (art. 6º), além de descumprir os deveres dos sujeitos do processo cujo descumprimento importará em aplicação de multa pelo juiz (art. 77), estabelecendo-se, ainda, os contornos da litigância de má-fé, também passível de multa (arts. 80 e 81).

Com efeito, não se discute que "nenhuma defesa poderá ser considerada abusiva, antes de produzida", assim como "nenhuma das partes pode usar do processo para conseguir objetivo ilegal",[538] mas tais

---

[535] MARINONI, Luiz Guilherme. *Tutela antecipatória e julgamento antecipado*: parte incontroversa da demanda. 5. ed. São Paulo: Revista dos Tribunais, 2002. p. 26.
[536] MITIDIERO, Daniel. Da tutela provisória. In: WAMBIER, Teresa Arruda Alvim *et alii* (Coords.). *Breves comentários ao Novo Código de Processo Civil*. São Paulo: Revista dos Tribunais, 2015. p. 796.
[537] BODART, Bruno Vinícius da Rós. *Tutela de evidência*: teoria da cognição, análise econômica do direito processual e comentários sobre o Novo CPC. 2. ed. rev., atual. e ampl. São Paulo: Revista dos Tribunais, 2015. p. 112.
[538] VIEIRA, José Marcos Rodrigues. *Da ação cível*. Belo Horizonte: Del Rey, 2002. p. 187-188.

considerações tornam-se insuficientes se não refletidas a partir de uma teoria da processualidade democrática a possibilitar a demarcação da *lealdade processual*[539] ou da *má-fé e boa-fé processual* fora do eixo da jurisdição. Com efeito, a própria expressão "abuso do direito de defesa" é paradoxal pela falta de lógica ao se considerar abusivo um direito (à *ampla* defesa!) que é garantia constitucional (art. 5º, LV, CB/88), levando-se em conta que a abusividade decorre de ato praticado pelo *operador* do direito (que pode ser praticado tanto pelas partes como pelo próprio juiz) e não do direito de defesa em si mesmo. Nesse passo, Rosemiro Leal leciona que as questões afetas à abusividade "devem ser resolvidas em procedimentos judiciais autônomos ou pelos órgãos de fiscalização profissional ou funcional dos sujeitos procedimentais", cuja iniciativa cabe ao pretenso prejudicado e não *ex officio* pelo juiz numa estranha figura de *corregedor* do procedimento.[540]

Em negação explícita ao *devido processo*, Bruno Bodart questiona o parágrafo único do art. 311 do CPC/2015 por vedar a hipótese de tutela de evidência *inaudita altera parte* para o caso do abuso do direito de defesa (inc. I), estando o juiz, a seu ver, autorizado a conceder a tutela imediata quando "reconhecer que o réu sabe da existência do processo e se comporta de modo a frustrar a atividade do Estado-juiz". Considera, portanto, que o juiz pode conceder *ex officio* a tutela de evidência baseada no abuso do direito de defesa, pois a "deslealdade processual não é prejudicial apenas à parte contrária, mas atinge a própria dignidade da justiça".[541]

Não obstante o esforço em esclarecer o novo instituto da tutela de evidência, as linhas doutrinárias em tela – fidedignas ao instrumentalismo processual – revelam a radicalização da tutela antecipada mediante *regime interdital na estrutura procedimental de cognição*[542] em que se permite a penalização *ex abrupto* da parte sem procedimento instaurado para este fim, em manifesta negação ao processo constitucional e, notadamente, ao direito democrático.

Por sua vez, o inc. II do art. 311 autoriza a concessão da tutela de evidência quando "as alegações de fato puderem ser comprovadas apenas documentalmente e houver tese firmada em julgamento de casos

---

[539] ARAÚJO, Fabrício Simão da Cunha. *A lealdade na processualidade democrática*: escopos fundamentais do processo. Rio de Janeiro: Lumen Juris, 2014.

[540] LEAL, Rosemiro Pereira. *Relativização inconstitucional da coisa julgada*: temática processual e reflexões jurídicas. Belo Horizonte: Del Rey, 2005. p. 57. Para o estudo mais aprofundado do tema: cf. BRÊTAS, Ronaldo de Carvalho Dias. *Fraude no processo civil*. 3. ed. rev., atual. e ampl. Belo Horizonte: Del Rey, 2001.

[541] BODART, Bruno Vinícius da Rós. *Tutela de evidência*: teoria da cognição, análise econômica do direito processual e comentários sobre o Novo CPC. 2. ed. rev., atual. e ampl. São Paulo: Revista dos Tribunais, 2015. p. 116-117.

[542] LEAL, Rosemiro Pereira. *Relativização inconstitucional da coisa julgada*: temática processual e reflexões jurídicas. Belo Horizonte: Del Rey, 2005. p. 59-60.

repetitivos ou em súmula vinculante". Segundo o art. 928 do CPC/2015, considera-se julgamento de casos repetitivos a decisão proferida tanto em incidente de resolução de demandas repetitivas como em sede de recursos especial e extraordinário repetitivos, podendo versar sobre direito material e processual. A súmula vinculante, a seu turno, encontra-se positivada no art. 103-A da Constituição de 1988 e será editada pelo Supremo Tribunal Federal, de ofício ou por provocação, mediante decisão de dois terços dos seus membros, depois de reiteradas decisões sobre matéria constitucional, produzindo efeitos em relação a todos os órgãos da função jurisdicional e administração pública direta e indireta.

Nota-se que o legislador buscou situar a *orientação jurisprudencial consolidada*[543] como hipótese de direito evidente em que o juiz estará autorizado proferir tutela *in limine litis* com contraditório postergado (art. 9º, II, CPC/2015). Ao comentar sobre o tema, Daniel Mitidiero sustenta que a defesa do réu não se mostra inconsistente pelo fato de a tese do autor estar fundada em julgamento de casos repetitivos ou em súmula vinculante, mas pelo fato de o pedido estar fundamentado em *precedentes* do Supremo Tribunal Federal ou Superior Tribunal de Justiça ou em *jurisprudência* firmada pelos Tribunais de Justiça ou Tribunais Regionais Federais em incidente de resolução de demandas repetitivas. Assim, tais "precedentes podem ou não ser oriundos de casos repetitivos e podem ou não ter adequadamente suas razões retratadas em súmulas vinculantes".[544] Nesta ordem, Bruno Bodart afirma que a tutela de evidência *deve* ser proferida *inaudita altera parte*, não cabendo alegar

> contra a opção do CPC/2015 de permitir a concessão da tutela de evidência sem prévia oitiva do réu, nenhuma violação ao princípio do contraditório (art. 5.º, LV, da CF/1988). A tese jurídica sustentada pelo autor é embasada por jurisprudência consolidada, disso resultando que as chances de sucesso do réu ao final do processo são absolutamente remotas. É claro que a defesa pode demonstrar ao juiz a insubsistência dos fatos alegados pelo autor, ou provar a ocorrência de fatos impeditivos, modificativos ou extintivos do direito, mas tratar-se-ia de situação excepcional. Sendo o risco de erro judiciário significativamente menor que o risco de morosidade na realização do direito, deve-se optar pela concessão da tutela à pretensão do demandante, deixando o tempo do processo transcorrer em desfavor do réu [...].[545]

---

[543] BODART, Bruno Vinícius da Rós. *Tutela de evidência*: teoria da cognição, análise econômica do direito processual e comentários sobre o Novo CPC. 2. ed. rev., atual. e ampl. São Paulo: Revista dos Tribunais, 2015. p. 123.

[544] MITIDIERO, Daniel. Da tutela provisória. In: WAMBIER, Teresa Arruda Alvim *et alii* (Coords.). *Breves comentários ao Novo Código de Processo Civil*. São Paulo: Revista dos Tribunais, 2015. p. 796.

[545] BODART, Bruno Vinícius da Rós. *Tutela de evidência*: teoria da cognição, análise econômica do direito processual e comentários sobre o Novo CPC. 2. ed. rev., atual. e ampl. São Paulo: Revista dos Tribunais, 2015. p. 127.

No entanto, já se constatou em aprofundados estudos sobre o tema que a formação dos precedentes apenas seria cogitável no processo democrático se os incidentes de uniformização de jurisprudência fossem regidos rigorosamente pelo devido processo legal, na medida em que "todo provimento, seja jurisdicional, administrativo ou legislativo, somente pode ser construído por meio da estrita observância dos preceitos constitucionais do Estado Democrático de Direito" e mediante ampla participação dos sujeitos interessados, tornando inadmissível que a uniformidade de interpretação do direito se concentre na figura solipsista dos julgadores.[546]

Todavia, assiste-se no direito brasileiro a uma importação irrefletida de conteúdos atinentes ao sistema *common law* no sentido de explorar intensamente seus influxos na operação da jurisprudencialização do direito e da compatibilização decisória como instrumentos úteis ao atingimento de resultados rápidos e efetivos pela *tutela jurisdicional*. Destas lições, Gustavo Faria chega à conclusão de que, no direito,

> o que recrudesce a cada dia é a atrofia do processo de legitimação da atividade jurisdicional, atribuindo-se à *jurisprudência* o papel de intérprete oficial do direito, fazendo com que os membros da comunidade jurídico-política passem a ser ordenados por uma norma que encerra uma "autoridade mística" pela simples reiteração da palavra de um Judiciário enunciador de regras de comportamento, imunizando os entendimentos formados à margem do núcleo teórico-processual balizador da construção do direito, creditando ao fator *autoridade* a necessidade de obediência aos *primados jurisprudenciais*, numa nítida relação entre violência e direito.[547]

Portanto, de nada adiantaria estabelecer como "direito evidente" a hipótese das alegações de fato comprovadas documentalmente sobre as quais incide o manto de tese firmada em julgamento de casos repetitivos ou de súmula vinculante se não há procedimento processualizado na formação de tais precedentes.

A temática do direito jurisprudencial se assemelha profundamente com as tutelas de urgência, juizados especiais e *ritos* sumaríssimos, eis que todas têm em comum decisões não procedimentalmente processualizadas egressas da interdição do processo e abafamento do sujeito de direito (legitimado ao processo)[548] em um recinto *jurisdicionalizado* (não *processualizado*) em que *poder* e *decisão*[549] se confundem na figura do intérprete alocado no

---

[546] FREITAS, Gabriela Oliveira. *A uniformização de jurisprudência no Estado Democrático de Direito*. Rio de Janeiro: Lumen Juris, 2014. p. 103; 110.

[547] FARIA, Gustavo de Castro. *Jurisprudencialização do direito*: reflexões no contexto da processualidade democrática. Belo Horizonte: Arraes, 2012. p. 139.

[548] LEAL, Rosemiro Pereira. *A teoria neoinstitucionalista do processo*: uma trajetória conjectural. Belo Horizonte: Arraes, 2013. p. 64.

[549] LEAL, Rosemiro Pereira. *Teoria processual da decisão jurídica*. São Paulo: Landy, 2002. p. 27.

centro de um *discurso jurídico* que somente estaria adequado ao Estado Democrático de Direito se conjecturado pela característica da *coletivização do sentido normativo* (interpretante), pois "o que afasta o despotismo de *incidentes de coletivização* de sentidos normativos pela jurisprudência da *auctoritas* é a designação de um *Direito Democrático* da contemporaneidade na visão neoinstitucionalista do PROCESSO".[550]

Sob outro vértice, a tutela de evidência também poderá ser concedida quando "se tratar de pedido reipersecutório fundado em prova documental adequada do contrato de depósito, caso em que será decretada a ordem de entrega do objeto custodiado, sob cominação de multa", conforme dispõe o art. 311, inc. III, do CPC/2015. Cuida-se, portanto, de hipótese concebida em substituição ao procedimento especial de depósito contido no Código de 1973 (arts. 901 a 906), inclusive com a eliminação de todos os procedimentos nele dimensionados.

Marinoni já antevia a supressão da ordinariedade para as demandas de depósito, não sendo crível, a seu ver, compelir o autor a aguardar a tramitação processual por vários anos "durante os quais o proprietário-depositante ver-se-á, sem remédio e sem consolo, privado da utilização do bem que lhe pertence e que fora entregue ao depositário apenas para guarda".[551] Não obstante, ante a completa ausência de critérios para a concessão da tutela de evidência em favor do depositante, Bruno Bodart ressalta que, embora o CPC/2015 faça apenas menção à prova documental adequada ao contrato de depósito, reputa-se "*implícita* ao dispositivo a exigência de comprovação da mora por meio do protesto ou da notificação extrajudicial".[552] Deste modo, uma vez demonstrado nos autos o depósito por meio de contrato, estaria o juiz autorizado a emitir, liminarmente, a ordem de entrega do bem custodiado pelo réu, inclusive com fixação de multa por descumprimento.

A ausência no CPC/2015 de uma técnica processual comprometida com o *processo constitucional* decorre da sua elaboração sem o *devido processo legislativo* e, por esta razão, já são encontradas tentativas doutrinárias de salvá-lo com as velhas e pitorescas interpretações por analogia ("puxadinhos normativos") mediante o uso da inesclarecida expressão "c/c",[553]

---

[550] LEAL, Rosemiro Pereira. *Teoria geral do processo*: primeiros estudos. 12. ed. Rio de Janeiro: Forense, 2014. p. 249.

[551] MARINONI, Luiz Guilherme. *Tutela antecipatória e julgamento antecipado*: parte incontroversa da demanda. 5. ed. São Paulo: Revista dos Tribunais, 2002. p. 27.

[552] BODART, Bruno Vinícius da Rós. *Tutela de evidência*: teoria da cognição, análise econômica do direito processual e comentários sobre o Novo CPC. 2. ed. rev., atual. e ampl. São Paulo: Revista dos Tribunais, 2015. p. 130.

[553] BODART, Bruno Vinícius da Rós. *Tutela de evidência*: teoria da cognição, análise econômica do direito processual e comentários sobre o Novo CPC. 2. ed. rev., atual. e ampl. São Paulo: Revista dos Tribunais, 2015. p. 115.

que, por praxismo judiciário, acredita-se significar "combinado com", reservando-se ao juiz, mais uma vez, a atribuição dos sentidos normativos a partir de um texto legal (propositadamente confuso) que suplica análise do que dele está *implícito* e demanda esclarecimento ou adequação.

Estranhamente se defende a pronta entrega do bem depositado sem contraditório, isonomia e ampla defesa, garantias que razoavelmente estavam delineadas no procedimento especial do depósito no CPC/1973, o qual preservava em seu art. 902, em boa técnica processual, a redução do tempo procedimental com a citação do réu para, no prazo de 5 (cinco) dias, entregar a coisa, depositá-la em juízo ou consignar o equivalente em dinheiro, assim como, no mesmo prazo, oferecer contestação, observando-se o procedimento ordinário (art. 903). Com a nova e desprocessualizada tutela de evidência em favor do depositante, além de não restar esclarecida no CPC/2015 a sequência dos atos procedimentais seguintes, depois do cumprimento da medida liminar para entrega do bem, vale dizer, se o "combinado com" será utilizado para o procedimento comum ou para o procedimento das tutelas de urgência, inclusive com estabilização da tutela, certo é que esta hipótese mantém a coerência com os parâmetros instrumentalistas de tutela jurisdicional imediata com interdição da *cognitio* mediante direito evidente previamente demonstrado.

A carga de opressividade acima exposta é ainda mais acentuada pelo inc. IV, ao considerar o CPC/2015 como hipótese de direito evidente quando "a petição inicial for instruída com prova documental suficiente dos fatos constitutivos do direito do autor, a que o réu não oponha prova capaz de gerar dúvida razoável", ao passo que entrega ao juiz a análise privilegiada do que vem a ser prova documental *suficiente* contra a qual não entreveja possibilidade de prova contrária apta a gerar *dúvida razoável*. Em boa síntese, trata-se de espécie em que o direito é evidenciado por meio de prova *incontestável* ou que não seja passível de *contestação séria*,[554] proposição manifestamente incompatível com os direitos e garantias do processo assegurados pela Constituição brasileira de 1988, tornando-o, assim como os incisos anteriores, irremediavelmente inconstitucional.

Em tal hipótese se defende basicamente o que já foi abordado a respeito do inc. I, mais especificamente no que concerne à cogitação de fragilidade da defesa do réu diante do direito evidenciado de plano pelo requerente, o que se assemelha com o art. 273, §6º, do CPC/1973, ao dispor que "a tutela antecipada também poderá ser concedida quando um ou mais dos pedidos cumulados, ou parcela deles, mostrar-se *incontroverso*". E, considerando que o inc. IV do art. 311 "possui expressões bastante vagas,

---

[554] FUX, Luiz. *Tutela de segurança e tutela da evidência (fundamentos da tutela antecipada)*. São Paulo: Saraiva, 1996. p. 311.

que garantem ampla margem interpretativa ao aplicador do direito" com estreita proximidade ao *référé provision* do sistema processual francês, "a aplicação prática da norma necessitará da valoração subjetiva do juiz, do seu caráter impulsivo e audaz, ou, ao contrário, do seu temperamento timorato e prudente".[555] São entendimentos deste jaez que despontam para a radicalização da tutela antecipada no CPC/2015 ideologizada por mentes ainda alojadas nos modelos de Estado Liberal e Social de Direito, de nada acrescentando, portanto, a impossibilidade de concessão de liminar (art. 9º) para a hipótese do inc. IV do art. 311, se ainda assim não se visualiza no referido Código os contornos do procedimento processualizado estabelecido pelo Estado Democrático de Direito. Daí o acerto de Rosemiro Leal que, pouco antes da publicação do CPC/2015, precisamente destacou:

> O hiato que se configura entre o Projeto do Novo CPC e a CF/1988 elide qualquer cogitação de ser o *discurso constitucional* brasileiro, para os fabricantes de leis, quanto a direitos fundamentais líquidos, certos e exigíveis, processualmente criados e assegurados (art. 5º, §1º, e itens LIV e LV, da CF/1988), o *interpretante lógico-jurídico* de todo o ordenamento jurídico. Percebe-se atualmente no direito legislado um *convívio promíscuo* de normas textuais (totalitárias, passíveis de interpretação extrassistêmica) e normas discursivas (endossignificativas) a esfacelar o Sistema Jurídico, imprimindo-lhe ideologias luhmannianas de Estado Liberal e Social de Direito que são inconstitucionais no Brasil. A perdurarem essas antinomias, o *contraditório e a ampla defesa*, quando disponibilizados em lei, são meras tagarelices de uma LINGUAGEM PRAXISTA que, impossibilitada de se converter em *argumentações jurídicas* egressas da intradiscursividade sistêmica (democrática) da constitucionalidade processualmente gestada, traduz apenas um duelo linguageiro (não teórico) entre intérpretes do ordenamento jurídico em que prevalecerá a vontade imperiosa da *auctoritas*.[556]

Nessa ordem, o juiz não pode antever a tese de defesa[557] em nenhuma hipótese do sistema democrático-processual, salvo em se tratando de tutela imediata de direitos fundamentais de vida, liberdade e dignidade por ilegalidade na sua fruição, razão por que a cogitação da evidência, seja qual for a alegação, não pode ser aferida pelo juiz sem a prévia estabilização dos sentidos pela via da ordinariedade procedimental processualizada que, conforme visto, possibilita a redução do espaço-tempo procedimental pela

---

[555] BODART, Bruno Vinícius da Rós. *Tutela de evidência*: teoria da cognição, análise econômica do direito processual e comentários sobre o Novo CPC. 2. ed. rev., atual. e ampl. São Paulo: Revista dos Tribunais, 2015. p. 134.

[556] LEAL, Rosemiro Pereira. *Teoria geral do processo*: primeiros estudos. 12. ed. Rio de Janeiro: Forense, 2014. p. 250.

[557] VIEIRA, José Marcos Rodrigues. *Da ação cível*. Belo Horizonte: Del Rey, 2002. p. 178.

tutela da lei, o que não se confunde com a inconstitucional interdição da *cognitio* pela atividade jurisdicional.

5.5 O caráter interdital da tutela de evidência: jurisdição sem o *devido processo*

Afora a pesquisa realizada a respeito das tutelas de urgência no início deste trabalho, o esforço empreendido no capítulo 2 é válido no sentido de expor a provável origem e desdobramentos da tutela de evidência, inclusive na tentativa de posicioná-la epistemologicamente na quadra dos Estados Liberal e Social de Direito, que, não obstante suas diferenças conceituais, situam a jurisdição (o "Poder" Judiciário) como *locus* do saber jurisprudencial e fonte indefectível de interpretação que se apropria do processo (procedimento) como instrumento meramente prestável à solução dos conflitos humanos.

De uma ponta, viu-se em Adolf Wach que "a tutela jurídica apenas é prestada pela sentença favorável"[558] e, de outra, a defesa de uma modalidade procedimental chamada *tutela de evidência* que, sendo fundada em *cognição exauriente*[559] ou *cognição sumária*,[560] configurar-se-ia como valioso instrumento interdital para o alcance de uma justiça célere e efetiva. Opera-se, portanto, o discurso retórico de que a ordinariedade faliu, cabendo ao Estado se adequar às peculiaridades do direito material pleiteado pela via das *tutelas diferenciadas* e *dar* (acepção carismática)[561] a pronta tutela aos que precisam.

Sem embargo, a dogmática jurídica que se ocupa das tutelas de urgência e de evidência está desconectada do processo constitucional e, por assim dizer, do próprio Estado Democrático de Direito. Chega a ser paradoxal a defesa de uma ordinariedade procedimental (não processualizada) pelos adeptos da Escola Instrumentalista como sendo a via segura para a "busca da verdade" mediante a atribuição de amplos poderes ao juiz para alcançá-la, ao passo que, por outro lado, acoberta-se o manejo de *ritos* tendentes à sumarização (tutelas de urgência) e interdição (tutela de evidência) da *cognitio* para a *tutela jurisdicional* dos direitos materiais como

---

[558] MARINONI, Luiz Guilherme. *Curso de processo civil*: teoria geral do processo. 8. ed. rev. e atual. São Paulo: Revista dos Tribunais, 2014. p. 175. v. 1.

[559] FUX, Luiz. *Tutela de segurança e tutela da evidência (fundamentos da tutela antecipada)*. São Paulo: Saraiva, 1996. p. 309.

[560] MITIDIERO, Daniel. Da tutela provisória. In: WAMBIER, Teresa Arruda Alvim *et alii* (Coords.). *Breves comentários ao Novo Código de Processo Civil*. São Paulo: Revista dos Tribunais, 2015. p. 796.

[561] LEAL, Rosemiro Pereira. *Teoria geral do processo*: primeiros estudos. 12. ed. Rio de Janeiro: Forense, 2014. p. 261.

remédio contra as ineficiências deste mesmo procedimento, sem qualquer vinculação ao devido processo legal.

Em 1996, ano da publicação de obra inteiramente dedicada ao estudo da tutela de evidência, Luiz Fux, na defesa de um juízo vertical e definidor de direitos, já apontava a ineficiência das tutelas cautelares "para a tutela imediata dos direitos evidentes, o que representa um ideal ainda inalcançado, mas, ainda, um ideal...".[562] Passados 20 anos destas conjecturas, o *ideal* da tutela de evidência foi atingido com a inclusão do art. 311 no CPC/2015 como mecanismo de tutela imediata a ser concedida, independentemente da demonstração de perigo de dano ou de risco ao resultado útil do processo, quando: 1. Ficar caracterizado o abuso do direito de defesa ou o manifesto propósito protelatório da parte; 2. As alegações de fato puderem ser comprovadas apenas documentalmente e houver tese firmada em julgamento de casos repetitivos ou em súmula vinculante; 3. Se tratar de pedido reipersecutório fundado em prova documental adequada do contrato de depósito, caso em que será emitida a ordem de entrega do objeto custodiado, sob cominação de multa; 4. A petição inicial for instruída com prova documental suficiente dos fatos constitutivos do direito do autor, a que o réu não oponha prova capaz de gerar dúvida razoável.

Em linhas anteriores, foi observado que a tese da tutela de evidência traz em seu bojo a interditalidade da *cognitio* como técnica colhida dos interditos romanos, razão pela qual, mais que uma *summaria cognitio*, tal modalidade prescinde de conhecimento exatamente em face do seu objeto (a *evidência*!), rompendo com a lógica da ordinariedade procedimental para encaminhar o imediato provimento e consecutiva execução.

Partindo-se da ideia segundo a qual o procedimento ordinário somente seria cabível às *incertezas* e não às *evidências*,[563] a dispensa legal da *cognitio* pelo procedimento interdital da tutela de evidência revela o engajamento doutrinário em prol da *eliminação de discussões e procedimentos*[564] não apenas no nível de atuação do direito, mas no âmbito da sua própria criação pela ausência do *devido processo legislativo*[565] mediante o

---

[562] FUX, Luiz. *Tutela de segurança e tutela da evidência (fundamentos da tutela antecipada)*. São Paulo: Saraiva, 1996. p. 25. Vale lembrar que referida obra foi publicada após a Lei nº 8.952/1994 que introduziu no CPC/1973 a tutela antecipatória do meio do art. 273. Portanto, supõe-se que tese da tutela de evidência já buscava radicalizar a própria tutela antecipada diante de hipóteses em que o elemento urgência (perigo de dano irreparável ou de difícil reparação) não se fizesse necessário para o deferimento da tutela imediata.

[563] FUX, Luiz. *Tutela de segurança e tutela da evidência (fundamentos da tutela antecipada)*. São Paulo: Saraiva, 1996. p. 333.

[564] MAUS, Ingeborg. Judiciário como superego da sociedade: o papel da atividade jurisprudencial da "sociedade órfã". Tradução de Martônio Lima e Paulo Albuquerque. *Revista Novos Estudos CEBRAP*, São Paulo, n. 58, p. 183-202, nov. 2000. p. 186.

[565] Para mais sobre o tema: cf. ANDRADE, Francisco Rabelo Dourado de. O Novo Código de Processo Civil e o retrocesso sob o prisma democrático com a manutenção do protagonismo

estranho estabelecimento de "direitos evidentes" sem a prévia pactuação de sentidos, os quais somente serão apreensíveis pelo juiz no âmbito da sua aplicação.

A eliminação de discussões e procedimentos denunciada por Maus, como reflexo das tendências de *desprocessualização do direito*,[566] tem sido trabalhada no Brasil há décadas pela doutrina instrumentalista do processo que, fechando as portas de entrada para o Estado Democrático de Direito, rejeita a *ordinariedade procedimental processualizada* como recinto de atuação do direito pela linguagem acessível em um espaço aberto (democrático) que oportuniza a todos os sujeitos do processo o exercício da crítica dialógico-discursiva sobre as questões e provas postas em debate, como também de oferta à fiscalidade dos atos do juiz praticados no curso do procedimento.

Entende-se por *desprocessualização* a supressão da democraticidade do discurso jurídico mediante a eliminação de procedimentos, a supressão da fiscalidade, a imunização à crítica teórico-científica a e a vedação ao exercício do contraditório, isonomia e ampla defesa que, vale lembrar, são princípios instituintes da processualidade democrática. Portanto, a desprocessualização acata uma jurisdição sem o *devido processo* em que não se cogita o *processo* como instituição constitucionalizante e constitucionalizada na regência dos conteúdos da lei, e o *procedimento*, como estrutura técnico-normativa pioneiramente teorizada por Fazzalari que, atualmente, não mais se distingue do processo pelo atributo do contraditório,[567] mesmo porque se supõe que legitimidade, validade e eficácia do texto normativo que compõem esta estrutura sejam resultantes do *devido processo legislativo*

---

judicial. In: MACHADO, Felipe Daniel Amorim; BARROS, Flaviane de Magalhães Barros (Org.). *Uma leitura hermenêutica da (re)construção dos códigos*: anais do 4º Congresso Constituição e Processo/Instituto de Hermenêutica Jurídica. Belo Horizonte: Initia Via, 2012. p. 44-55.

[566] LEAL, Rosemiro Pereira. *Teoria geral do processo*: primeiros estudos. 12. ed. Rio de Janeiro: Forense, 2014. p. 73.

[567] Em valioso estudo sobre o tema, André Leal aponta para os contornos da *crise fazzalariana* diante da possibilidade de jurisdição sem processo em suas proposições. É que o jurista italiano, embora forte na importância da técnica do contraditório como elemento distintivo entre processo e procedimento, estava mais preocupado em investigar a validade a partir do procedimento do que sobre a legitimidade da decisão egressa deste procedimento. Com efeito, "isso retira de Fazzalari a possibilidade de concluir o giro teórico que havia iniciado, porque, embora a jurisdição se realize no (ou pelo) provimento, nada assegura que esse provimento seja discursivamente legítimo, tendo em vista que o critério que Fazzalari oferece à verificação da 'idoneidade' da decisão é o de sua validade, ou seja, de sua construção segundo um modelo procedimental que pode *ou não* contemplar o contraditório". Nesta quadra, a jurisdição ainda permanece como atividade tutelar e coercitiva do Estado que se vale do processo como instrumento de realização do direito, o que leva a crer que "Fazzalari *ainda cogita de jurisdição mesmo na ausência de procedimento*, tornando-se sua proposta absolutamente inconciliável, nesse aspecto, como uma teoria do processo que interrogue aquela jurisdição ontologicamente atrelada à atividade do juiz, já que não é mais possível, a partir do marco do direito democrático, uma jurisdição que não considere, em sua construção teórica, a imprescindível e efetiva participação discursiva dos afetados pela decisão" (LEAL, André Cordeiro. *Instrumentalidade do processo em crise*. Belo Horizonte: Mandamentos, 2008. p. 123-125).

enquanto *espaço processualizado*⁵⁶⁸ de criação da normatividade em que são igualmente resguardados nesta base democratizante os princípios do contraditório, isonomia e ampla defesa ao povo (comunidade jurídica). Em síntese, no Estado Democrático de Direito não mais se concebe a existência de procedimento sem processo.⁵⁶⁹ Daí ser possível concluir pela impossibilidade da tutela imediata de direitos não fundamentados no plano instituinte e constituinte da normatividade na constitucionalidade democrática. Por tal razão, suplica-se

> distinguir, em direito democrático, o que sejam normas de aplicação imediata, porque produzidas no plano da processualidade constituinte e entregues a uma fiscalidade processual ampla (controle irrestrito de constitucionalidade) e asseguradora dos direitos instituídos, daquelas que, mesmo tendo origem e critérios idênticos de produção, reclamam acertamentos cognitivos no plano *in-fieri* (operacional) da exigibilidade do ordenamento jurídico.⁵⁷⁰

Segundo o referencial teórico neoinstitucionalista do processo, não se trabalha a autoexecutividade dos direitos (tutela imediata) fora dos direitos fundamentais (fundamentados) pelo *devido processo*, os quais, já pré-acertados processualmente no plano cognitivo constituinte (coinstituinte) e, por decorrência, receberam os atributos da liquidez, certeza e exigibilidade, não reclamam ulterior análise pelo julgador garantista-ativista. Ao contrário desta lógica proposicional adequada à construção do Estado Democrático de Direito, a tutela de evidência sugere uma tutela imediata que acolhe anacronicamente a interdição dos binômios estruturantes do contraditório-vida, ampla defesa-liberdade e isonomia-dignidade como garantias do discurso jurídico-democrático na estruturação procedimental da *cognitio* (atividade intelectiva de compartilhamento discursivo-formalizado) que conferem legitimidade aos atos decisórios judiciais, resultando, portanto, na impossibilidade de operacionalização dessa nova modalidade no sistema processual brasileiro. Atento ao perfil autocrático do embasamento dogmático (discurso não submetido à crítica) da tutela de evidência, Rosemiro Leal assim observa:

> Os que defendem, por apego nostálgico a um constitucionalismo do *laissez-faire* ou do *wellfare state*, a proibição do *non-liquet* a justificar uma compulsoriedade

---

⁵⁶⁸ ANDRADE, Francisco Rabelo Dourado de; COSTA, Lauro Mendonça. Linguagem e verdade: correlações lógicas e suas implicações no direito probatório democrático. In: BRÊTAS, Ronaldo de Carvalho Dias *et alii* (Orgs.). *Direito probatório*: temas atuais. Belo Horizonte: D'Plácido, 2016. p. 178.

⁵⁶⁹ LEAL, Rosemiro Pereira. *Teoria geral do processo*: primeiros estudos. 12. ed. Rio de Janeiro: Forense, 2014. p. 96; 151.

⁵⁷⁰ LEAL, Rosemiro Pereira. O garantismo processual e direitos fundamentais líquidos e certos. In: MERLE, Jean-Christophe; MOREIRA, Luiz (Coords.). *Direito e legitimidade*. São Paulo: Landy, 2003. p. 337.

decisória irreversível, mesmo na ausência de normas, aferem *liquidez e certeza* pela afirmação de incontestabilidade do direito (*juridiction de référé*) sem apontar, no entanto, a origem dessa arraigada convicção e, nessa conjectura, certeza e liquidez do direito não se legitimam pela *decisão* ocorrida na dimensão do *processo constituinte* instituidor da normatividade positivada e suscetível de fiscalidade procedimental pelo *devido processo legal*, mas se louvam na razão imediata de um guia seguro por ideias de inequivocidade cogitada em níveis de privilegiada evidência.[571]

Se numa tentativa de salvar a modalidade de tutela em exame, examinando-a com base na teoria da prova do direito democrático, a *evidência do direito* por certo não passaria pela crença na *verossimilhança* (semelhança à *verdade*, para os instrumentalistas) revelada pela *inequivocidade* das provas (impressões de certeza colhidas pelo juiz com base nas provas exibidas), mas a partir das conjecturas de Popper concernentes à noção de *verossimilitude* como resultado dialógico da testificação e refutação de teorias concorrentes no sentido de atingir aquela com maior conteúdo explicativo sobre a verdade. Encontram-se, portanto, na "testabilidade máxima ao apontar a verossimilitude como *asserção* que se torna forte pela *amplitude de conteúdos* sobre os quais se elabora, ainda que refutáveis e falseáveis".[572]

Nessa ordem, a *evidência*, a *certeza* e a *verdade* permanecem na quadra das *crenças pragmáticas fortes*[573] se extraídas pelo senso de justiça do juiz solipsista (personalismo hermenêutico) ou mesmo cogitadas pela intersubjetividade habermasiana cujo discurso se assenta numa linguagem praxista e indemarcada. Em direito democrático, os prováveis conteúdos de racionalidade destas proposições apenas seriam conjecturáveis se colhidos na estrutura procedimental processualizada (método da discussão crítica levado ao processo pela teoria neoinstitucionalista) em que a interenunciatividade do discurso jurídico se torna possível com a oferta do *devido processo* a todos os sujeitos do processo.

Em análise do tema, Sérgio Tiveron acrescenta que "se *evidente* o direito, porque *líquido, certo e exigível* (direito fundamental como título executivo extrajudicial constitucionalizado), por óbvio que a exigência deveria ser de *cumprimento imediato*", tornando desnecessária uma demonstração dos fatos precedida de tutela sumária.[574] No entanto, os direitos que deman-

---

[571] LEAL, Rosemiro Pereira. O garantismo processual e direitos fundamentais líquidos e certos. In: MERLE, Jean-Christophe; MOREIRA, Luiz (Coords.). *Direito e legitimidade*. São Paulo: Landy, 2003. p. 340-341.

[572] LEAL, Rosemiro Pereira. *Teoria geral do processo*: primeiros estudos. 12. ed. Rio de Janeiro: Forense, 2014. p. 156.

[573] POPPER, Karl Raimund. *Conhecimento objetivo*: uma abordagem evolucionária. Tradução de Milton Amado. Belo Horizonte: Itatiaia, 1999. p. 36-37.

[574] TIVERON, Sérgio. A relação jurídica como técnica de suspensão da lei pelo poder do juiz e a ideologia da decisão judicial como atividade complementar da função legislativa e fonte

darem acertamento, porquanto fora da quadra dos direitos fundamentados no nível constituinte da norma, não autorizam a interdição da *cognitio* pela suposta certeza do direito alegado. Daí a dificuldade de se falar em *resposta correta*[575] advinda de uma hermenêutica filosófica que não rompe com a autocracia interpretativa, ao passo que, na processualidade democrática, busca-se a *resposta acertada*[576] proveniente de uma desenvoltura epistemológica balizada pela estrutura técnica (procedimento) na qual os sujeitos do processo articulam em busca desse acertamento.

Desta maneira, não obstante o esforço de compreensão epistemológica da tutela de evidência, as dificuldades tornam-se incontornáveis na medida em que a *evidência* provoca polissemias e alimenta ainda mais o laconismo da lei inescapável pelo julgador (vedação do *non-liquet*), tornando inexorável a ausência de democraticidade de tal modalidade de *tutela jurisdicional* como decorrência da histórica inclusão da moral no direito que "imuniza a atividade jurisprudencial perante a crítica à qual originariamente deveria estar sujeita".[577]

Entretanto, como a tutela de evidência traz em seu bojo a interdição da *cognitio*, eliminando-se, portanto, o espaço-tempo estruturador do procedimento processualizado necessário ao exercício da ampla defesa, a parte contrária deixa de ser sujeito da procedimentação compartilhada e é transformada em mero receptáculo dos atos executivos e sancionatórios do juiz em estranho recinto não processualizado e procedimentalizado.

Há aqui um retorno à velha teorização do processo como relação jurídica processual (Bülow) representada graficamente na forma angular por Hellwig,[578] que supõe a subordinação das partes ao juiz sem exatamente estabelecer um vínculo processual entre si, o que torna essa percepção ainda mais autocrática que o desenho triangular proposto por Wach, no sentido de estabelecer vínculos de subordinação entre as partes e entre estas perante o juiz, o qual se posiciona acima e equidistante daquelas.

Nesse cenário de completa vedação ao direito democrático, por óbvio não se cogita uma teoria do direito probatório adequada ao processo constitucional em que aos sujeitos do processo sejam ofertadas iguais

---

criadora do direito ainda presentes no Novo CPC – apontamentos críticos à exposição de motivos. In: ROSSI, Fernando *et alii* (Coords.). *O futuro do processo civil no Brasil*: uma análise crítica ao Projeto do Novo CPC. Belo Horizonte: Fórum, 2011. p. 612.

[575] STRECK, Lênio Luiz. *Verdade e consenso*: Constituição, hermenêutica e teorias discursivas. 2. ed. 2. tir. Rio de Janeiro: Lumen Juris, 2008. p. 281-364.

[576] LEAL, Rosemiro Pereira. *Teoria processual da decisão jurídica*. São Paulo: Landy, 2002. p. 112.

[577] MAUS, Ingeborg. Judiciário como superego da sociedade: o papel da atividade jurisprudencial da "sociedade órfã". Tradução de Martônio Lima e Paulo Albuquerque. *Revista Novos Estudos CEBRAP*, São Paulo, n. 58, p. 183-202, nov. 2000. p. 186-187.

[578] LEAL, Rosemiro Pereira. *Teoria geral do processo*: primeiros estudos. 12. ed. Rio de Janeiro: Forense, 2014. p. 84.

oportunidades de construção do procedimento com obrigatória observância do devido processo legal, além de contribuírem ativamente para a fundamentação das decisões que afetarão a sua esfera jurídica. Portanto, a introdução do instituto da tutela de evidência no sistema processual brasileiro como estratégia instrumentalista de manutenção dos modelos já superados de Estado Liberal e Social, em que se contemplam as velhas estruturas de poder engastadas no eixo da jurisdição, demonstra a força do positivismo jurídico de que se serve a ciência dogmática do direito, em razão da

> anomalia ideológica, tão fascinante e enganosa da *jurisdição sem procedimento* (processo) pela qual hoje se identificam as autocracias engenhosamente disfarçadas em democracias com suas aberrações sob rótulos de tutelas de urgência, ritos sumaríssimos e dos equivalentes jurisdicionais de justiça rápida, instantânea, alternativa, especial, há de passar forçosamente pelo estudo aprofundado da *teoria da prova* nos Estados de Direito Democrático.[579]

A rigor, se "o procedimento processualizado é a prova das provas" e "se jurisdição sem processo é inconstitucional (art. 5º, LIV, CR/88), a teoria da prova, como instituto jurídico, é imprescindível à compreensão da procedimentalidade democrática".[580] Com isto, levando-se em conta a parte geral das chamadas "Tutelas Provisórias" do CPC/2015 (arts. 294 a 299) e a disposição legal da tutela de evidência limitada apenas ao art. 311, não restando positivada ou minimamente esclarecida a fase intermediária da cognição (*instrutória*) que, pela lógica jurídica do procedimento processualizado, deve situar-se entre a postulação e a decisão, chega-se à conclusão, exatamente em razão do estrangulamento de direitos e garantias fundamentais do devido processo legal (contraditório, isonomia e ampla defesa), pela inconstitucionalidade do art. 311 que inseriu a tutela de evidência no sistema processual civil brasileiro.[581]

---

[579] LEAL, Rosemiro Pereira. *Teoria geral do processo*: primeiros estudos. 12. ed. Rio de Janeiro: Forense, 2014. p. 191.

[580] LEAL, Rosemiro Pereira. *Relativização inconstitucional da coisa julgada*: temática processual e reflexões jurídicas. Belo Horizonte: Del Rey, 2005. p. 53; 56.

[581] Vale aqui novamente transcrever a advertência de Leonardo Greco: "Com efeito, se o acolhimento definitivo do pedido do autor, em razão da evidência do seu direito fosse concedido liminarmente, sem a prévia audiência do réu, essa especial tutela da evidência seria irremediavelmente inconstitucional, pois somente a urgência, ou seja, o perigo iminente de lesão grave ou de difícil reparação a bem da vida de especial valor pode justificar a postergação, jamais a supressão completa, do contraditório ou do exercício do direito de defesa, que são garantias constitucionais cujo respeito se afigura absolutamente imperioso e inafastável. A liminar possessória e os alimentos provisórios sempre foram justificados pela excepcional relevância do direito tutelado, constituindo provimentos provisórios, sujeitos a ratificação subsequente, após regular contraditório" (GRECO, Leonardo. A tutela da urgência e a tutela da evidência no Código de Processo Civil de 2014/2015. *Revista Eletrônica de Direito Processual*, ano 8, v. 14, n. 1, p. 296-330, jul./dez. 2014. p. 319).

Por certo, as linhas conjecturais expostas não guardam nenhuma aderência com a proposta instrumentalista que, ao situar o sujeito de direito fora da linguagem jurídico-processual, acolhe expressamente o devido processo como *dogma*,[582] entendimento que é coerente com a doutrina pragmático-positivista que deposita no judiciário o "privilégio da *livre interpretação* do direito escrito e a atribuição de produção do direito na hipótese de ausência de normas ao enfrentamento dos conflitos jurídicos"[583] ao atingimento da paz social, pouco importando se a decisão que concede a *tutela imediata* é ou não procedimentalmente processualizada.

Em direito democrático, o processo não se confunde com a atividade do juiz, operando-se o deslocamento do eixo em que situa o sujeito de direito como *sujeito falado pela autoridade* (ciência dogmática do direito) para a quadra de *sujeito falante pelo processo* em cujo recinto lhe é assegurada a possibilidade, pela linguagem jurídico-discursiva, de cogitar, refutar, criticar, argumentar e arguir a própria linguagem pelo *devido processo* (processo constitucionalizante).[584] Tratando-se a tutela legal de direitos distintos daqueles fundamentados no plano instituinte e constituinte da norma (direitos fundamentais líquidos e certos), eivada de inconstitucionalidade será a concessão de tutela imediata sem o prévio acertamento cognitivo regido pelo contraditório, isonomia e ampla defesa, como princípios regentes da ordinariedade procedimental processualizada.

---

[582] FUX, Luiz. *Tutela de segurança e tutela da evidência (fundamentos da tutela antecipada)*. São Paulo: Saraiva, 1996. p. 318-319.

[583] LEAL, Rosemiro Pereira. *A teoria neoinstitucionalista do processo*: uma trajetória conjectural. Belo Horizonte: Arraes, 2013. p. 15-16.

[584] LEAL, Rosemiro Pereira. *A teoria neoinstitucionalista do processo*: uma trajetória conjectural. Belo Horizonte: Arraes, 2013. p. 17.

CONSIDERAÇÕES FINAIS

Levando-se em conta que o presente trabalho elegeu o racionalismo crítico popperiano e a teoria neoinstitucionalista do processo como referenciais teóricos para o enfrentamento da tutela de evidência e demonstração da sua falta de enquadramento com a processualidade democrática, por certo as linhas anteriormente esboçadas não guardam nenhuma relação com o dogmatismo pragmático-instrumentalista propugnado por boa parte dos juristas brasileiros que se dizem "processualistas" sem revelar (propositadamente ou por ignorância científica) o marco epistemológico desta "processualidade" nas linhas doutrinárias que, diga-se de passagem, têm sido escritas com tamanha velocidade e eficiência que inúmeros manuais já estavam disponíveis nas livrarias, no dia seguinte ao da publicação do Código de Processo Civil de 2015.

Daí por que cogitar o encerramento da pesquisa por meio de *considerações finais* como breves notas extraídas dos resultados obtidos no curso de sua trajetória que, agora formalizada, não apenas se expõe à refutação crítica pela comunidade científica, mas também fornece elementos conjecturais que podem gerar novos desdobramentos para o estudo da tutela de evidência em perspectiva distinta do positivismo jurídico que fomenta o discurso retórico e dogmático (*conclusivo!*) que se fecha em seus conteúdos e, com isto, veda a construção de um direito democrático processualmente aberto a todos.

Nesse passo, incumbe destacar:
1. Para a doutrina instrumentalista, a urgência de tutela jurisdicional fundamenta o tratamento diferenciado pelo juiz ao atendimento dos escopos do processo, primordialmente a consecução da paz social e a realização da justiça.
2. Ademais, a morosidade do processo imposta pelo procedimento ordinário reforça a necessidade de sumarização procedimental e sumarização da própria *cognitio*, enquanto mecanismo hábil a possibilitar a prestação da atividade jurisdicional de forma célere e efetiva na tutela dos chamados direitos materiais.

3. O instrumentalismo substancial advém da matriz socializante do processo preconizada por Oskar von Bülow e preservada pelos seus sucessores até os dias atuais. Sustenta-se que o juiz é o eixo de comunicação entre a carga axiológica da sociedade e o texto da lei que, ao ser interpretado, ficará iluminado pela sua leitura especializada, sensível e atenta aos valores sociais e da justiça.
4. No instrumentalismo estuda-se, portanto, *direito jurisdicional* e não *direito processual*.
5. A tutela de evidência guarda suas raízes na *teoria da ação como direito concreto* de Adolf Wach, para quem a pretensão de tutela jurídica apenas deve ser resguardada ao titular de um interesse real (não imaginário) de proteção, realização, imposição ou asseguramento do direito.
6. A *sentença favorável* está diretamente relacionada ao *direito de ação*, direito este que não se revelaria no caso de improcedência da pretensão levada a juízo. É que a pretensão de tutela jurisdicional vai se relacionar diretamente a um *direito concreto* que, por decorrência lógica, encaminharia a sentença favorável com a realização do direito em favor do seu titular.
7. Na ação concreta de Wach subjaz a noção de *direito evidente* concebido antes mesmo da sua procedência, excluindo a figura do réu na ordinariedade se analisada sob a perspectiva das garantias do contraditório, isonomia e ampla defesa, além de ocultar a figura do juiz no curso do procedimento, segundo a sua lógica liberal, fazendo-o exsurgir ao final na forma de agente homologador do direito subjetivo previamente (e civilmente) resguardado a quem oferece o "ataque" e não pode, pelas próprias mãos, realizá-lo.
8. A perspectiva concretista da ação foi seguida por Chiovenda na teorização da *ação como direito potestativo* manifestado em um poder jurídico que impulsiona a atuação da vontade concreta da lei. Para tanto, são estabelecidas as *condições da ação* (existência da vontade concreta da lei, legitimação para a causa e interesse no bem jurídico) sem as quais não seria possível a obtenção de uma *sentença favorável* no processo.
9. Liebman, por sua vez, embora tenha buscado compatibilizar a teoria concretista da ação com a proposição abstrata de Degenkolb e Plósz, doutrina que se convencionou chamar de *teoria eclética da ação*, acabou por se posicionar mais próximo da doutrina de Wach e de Chiovenda pela sua defesa das condições da ação. Para Liebman, o grande responsável pela elaboração do Código de Processo Civil de 1973, só teria direito à tutela

jurisdicional quem tivesse razão, vale dizer, o direito de ação deveria estar jungido à pretensão de direito material.
10. Para Luiz Fux, o tempo procedimental imposto pela ordinariedade do processo desiguala as partes na relação jurídico-processual, beneficiando o réu que não tem razão, tornando-se forçosa a criação de um instrumento hábil a viabilizar a *tutela jurisdicional* imediata dos direitos evidentes: a *tutela de evidência*.
11. Além disso, a cogitada novidade da tutela imediata de evidência representaria o ideal de um processo verdadeiramente sumário no afastamento de toda e qualquer lesão ou ameaça de direito mediante a possibilidade de cognição exauriente e satisfativa pelo juiz. Eventuais incorreções da atividade jurisdicional ou necessidade de reversão ao *statu quo* seriam resolvidas em perdas e danos.
12. Fux associa a tutela de evidência com a tutela interdital de tradição romana, por meio da qual se estabelece uma unidade procedimental entre cognição e execução de natureza mandamental, viabilizando-se a tutela imediata pela jurisdição.
13. Observou-se que o caráter interdital da tutela de evidência revela o comprometimento ideológico com a busca da verdade a partir de juízos de verossimilhança exercidos pela autoridade judicante, além de desonerá-la da estrutura procedimental da *cognitio*. Além do mais, sustenta-se a atribuição de amplos poderes ao juiz para constatar, segundo critérios subjetivos, que nenhuma *contestação séria* poderá ser interposta pelo réu em face do *direito evidente* sustentado com base em material probatório levado aos autos.
14. É evidente aquilo que dispensa prova. A evidência se apoia numa veracidade inerente à percepção, imunizando-se de qualquer atividade crítica. Seria o mesmo que cogitar uma *verdade redobrada* ou uma afirmação que dispensaria justificação, tornando inexorável o seu *status* dogmático.
15. Não há discussão racional sem a ruptura com o caráter pragmático elementar ao dogmatismo, espaço no qual o juízo de certeza se apropria das intuições e crenças como fundamentação suficiente para a evidência.
16. Contrariamente à busca pela certeza absoluta, afigura-se possível no discurso científico estabelecer critérios objetivos que permitem a aproximação da verdade por uma teoria mais testada no âmbito da concorrencialidade teórica. Em Popper, cogita-se a proximidade da verdade ou, por assim dizer, a *verossimilitude*, cuja noção lógica abarca a ideia de verdade ou a ideia do conteúdo lógico de uma asserção que poderá ser falseável.

17. Para interrogar a dogmática jurídica fundada no positivismo e no indutivismo, Rosemiro Leal propõe o seu enfrentamento por uma *epistemologia quadripartite* composta por grandes narrativas (técnica – ciência – teoria – crítica) que se entrecruzam sob o efeito de cargas e retrocargas que visam à ampliação dos conteúdos de racionalidade da linguagem jurídica numa perspectiva epistemológica de linguagem-mundo, distinta, portanto, da relação sujeito-objeto na qual os instrumentalistas ainda estão alojados, conforme se pôde notar nas posições dogmáticas a respeito das tutelas de urgência e evidência.
18. A teoria neoinstitucionalista do processo apresenta-se como a matriz epistêmica que, fora do raciocínio dialético de que se vale a tópica e a retórica, possibilita a demarcação do *devido processo* como núcleo estruturante da ordinariedade procedimental que não é mais jurisdicional em direito democrático, mas processualizada.
19. É processualizada porque não se concebe no Estado Democrático de Direito o estabelecimento de uma atividade jurisdicional que esteja fora dos contornos do *devido processo constitucional* ou que minimamente imponha a flexibilização do contraditório, ampla defesa e isonomia, enquanto princípios instituintes do discurso jurídico-processual e referentes lógico-jurídicos que possibilitam a dialogicidade necessária para o estabelecimento de um discurso democrático incessante e aberto à fiscalidade irrestrita ao povo (comunidade jurídica constitucionalizada).
20. Para tanto, não há como teorizar o direito democrático sem o total rompimento com a lógica de dominação político-jurídica causadora da violência social que por séculos vem sendo praticada pelo Estado.
21. Na processualidade democrática, a *cognitio* não mais decorre do livre convencimento do juiz que, nos modelos liberal e social de processo, é o destinatário da prova, mas da *atividade dialógica do conhecimento* que se desenvolve no espaço-tempo procedimental, articulando-se em fases lógico-jurídicas (postulatória – instrutória – decisória) que não são passíveis de supressão.
22. Se na teoria do processo a prova não revela a verdade, a verossimilhança (*semelhança* à verdade) somente poderia ser esclarecida pelas cogitações popperianas a respeito da verossimilitude (*proximidade* à verdade) de uma asserção segundo a qual, depois de submetida à testificação e refutação crítica (o contraditório), alcança maior *poder explicativo*, portanto, maior conteúdo de racionalidade a embasar (fundamentar) as decisões.

23. O discurso instrumentalista de uma *justiça rápida* a pretexto de pronta realização das tutelas de urgência (cautelares e antecipadas) e de evidência deve dar lugar ao código interpretante do *devido processo* que, na teoria neoinstitucionalista, é o referente lógico-jurídico-discursivo da construção de um *sistema normativo* adequado ao Estado Democrático de Direito em que os destinatários normativos são também intérpretes na prévia pactuação dos sentidos normativos nos planos instituinte e constituinte do direito.
24. Partindo-se dessas proposições teóricas, não mais se afigura adequada a expressão *tutela jurisdicional* do Estado, a qual remete à ideia voluntarista, protetiva e garantista dos direitos pelo juiz, mas em *tutela da lei* pelo processo como resultante da aplicação dos *conteúdos da lei* (princípio da reserva legal), vedando-se a atividade criadora do direito por juízos de razoabilidade, proporcionalidade, analogia, costumes e princípios gerais (ainda não esclarecidos) do direito.
25. Em direito democrático, os direitos fundamentais pré-cognitos, que são aqueles direitos fundamentados pelo *devido processo* nos níveis instituinte e constituinte da norma, são direitos cuja realizabilidade é de cumprimento imediato e *ex officio* pelo Estado no exercício da Administração Governativa.
26. A Constituição brasileira de 1988 equivale a um título executivo extrajudicial quanto a direitos fundamentais já acertados pela *coisa julgada constituinte*, não se falando em lesão ou ameaça a tais direitos, mas em inadimplemento do Estado, que demanda *tutela imediata da lei* com contraditório postergado. É a partir destas premissas que a teorização da tutela de urgência no Estado Democrático de Direito deve ser encaminhada.
27. Há, portanto, a possibilidade de existência de *tutela imediata* na processualidade democrática, desde que seja ressemantizada e reconhecida como *tutela da lei* em que direitos fundamentais estejam instituídos e constituídos democraticamente no plano da normatividade, vinculando a Administração Governativa à sua prévia concretização *ex-officio*.
28. O *direito evidente* – cuja carga enigmática somente seria apreensível pelo juízo cognitivo indutivista da autoridade judicante – não se confunde com os direitos pré-cognitos já acertados no plano instituinte e constituinte da normatividade.
29. Sem a prévia pactuação dos sentidos normativos do que seja *direito evidente* pela comunidade jurídica constitucionalizada ou sem o balizamento procedimental orientado pelo devido

processo legal no âmbito da aplicação da norma, impossibilitada estará a entrega de sua definição à autoridade judicante.

30. Constatando-se que a tutela de evidência é uma *atividade jurisdicional* que pratica a *tutela interdital de direitos* na forma dos velhos discursos de celeridade e efetividade, além de representar um *rito sumaríssimo* (*técnica irracional*) pelo exercício da *jurisdição sem processo* e *sem procedimento*, revela-se manifestamente inconstitucional o art. 311 do Código de Processo Civil de 2015.

Por todo o exposto, acredita-se que foi possível demonstrar que, para a doutrina instrumentalista, o *processo* é o maior entrave da *jurisdição* e o Código de Processo Civil de 2015 não inaugura "novo" sistema processual, como tem sido propalado pelos juristas que animaram a sua criação.

Além da duvidosa redação, confusões terminológicas e criação de institutos enigmáticos que serão resolvidos pela doutrina e jurisprudência, o CPC/2015 – que é o *código da jurisdição brasileira* – mantém a anacrônica concepção que relaciona o processo com a atividade judicial, o que é o maior entrave para a construção de um Estado Democrático de Direito.

Discorrer sobre democracia é falar em *processo* e não em *atividade judicial*; é reconhecer *direitos pré-cognitos* fundamentados pela comunidade jurídica constitucionalizada (coinstitucionalizada) na base instituinte e constituinte da legalidade e não direitos herdados ou achados pela *sociedade civil* cujos sentidos normativos são monopolizados pela autoridade (modelos processuais *civis*); é o mesmo que articular teorizações linguístico-autocríticas com testificação permanente e não perpetuar uma ciência dogmática (não democrática) do direito que, *per se*, guarda contornos de dominação, autoritarismo e ideologias. Portanto, não há como conjecturar sobre direito democrático sem prévia demarcação pela teoria do processo constitucionalizante, matriz epistemológica que infelizmente não foi adotada pelo Código de Processo Civil de 2015.

REFERÊNCIAS

ABBAGNANO, Nicola. *Dicionário de filosofia*. 5. ed. rev. e ampl. São Paulo: Martins Fontes, 2007.

ALBERT, Hans. *Tratado da razão crítica*. Tradução de Idalina Azevedo da Silva; Erika Gudde; Maria José P. Monteiro. Rio de Janeiro: Tempo Brasileiro, 1976.

ALCALÁ-ZAMORA Y CASTILHO, Niceto. *Estudios de teoría general e historia del proceso (1945-1972)*. 1. ed. 2. reimpr. México: Universidad Nacional Autónoma de México, 1992. t. II.

ALMEIDA, Andréa Alves de. *Espaço jurídico processual na discursividade metalinguística*. Curitiba: CRV, 2012.

ALMEIDA, Andréa Alves de. *Processualidade jurídica e legitimidade normativa*. Belo Horizonte: Fórum, 2005.

ANDOLINA, Ítalo Augusto. O papel do processo na atuação do ordenamento constitucional e transnacional. *Revista de Processo*, São Paulo, v. 87, p. 63-69, jul./set. 1997.

ANDRADE, Francisco Rabelo Dourado de. Considerações sobre a conquista do Estado Democrático de Direito como projeto ainda em desenvolvimento. *Revista Jurídica Consulex*, Brasília, ano XIX, n. 439, p. 56-58, maio 2015.

ANDRADE, Francisco Rabelo Dourado de. O Novo Código de Processo Civil e o retrocesso sob o prisma democrático com a manutenção do protagonismo judicial. In: MACHADO, Felipe Daniel Amorim; BARROS, Flaviane de Magalhães Barros (Org.). *Uma leitura hermenêutica da (re)construção dos códigos*: anais do 4º Congresso Constituição e Processo/Instituto de Hermenêutica Jurídica. Belo Horizonte: Initia Via, 2012.

ANDRADE, Francisco Rabelo Dourado de. Processo constitucional: o processo como espaço democrático-discursivo de legitimação da aplicação do direito. *Revista da Faculdade de Direito do Sul de Minas*, Pouso Alegre, v. 31, n. 1, p. 281-296, jan./jun. 2015.

ANDRADE, Francisco Rabelo Dourado de; COSTA, Lauro Mendonça. Linguagem e verdade: correlações lógicas e suas implicações no direito probatório democrático. In: BRÊTAS, Ronaldo de Carvalho Dias *et alii* (Orgs.). *Direito probatório*: temas atuais. Belo Horizonte: D'Plácido, 2016.

ARAÚJO, Fabrício Simão da Cunha. *A lealdade na processualidade democrática*: escopos fundamentais do processo. Rio de Janeiro: Lumen Juris, 2014.

BACHELARD, Gaston. *A formação do espírito científico*: contribuição para uma psicanálise do conhecimento. Tradução de Estela dos Santos Abreu. Rio de Janeiro: Contraponto, 1996.

BARACHO, José Alfredo de Oliveira. *Direito processual constitucional*: aspectos contemporâneos. 1. reimpr. Belo Horizonte: Fórum, 2008.

BARACHO, José Alfredo de Oliveira. *Processo constitucional*. Rio de Janeiro: Forense, 1984.

BARACHO, José Alfredo de Oliveira. Teoria geral do processo constitucional. *Revista da Faculdade Mineira de Direito*, Belo Horizonte, v. 2, n. 3-4, p. 89-154, 1999.

BARBI, Celso Agrícola. *Do mandado de segurança*. 8. ed. Rio de Janeiro: Forense, 1998.

BARROS, Flaviane de Magalhães. O modelo constitucional de processo e o processo penal: a necessidade de uma interpretação das reformas do processo penal a partir da Constituição. In: MACHADO, Felipe Daniel Amorim; OLIVEIRA, Marcelo Andrade Cattoni de (Coords.).

Constituição e processo: a contribuição do processo ao constitucionalismo brasileiro. Belo Horizonte: Del Rey, 2009.

BATISTA, Sílvio de Sá. *Má-fé e boa-fé na processualidade democrática*. Rio de Janeiro: Lumen Juris, 2015.

BATISTA, Sílvio de Sá. Teoria processual da relação jurídica como técnica ideológica de julgamento: uma estagnação científica. In: BRÊTAS, Ronaldo de Carvalho Dias; SOARES, Carlos Henrique (Coords.). *Técnica processual*. Belo Horizonte: Del Rey, 2015.

BAUR, Fritz. *Tutela jurídica mediante medidas cautelares*. Porto Alegre: Sérgio Antônio Fabris Editor, 1985.

BEDAQUE, José Roberto dos Santos. *Direito e processo*: influência do direito material sobre o processo. 3. ed. São Paulo: Malheiros, 2003.

BEDAQUE, José Roberto dos Santos. *Efetividade do processo e técnica processual*. 3. ed. São Paulo: Malheiros, 2010.

BODART, Bruno Vinícius da Rós. *Tutela de evidência:* teoria da cognição, análise econômica do direito processual e comentários sobre o Novo CPC. 2. ed. rev., atual. e ampl. São Paulo: Revista dos Tribunais, 2015.

BRÊTAS, Ronaldo de Carvalho Dias *et alii*. *Estudo sistemático do NCPC (com as alterações introduzidas pela Lei nº 13.256, de 4/2/2016)*. 2. ed. Belo Horizonte: D'Plácido, 2016.

BRÊTAS, Ronaldo de Carvalho Dias. Exame técnico e sistemático do Código de Processo Civil reformado. In: BRÊTAS, Ronaldo de Carvalho Dias; NEPOMUCENO, Luciana Diniz (Coords.). *Processo civil reformado*. 2. ed. Belo Horizonte: Del Rey, 2009.

BRÊTAS, Ronaldo de Carvalho Dias. *Fraude no processo civil*. 3. ed. rev., atual. e ampl. Belo Horizonte: Del Rey, 2001.

BRÊTAS, Ronaldo de Carvalho Dias. Noções de teoria e técnica do procedimento da prova. In: BRÊTAS, Ronaldo de Carvalho Dias; SOARES, Carlos Henrique (Coords.). *Técnica processual*. Belo Horizonte: Del Rey, 2015.

BRÊTAS, Ronaldo de Carvalho Dias. Novo Código de Processo Civil e processo constitucional. *Revista Brasileira de Direito Processual – RBDPro*, Belo Horizonte, ano 23, n. 92, p. 225-240, out./dez. 2015.

BRÊTAS, Ronaldo de Carvalho Dias. *Processo constitucional e Estado Democrático de Direito*. 3. ed. Belo Horizonte: Del Rey, 2015.

BRÊTAS, Ronaldo de Carvalho Dias. Projeto do Novo Código de Processo Civil aprovado pelo Senado: exame técnico e constitucional. In: ROSSI, Fernando *et alii* (Coords.). *O futuro do processo civil no Brasil*: uma análise crítica ao Projeto do Novo CPC. Belo Horizonte: Fórum, 2011.

BÜLOW, Oskar. *La teoría de las excepciones procesales y los presupuestos procesales*. Buenos Aires: EJEA, 1964.

BUZAID, Alfredo. *Do mandado de segurança*. São Paulo: Saraiva, 1989. v. I.

CALAMANDREI, Piero. *Derecho procesal civil*. Tradução de Santiago Sentis Melendo. Buenos Aires: Ediciones Jurídicas Europa-América, 1962. v. I.

CALAMANDREI, Piero. *Introdução ao estudo sistemático dos procedimentos cautelares*. Tradução de Carla Roberta Andreasi Bassi. Campinas: Servanda, 2000.

CAMBI, Eduardo. *A prova civil*: admissibilidade e relevância. São Paulo: Revista dos Tribunais, 2006.

CAMBI, Eduardo. *Neoconstitucionalismo e neoprocessualismo*: direitos fundamentais, políticas públicas e protagonismo judiciário. São Paulo: Revista dos Tribunais, 2009.

CHIOVENDA, Giuseppe. *A ação no sistema dos direitos*. Tradução de Hiltomar Martins Oliveira. Belo Horizonte: Líder, 2003.

CHIOVENDA, Giuseppe. *Instituições de direito processual civil*. 2. ed. Tradução de Paolo Capitanio. Campinas: Bookseller, 2000. v. I.

CINTRA, Antônio Carlos de Araújo; GRINOVER, Ada Pellegrini; DINAMARCO, Cândido Rangel. *Teoria geral do processo*. 20. ed. São Paulo: Malheiros, 2004.

COUTURE, Eduardo J. *Introducción al estudio del proceso civil*. Buenos Aires: Depalma, 1949.

CRUZ, Clenderson Rodrigues da. *A ampla defesa na processualidade democrática*. Rio de Janeiro: Lumen Juris, 2016.

DEL NEGRI, André. *Controle de constitucionalidade no processo legislativo*: teoria da legitimidade democrática. 2. ed. Belo Horizonte: Fórum, 2008.

DEL NEGRI, André. *Processo constitucional e decisão interna corporis*. Belo Horizonte: Fórum, 2011.

DEL NEGRI, André. Técnica legislativa e teoria do processo. In: BRÊTAS, Ronaldo de Carvalho Dias; SOARES, Carlos Henrique (Coords.). *Técnica processual*. Belo Horizonte: Del Rey, 2015.

DEL NEGRI, André. *Teoria da constituição e do direito constitucional*. Belo Horizonte: Fórum, 2009.

DIDIER JR., Fredie. *Curso de direito processual civil*: introdução ao direito processual civil e processo de conhecimento. 16. ed. Salvador: JusPodivm, 2014. v. 1.

DIDIER JR., Fredie. *Pressupostos processuais e condições da ação*. São Paulo: Saraiva, 2005.

DINAMARCO, Cândido Rangel. *A instrumentalidade do processo*. 5. ed. São Paulo: Malheiros, 1996.

FAIREN GUILLÉN, Víctor. *Doctrina general del derecho procesal (hacia una teoria y ley procesal generales)*. Barcelona: Bosch, 1990.

FAIREN GUILLÉN, Víctor. *El juicio ordinario y los plenarios rápidos*. Barcelona: Bosch, Casa Editorial, 1953.

FAIREN GUILLÉN, Víctor. *Estudios de derecho procesal*. Madrid: Editorial de Derecho Privado, 1955.

FARIA, Gustavo de Castro. *Jurisprudencialização do direito*: reflexões no contexto da processualidade democrática. Belo Horizonte: Arraes, 2012.

FAZZALARI, Elio. *Instituições de direito processual*. Tradução de Elaine Nassif. 8. ed. Campinas: Bookseller, 2006.

FREITAS, Gabriela Oliveira. *A uniformização de jurisprudência no Estado Democrático de Direito*. Rio de Janeiro: Lumen Juris, 2014.

FUX, Luiz. *Tutela de segurança e tutela da evidência (fundamentos da tutela antecipada)*. São Paulo: Saraiva, 1996.

GIL, Fernando. *Modos da evidência*. Lisboa: Imprensa Nacional-Casa da Moeda, 1998.

GIL, Fernando. *Provas*. Lisboa: Imprensa Nacional-Casa da Moeda, 1986.

GIL, Fernando. *Tratado da evidência*. Lisboa: Imprensa Nacional-Casa da Moeda, 1996.

GOLDSCHMIDT, James. *Teoría general del proceso*. Barcelona: Labor, 1936.

GOLDSCHMIDT, James; GOLDSCHMIDT, Roberto. *Derecho justicial material y derecho justicial material civil*. Buenos Aires: EJEA, 1959.

GONÇALVES, Aroldo Plínio. *Técnica processual e teoria do processo*. 2. ed. Belo Horizonte: Del Rey, 2012.

GRECO, Leonardo. A tutela da urgência e a tutela da evidência no Código de Processo Civil de 2014/2015. *Revista Eletrônica de Direito Processual*, ano 8, v. 14, n. 1, p. 296-330, jul./dez. 2014.

GRESTA, Roberta Maia. *Introdução aos fundamentos da processualidade democrática*. Rio de Janeiro: Lumen Juris, 2014.

HAACK, Susan. *Filosofia das lógicas*. Tradução de Cezar Augusto Mortari; Luiz Henrique de Araújo Dutra. São Paulo: UNESP, 2002.

HABERMAS, Jürgen. *A ética da discussão e a questão da verdade*. Tradução de Marcelo Brandão Cipolla. 2. ed. São Paulo: Martins Fontes, 2007.

HABERMAS, Jürgen. *A inclusão do outro*: estudos de teoria política. Tradução de George Sperber; Paulo Astor Soethe. São Paulo: Loyola, 2002.

HABERMAS, Jürgen. *Direito e democracia*: entre facticidade e validade. Tradução de Flávio Beno Siebeneichler. 2. ed. Rio de Janeiro: Tempo Brasileiro, 2003. v. I.

HABERMAS, Jürgen. *Direito e democracia*: entre facticidade e validade. Tradução de Flávio Beno Siebeneichler. 2. ed. Rio de Janeiro: Tempo Brasileiro, 2003. v. II.

HABERMAS, Jürgen. *Técnica e ciência como "ideologia"*. Tradução de Artur Morão. Lisboa: Edições 70, 2011.

HABERMAS, Jürgen. *Verdade e justificação* – Ensaios filosóficos. Tradução de Milton Camargo Mota. São Paulo: Loyola, 2004.

HARVEY, David. A liberdade da cidade. In: MARICATO, Ermínia *et alii*. *Cidades rebeldes*: passe livre e as manifestações que tomaram conta das ruas do Brasil. São Paulo: Boitempo e Carta Maior, 2013.

HENNING, Fernando Alberto Corrêa. *Ação concreta*: relendo Wach e Chiovenda. Porto Alegre: Sérgio Antônio Fabris Editor, 2000.

HUSSERL, Edmund. *Investigaciones lógicas*. Madrid: Alianza, 2006.

KAFKA, Franz. *O processo*. Tradução de Marcelo Backes. Porto Alegre: L&PM, 2013.

KAUFMANN, Matthias. Discurso e despotismo. In: MERLE, Jean-Christophe; MOREIRA, Luiz. *Direito e legitimidade*. Tradução de Claudio Molz e Tito Lívio Cruz Romão. São Paulo: Landy, 2003.

LAGES, Cíntia Garabini. "Ação no sistema dos direitos": releitura da preleção de Bolonha, de Giuseppe Chiovenda. *Revista da Faculdade Mineira de Direito*, Belo Horizonte, v. 5, n. 9-10, p. 35-48, 2002.

LEAL, André Cordeiro. *Instrumentalidade do processo em crise*. Belo Horizonte: Mandamentos, 2008.

LEAL, André Cordeiro. *O contraditório e a fundamentação das decisões*. Belo Horizonte: Mandamentos, 2002.

LEAL, André Cordeiro; THIBAU, Vinícius Lott. A dogmática processual e a exceção cotidiana. *Revista Brasileira de Direito Processual – RBDPro*, Belo Horizonte, ano 23, n. 92, p. 13-29, out./dez. 2015.

LEAL, Rosemiro Pereira. A judiciarização do processo nas últimas reformas do CPC brasileiro. In: BRÊTAS, Ronaldo de Carvalho Dias; NEPOMUCENO, Luciana Diniz (Coords.). *Processo civil reformado*. 2. ed. Belo Horizonte: Del Rey, 2009.

LEAL, Rosemiro Pereira. *A teoria neoinstitucionalista do processo*: uma trajetória conjectural. Belo Horizonte: Arraes, 2013.

LEAL, Rosemiro Pereira. Da técnica procedimental à ciência processual contemporânea. In: BRÊTAS, Ronaldo de Carvalho Dias; SOARES, Carlos Henrique (Coords.). *Técnica processual*. Belo Horizonte: Del Rey, 2015.

LEAL, Rosemiro Pereira. Direitos fundamentais do processo na desnaturalização dos direitos humanos. *Revista da Faculdade Mineira de Direito*, Belo Horizonte, v. 9, n. 17, p. 89-100, 1º sem. 2006.

LEAL, Rosemiro Pereira. Modelos processuais e constituição democrática. In: MACHADO, Felipe Daniel Amorim; OLIVEIRA, Marcelo Andrade Cattoni de (Coords.). *Constituição e processo*: a contribuição do processo ao constitucionalismo democrático brasileiro. Belo Horizonte: Del Rey, 2009.

LEAL, Rosemiro Pereira. O caráter oculto do sentido normativo do Novo CPC. In: CASTRO, João Antônio Lima; FREITAS, Sérgio Henriques Zandona (Coords.). *Direito processual*: estudo democrático da processualidade jurídica constitucionalizada. Belo Horizonte: PUC Minas, Instituto de Educação Continuada, 2012.

LEAL, Rosemiro Pereira. O due process e o devir processual democrático. In: SOARES, Carlos Henrique; BRÊTAS, Ronaldo de Carvalho Dias (Coords.). *Direito processual civil latino-americano*. Belo Horizonte: Arraes, 2013.

LEAL, Rosemiro Pereira. O garantismo processual e direitos fundamentais líquidos e certos. In: MERLE, Jean-Christophe; MOREIRA, Luiz (Coords.). *Direito e legitimidade*. São Paulo: Landy, 2003.

LEAL, Rosemiro Pereira. *Processo como teoria da lei democrática*. Belo Horizonte: Fórum, 2010.

LEAL, Rosemiro Pereira. *Relativização inconstitucional da coisa julgada*: temática processual e reflexões jurídicas. Belo Horizonte: Del Rey, 2005.

LEAL, Rosemiro Pereira. *Teoria geral do processo*: primeiros estudos. 12. ed. Rio de Janeiro: Forense, 2014.

LEAL, Rosemiro Pereira. *Teoria processual da decisão jurídica*. São Paulo: Landy, 2002.

LIEBMAN, Enrico Tullio. *Manual de direito processual civil*. Tradução de Cândido Rangel Dinamarco. Rio de Janeiro: Forense, 1984. v. I.

LOPES, Edward. *Discurso, texto e significação*: uma teoria do interpretante. São Paulo: Cultrix, 1978.

LUHMANN, Niklas, *Legitimação pelo procedimento*. Tradução de Maria da Conceição Côrte-Real. Brasília: Editora UnB, 1980.

MACIEL JÚNIOR, Vicente de Paula. *Teoria das ações coletivas*: as ações coletivas como ações temáticas. São Paulo: LTr, 2006.

MADEIRA, Dhenis Cruz. O Novo CPC e a leitura tardia de Liebman: a possibilidade jurídica como matéria de mérito. In: ROSSI, Fernando et alii (Coord.). O futuro do processo civil no Brasil: uma análise crítica ao Projeto do Novo CPC. Belo Horizonte: Fórum, 2011.

MADEIRA, Dhenis Cruz. Processo de conhecimento & cognição: uma inserção no Estado Democrático de Direito. Curitiba: Juruá, 2008.

MAGALHÃES, Joseli Lima. Ação, jurisdição e processo em Giuseppe Chiovenda. In: MAGALHÃES, Joseli Lima (Coord.). Temas de direito processual democrático. Teresina: Editora da EDUFPI, 2012.

MARINONI, Luiz Guilherme. Curso de processo civil: teoria geral do processo. 8. ed. rev. e atual. São Paulo: Revista dos Tribunais, 2014. v. 1.

MARINONI, Luiz Guilherme. Efetividade do processo e tutela de urgência. Porto Alegre: Sérgio Antônio Fabris Editor, 1994.

MARINONI, Luiz Guilherme. Tutela antecipatória e julgamento antecipado: parte incontroversa da demanda. 5. ed. São Paulo: Revista dos Tribunais, 2002.

MARINONI, Luiz Guilherme. Tutela cautelar e tutela antecipatória. São Paulo: Revista dos Tribunais, 1994.

MARINONI, Luiz Guilherme; ARENHART, Sérgio Cruz. Prova. São Paulo: Revista dos Tribunais, 2009.

MARTINS, Rui Cunha. O ponto cego do direito: the Brazilian lessons. 3. ed. São Paulo: Atlas, 2013.

MAUS, Ingeborg. Judiciário como superego da sociedade: o papel da atividade jurisprudencial da "sociedade órfã". Tradução de Martônio Lima e Paulo Albuquerque. Revista Novos Estudos CEBRAP, São Paulo, n. 58, p. 183-202, nov. 2000.

MITIDIERO, Daniel. Da tutela provisória. In: WAMBIER, Teresa Arruda Alvim et alii (Coords.). Breves comentários ao Novo Código de Processo Civil. São Paulo: Revista dos Tribunais, 2015.

MOREIRA, José Carlos Barbosa. Tutela de urgência e efetividade do direito. Revista Síntese de Direito Civil e Processual Civil, Porto Alegre, v. 5, n. 25, p. 5-18, set./out. 2003.

MOREIRA, Luiz. Fundamentação do direito em Habermas. 2. ed. rev. e ampl. Belo Horizonte: Mandamentos, 2002.

NUNES, Dierle José Coelho. Processo jurisdicional democrático. 1. ed. 4. reimpr. Curitiba: Juruá, 2012.

OLIVEIRA, Allan Helber de. O réu na tutela antecipatória do código de processo civil. Belo Horizonte: Mandamentos, 2001.

OLIVEIRA, Marcelo Andrade Cattoni de. Direito processual constitucional. Belo Horizonte: Mandamentos, 2001.

OLIVEIRA, Marcelo Andrade Cattoni de. O processo constitucional como instrumento da jurisdição constitucional. Revista da Faculdade Mineira de Direito, Belo Horizonte, v. 3, n. 5-6, p. 161-169, 2000.

PAOLINELLI, Camilla Mattos. O ônus da prova no processo democrático. Rio de Janeiro: Lumen Juris, 2014.

PÉREZ RAGONE, Álvaro. El revisionismo garantista en el proceso civil a través de las ideias de Franz Klein y Adolf Wach. Precisiones sobre eficiencia y derechos procesales. Revista de Derecho de la Pontificia Universidad Católica de Valparaíso, Valparaíso, n. XLII, p. 523-551, 1º sem. 2014.

PICARDI, Nicola; NUNES, Dierle. O Código de Processo Civil brasileiro: origem, formação e projeto de reforma. *Revista de Informação Legislativa*, Brasília, v. 48, n. 190, p. 93-120, abr./jun. 2011.

PIMENTA, André Patrus Ayres *et alii*. Processo, ação e jurisdição em Chiovenda. In: LEAL, Rosemiro Pereira (Coord.). *Estudos continuados de teoria do processo*. São Paulo: IOB Thonsom, 2004. v. V.

POPPER, Karl Raimund. *A lógica da pesquisa científica*. Tradução de Leônidas Hegenberg e Octanny Silveira da Mota. São Paulo: Cultrix, 1972.

POPPER, Karl Raimund. *Autobiografia intelectual*. Tradução de Leônidas Hegenberg e Octanny Silveira da Mota. São Paulo: Cultrix, 1977.

POPPER, Karl Raimund. *Conhecimento objetivo*: uma abordagem evolucionária. Tradução de Milton Amado. Belo Horizonte: Itatiaia, 1999.

POPPER, Karl Raimund. *La miseria del historicismo*. Madrid: Taurus, 1961.

POPPER, Karl Raimund. *O mito do contexto*: em defesa da ciência e da racionalidade. Tradução de Paula Taipas. Lisboa: Edições 70, 2009.

POPPER, Karl Raimund; MILLER, David (Org.). *Textos escolhidos*. Tradução de Vera Ribeiro. Rio de Janeiro: Contraponto, 2010.

PUTNAM, Hilary. *O colapso da verdade e outros ensaios*. Tradução de Pablo Rubén Mariconda; Sylvia Gemignari Garcia. Aparecida, SP: Ideias & Letras, 2008.

REZENDE, Marcos. A contribuição da teoria estruturalista para o processo constitucional no Estado Democrático de Direito brasileiro – Reflexões sobre a crítica de Hermes Zaneti Júnior à teoria de Fazzalari. *Revista Brasileira de Direito Processual*, Belo Horizonte, ano 23, n. 87, p. 31-95, jul./set. 2014.

SILVA, Adailson Lima *et alii*. A coisa julgada em Chiovenda. In: LEAL, Rosemiro Pereira (Coord.). *Coisa julgada*: de Chiovenda a Fazzalari. Belo Horizonte: Del Rey, 2007.

SILVA, Ovídio A. Baptista da. *Comentários ao Código de Processo Civil*. 2. ed. Porto Alegre: Lejur, 1986.

SILVA, Ovídio A. Baptista da. *Curso de processo civil*: execução obrigacional, execução real, ações mandamentais. 5. ed. São Paulo: RT, 2002. v. 2.

SILVA, Ovídio A. Baptista da. *Curso de processo civil*: processo cautelar (tutela de urgência). 3. ed. São Paulo: RT, 2000. v. 3.

SILVA, Ovídio A. Baptista da. *Curso de processo civil*: processo de conhecimento. 6. ed. São Paulo: RT, 2002. v. 1.

SILVA, Ovídio A. Baptista da. *Do processo cautelar*. 3. ed. Rio de Janeiro: Forense, 2001.

SILVA, Ovídio A. Baptista da; GOMES, Fábio. *Teoria geral do processo civil*. 3. ed. São Paulo: RT, 2002.

SOARES, Carlos Henrique. *Estatuto da advocacia e processo constitucional*. Belo Horizonte: Del Rey, 2014.

SOARES, Carlos Henrique; BRÊTAS, Ronaldo de Carvalho Dias. *Manual elementar de processo civil*. 2. ed. Belo Horizonte: Del Rey, 2013.

STRECK, Lênio Luiz. Hermenêutica, Constituição e processo, ou de "como discricionariedade não combina com democracia". In: MACHADO, Felipe Daniel Amorim; OLIVEIRA, Marcelo Andrade Cattoni de (Org.). *Constituição e processo*. Belo Horizonte: Del Rey, 2009.

STRECK, Lênio Luiz. *Verdade e consenso*: Constituição, hermenêutica e teorias discursivas. 2. ed. 2. tir. Rio de Janeiro: Lumen Juris, 2008.

TARUFFO, Michele. Evidence, truth and the rule of law. *Revista de Processo*, São Paulo, v. 238, p. 87-98, dez. 2014.

THIBAU, Vinícius Lott. *Presunção e prova no direito processual democrático*. Belo Horizonte: Arraes, 2011.

TIVERON, Sérgio. A relação jurídica como técnica de suspensão da lei pelo poder do juiz e a ideologia da decisão judicial como atividade complementar da função legislativa e fonte criadora do direito ainda presentes no Novo CPC – apontamentos críticos à exposição de motivos. In: ROSSI, Fernando *et alii* (Coords.). *O futuro do processo civil no Brasil*: uma análise crítica ao Projeto do Novo CPC. Belo Horizonte: Fórum, 2011.

VIEHWEG, Theodor. *Tópica e jurisprudência*. Tradução de Tércio Sampaio Ferraz Jr. Brasília: Editora Universidade de Brasília, 1979.

VIEIRA, José Marcos Rodrigues. *Da ação cível*. Belo Horizonte: Del Rey, 2002.

WACH, Adolf. *La pretensión de declaración*. Buenos Aires: EJEA, 1962.

WACH, Adolf. *Conferencias sobre la ordenanza procesal civil alemana*. Buenos Aires: EJEA, 1958.

WACH, Adolf. *Manual de derecho procesal civil*. Buenos Aires: EJEA, 1977. v. I.

WATANABE, Kazuo. *Da cognição no processo civil*. 2. ed. Campinas: Bookseller, 2000.

WEBER, Max. Três tipos puros de dominação legítima. In: COHN, Gabriel (Org.). *Max Weber*: sociologia. Tradução de Amélia Cohn e Gabriel Cohn. 7. ed. São Paulo: Ática, 2004.

WINDSCHEID, Bernhard; MUTHER, Theodor. *Polémica sobre la "actio"*. Buenos Aires: EJEA, 1974.

ZANETI JÚNIOR, Hermes. *A constitucionalização do processo*: o modelo constitucional da justiça brasileira e as relações entre processo e constituição. 2. ed. rev., ampl. e alterada. São Paulo: Atlas, 2014.

ZAVASCKI, Teori Albino. *Antecipação da tutela*. São Paulo: Saraiva, 1997.

Esta obra foi composta em fonte Palatino Linotype, corpo
10 e impressa em papel Offset 75g (miolo) e Supremo
250g (capa) pela Gráfica e Editora O Lutador em
Belo Horizonte/MG.